前 瞻 出 行

——设计赋能基于无人车的新型慢行交通

师锦添 著

上海大学出版社

·上海·

图书在版编目(CIP)数据

前瞻出行：设计赋能基于无人车的新型慢行交通/师锦添著. -- 上海：上海大学出版社，2024.12.
ISBN 978-7-5671-2899-6

Ⅰ. U471.1

中国国家版本馆 CIP 数据核字第 2024FU2089 号

策　　划　农雪玲
责任编辑　农雪玲
封面设计　缪炎栩
技术编辑　金　鑫　钱宇坤

本书受 2024 年高地大项目——上海大学青年英才启航计划（N.13-G210-24-303）经费资助

前瞻出行

——设计赋能基于无人车的新型慢行交通

师锦添　著

上海大学出版社出版发行
（上海市上大路99号　邮政编码200444）
（https://www.shupress.cn　发行热线021-66135112）
出版人　余　洋

*

南京展望文化发展有限公司排版
上海光扬印务有限公司印刷　各地新华书店经销
开本787mm×1092mm　1/16　印张21.75　字数347千
2024年12月第1版　2024年12月第1次印刷
ISBN 978-7-5671-2899-6/U·9　定价 168.00元

版权所有　侵权必究
如发现本书有印装质量问题请与印刷厂质量科联系
联系电话：021-61230114

序 Preface

首先,祝贺我的学生师锦添顺利出版此书。

师锦添较早便开始关注与人的生活体验休戚相关的慢行出行议题,她的硕士毕业论文便是以智慧单车为工具,设计开发了一套面向校园人群的出行服务体系。后来在博士学习阶段,又基于最新的自动驾驶技术,面向大型校园、住区和园区出行场景,探索并实践如何基于共享无人车构建创新服务体系,并由此形成了她的博士研究论文以及这本书的蓝本。

师锦添是我在同济大学工作期间招收的第一位博士生。她在跟着我进行深入的人机交互研究之前,曾在国内外系统接受过建筑学、环境设计、工业设计和产品服务体系的专业教育。多元的学科背景令她思维活跃、富有创新精神,在学术研究与设计实践方面均颇有天分。她学习能力强、善于发掘并整合资源;视野开阔、专业品位佳、作品富有优秀的视觉水准;踏实平和、乐于助人,在同学和老师中有良好的威信与口碑。在博士学习期间,她曾担任无人车服务体系、数智购物系统、车载智能交互、智慧街区等多个跨学科项目的负责人;也曾远赴芬兰,指导来自美欧亚的多国学生共建学科创新平台,10天之内完成设计、搭建与运行,其统筹力和协调力可见一斑。她还获得留学基金资助去美国辛辛那提大学设计、建筑、艺术与规划学院进行联合培养,为她的课题研究积累数据。毕业后师锦添进入上海大学上海美术学院工作,将研究成果融入教学实践中,并在新的平台上持续拓展其研究视野和范围。

这本书主要基于"前瞻出行服务"而展开,聚焦目前超大城市中的大型校园、住区、园区这些新型慢行单元,以高度自动驾驶为技术手段,探索如何利用服务体系设计满足人们的出行需求、提升生活品质，从而对整个慢行场景产生更加积极的影响。她关注城市发展过程中涌现出的新对象与新问题，对其进行重新定义，从设计视角出发并结合AI技术给出完整的创新解决方案，基于此构建与开发了相应的设计机制和方法工具。

  教学相长之妙，于我陪伴师锦添博士研究之旅中体悟颇深。我很高兴目睹她在教研上的点滴进步。这本专著的问世，也是她迈向独立研究关键且坚实的一步，欣慰之余，亦期待她于未来的学术天地中绽放光彩、锦上添花！

孙效华

麻省理工学院博士

南方科技大学创新创意设计学院讲席教授

南方科技大学机器人研究院副院长

2024年12月于深圳

前 言 Foreword

出行方式影响着人们生活的方方面面，是人们理解城市与感知生活的重要途径（Hermann, 2018）。其中，慢行交通是服务人数最多、与人群交互度最高的出行方式之一（Menini, Sheila, 2021），它深深影响着人们的居住感受和生活体验，但同时也存在着出行需求未被很好满足、出行体验有待提升的问题。出行方式的改善是对社会科技进步的集成体现，但在慢行交通领域中却较少看到前沿技术的深度参与。技术是促进交通系统进步的重要因素之一，近年来不断发展的共享无人车不仅可有效满足慢行交通中的快速接驳、"最后一公里"、灵活代步等需求，还可面向不同用户提供多种出行功能与服务、优化人群慢行出行体验。而随着我国大城市中心城区可用空间资源的减少和空间组织方式的日益集约，大量复合式新型慢行交通单元不断涌现，如城郊大型校园、城郊大型住宅小区、职住平衡式园区。这些新型慢行空间内部的活动日益丰富、出行需求日益多元，慢行交通成为人群的主要出行方式，慢行交通的内容、形式与问题也发生着变化，于是有效解决慢行交通问题也显得尤为迫切。基于以上现实语境，本书主要提出以下研究议题：第一，如何满足人群在以校园、住区和园区为代表的城市新型慢行环境中的慢行需求并提升出行体验；该类新型慢行环境具有怎样的场景特征和关键要素，以及如何对其进行场景分析。第二，根据以上场景特征，如何构建基于共享无人车的慢行交通服务体系，以及有何设计策略。本书以服务体系设计为组织形式，以L4级自动驾驶的共享无人车为硬件载体，对3种慢行环境进行场景分析，并基于场景特征对无人车服务体系的建构机制和设计策略进行探究。

本书的创新点主要集中在从无人驾驶和服务体系设计的视角对新型慢行出行问题

进行研究，建立服务场景模型，丰富了慢行交通问题与解决方案的研究范畴和设计类型，完善了服务体系设计在慢行出行领域的研究框架与方法策略。

具体来看，本书以场景分析作为研究起点，首先构建起UET"用户—环境—任务"慢行交通场景分析框架；然后针对大型复合式高校校园、城郊大型住宅小区和职住平衡式园区，在场景分析框架的引导下，采用实地调研、问卷调查和数理分析、用户采访、时空路径分析、统计模型分析、基于设计实践的行动研究等方法对3种慢行环境进行实证研究，并得到了慢行场景特征。通过对场景特征进行分析总结，建立了慢行交通服务场景模型和表征结构体系。基于场景分析研究结论，笔者设计了访谈研究框架和访谈问题，邀请了10余位相关领域专家针对无人车服务体系在3种慢行场景中的构建机制与设计策略展开深度访谈，并对访谈结果进行三级编码；然后又选取了3个不同价值类型的服务案例进行验证性和探索性案例分析，综合得出共享无人车慢行交通服务体系构建机制与设计策略。最后通过用户测试，对所得结论的科学性进行了验证。

最终，本书开发了UET服务场景分析框架，构建了具有设计学研究意义的慢行交通服务场景模型，产出了基于共享无人车的慢行交通服务体系构建机制与设计策略，为设计师和设计研究者开展前瞻慢行出行设计提供来自新视角的认知参考和流程与方法上的指引。

目 录　Contents

第一章	绪论	1
第一节	发展前瞻慢行出行的现实依据	1
第二节	本书主要探讨视角与创新点	7
第三节	前瞻慢行出行融合设计的研究现状	10
小结		15
第二章	共享无人车慢行交通服务体系设计的理论基础	16
第一节	慢行交通的相关发展节点	16
第二节	无人驾驶的相关发展机会	24
第三节	服务体系设计的相关使用方法	35
第四节	融合性创新研究的适用性分析	40
小结		45
第三章	共享无人车慢行交通服务体系设计的研究框架	46
第一节	场景研究方法与路径	46
第二节	无人车慢行交通服务场景分析框架	55

第三节	无人车慢行交通服务的环境空间范围	64
第四节	无人车慢行交通服务初步场景模型	65
小结		67

第四章 城郊大型校园慢行交通场景研究　68

第一节	校园概念与慢行交通现状	68
第二节	校园交通空间主要类型分析	70
第三节	校园出行的环境场景分析	76
第四节	校园出行的用户场景分析	80
第五节	校园出行的任务场景分析	89
第六节	校园慢行交通系统的问题总结与场景特征	101
小结		109

第五章 城郊大型住宅小区慢行交通场景研究　110

第一节	研究对象住区特征	110
第二节	案例住区选择与研究结论的可推广性分析	112
第三节	住区出行的环境场景分析	120
第四节	住区出行的用户场景分析	129
第五节	住区出行的任务场景分析	142
第六节	住区慢行交通系统的问题总结与场景特征	149
小结		153

第六章 职住平衡式园区慢行交通场景研究　155

| 第一节 | 职住平衡式园区慢行交通发展现状 | 155 |

第二节	采用行动研究的合理性分析	164
第三节	园区出行的环境场景分析	168
第四节	园区出行的用户场景分析	179
第五节	园区出行的任务场景分析	190
第六节	行动研究结论	195
第七节	园区慢行交通系统的场景特征与设计策略	200
小结		204

第七章 基于共享无人车服务的慢行交通场景表征体系　206

第一节	3种慢行场景的对比分析	206
第二节	用户分类与需求特征分析	212
第三节	场景空间形态特征分析	214
第四节	共享无人车慢行交通服务场景模型	226
小结		237

第八章 共享无人车慢行交通服务体系构建策略　238

第一节	基于专家访谈构建服务策略	238
第二节	共享无人车慢行交通服务体系设计的价值分析	246
第三节	共享无人车慢行交通服务案例研究	252
第四节	基于共享无人车的慢行交通服务体系构建机制	276
第五节	基于共享无人车的慢行交通服务体系设计策略	282
第六节	重要研究结论应用与检验	287
小结		293

参考文献　295

附录A	与本书相关的学术概念	312
附录B	"我国高校校园人群慢行出行状况"调研问卷	314
附录C	住区慢行无人车关键服务Logistic回归模型分析结果	321
附录D	"园区无人车慢行交通服务体系设计行动研究"参与者访谈大纲	332
附录E	"共享无人车慢行交通服务体系设计构建策略"专家访谈大纲	334

第一章 绪论

第一节 发展前瞻慢行出行的现实依据

交通出行方式影响着人们对城市生活的感受和体验,交通方式发展与变迁的本质也是对社会科技进步的重要体现。作为20世纪最具影响力的发明之一,汽车在为生活创造种种便利的同时,也为社会带来了交通事故、空气污染、道路拥堵、慢行空间被挤占、出行成本攀升等问题。汽车导向的路网规划挤占了城市大量慢行交通空间,令本应以人为主体的城市日渐丧失了步行可达性与可亲近沟通性(Salvatore, 2014)。与此同时,我国诸多城市也逐渐意识到了慢行交通之重要,纷纷出台政策打造高效舒适的慢行交通系统与环境。而随着人群生活方式与社会发展理念的转变,共享出行和公共交通成为越来越多人出行方式的首选,人们对出行的关注重点也逐步转向服务与体验。

技术因素是促进交通系统进步的支配性主因之一。无人驾驶近年来一直是社会创新的资源聚焦点,它可以较大程度满足人们的出行需求、提升出行体验,还能解决诸多城市交通顽疾,甚至塑造未来生活方式。可以说,无人车为城市交通创造了一个重新思考与设计的机会,引导交通系统进行创新性变革(Fábio, Carlo, 2018),让宏大的交通系统具体到个体出行层面也可有效提升用户出行的效率和感受,并促进城市交通向更加可持续的方向发展。

作为城市交通系统的重要组成部分,慢行交通可以引领城市人群出行结构朝着可持续的方向演进,是构建"人文交通"的关键环节。此外,慢行交通是服务人数最多、人群交互度最高的交通方式(Menini, Sheila, 2021),它直接影响着人们的居住体验与生活感受。因此建立高品质的慢行环境、满足多样化的慢行需求、提升慢行出行体验应是目前城市交通发展的重要目标。而随着城市空间利用模式的混合化和集约化，在我国大城市中逐渐出现诸多大型复合式封闭慢行环境（如校园、住区、园区），其内部人群活动日益丰富，慢行交通的定位逐渐由补充性向主体性过渡，慢行交通的内容与形式也开始发生新的变化。

目前关于慢行交通的设计探讨多从城市空间设计或交通系统规划等某个视角展开。从服务体系设计、用户体验和人车交互等设计学视角出发，并结合前瞻性交通工具，对城市慢行交通问题进行多领域的融合研究并不十分常见（刘泉，等，2020），而这也构成了撰写本书的重要初衷之一。多项研究（Hermann, 2018; Menini, Sheila, 2021; Goralzik, Konig, 2022）表明，未来伴随着新型城镇化与数字智能化的双重浪潮，出行势必朝着共享化、无人驾驶化、电气化、慢行化与协同化的方向不断发展，人们也需要一种更加安全、便捷、舒适、生态与公平的交通服务助力未来慢行出行。这不仅肯定了进行共享无人车慢行交通服务设计的必要性，也为本研究提供了明确的发展方向。笔者将在下文针对本选题在社会、经济、技术与设计层面的必要性展开具体论述。

一、SET 因素

乔纳森·凯根（Jonathan Cagan）和克雷格·沃格（Craig Vogel）在《创造突破性产品中》一书中提出了 SET（社会—经济—技术）系列因素工具（图 1-1），认为通过对社会趋势、经济动力和先进技术三方面进行深入分析，可有效识别现存产品机会缺口、发现有价值的研究方向。利用 SET 方法对选题进行分析，可切实保证学术研究方向选择的必要性、准确性与前瞻性（Jonathan, Craig, 2004）。

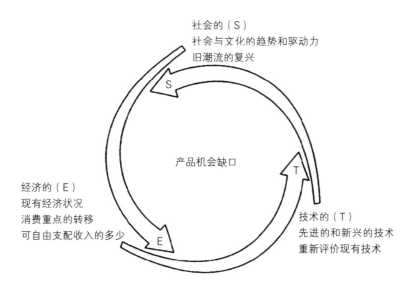

图 1-1 SET（社会—经济—技术）系列因素（图片来源：Jonathan, Craig, 2004.）

（一）社会因素

1. 慢行交通重要性凸显但问题待解

慢行交通对于城市交通十分重要，但对于如何有效发展慢行交通，人们还在逐步探索中。作为城市慢行交通领域的先行者，上海在2001年发布的《上海市城市交通发展白皮书》中就明确提出要重视城市慢行交通系统。在上海市慢行交通规划中，不同职能的闭环式城市慢行环境被赋予了全新定义，比如大学校园被定义为"城市活力核"，游览区被定义为"城市魅力核"，大型住宅小区被定义为"城市和谐核"，并根据各自特点得到了具有针对性的慢行交通系统规划与空间设计方案（詹姆士，2020）。

但限于城市尺度与交通网络规划范围，丰富的城市公共交通网络并不能完全延伸至众多独立的慢行环境内部、公共交通服务也并不能完全渗透进慢行环境内的所有区域，尤其对于面积较大的校园、住区和园区，其内部出行问题需要更灵活的方式解决，人群的出行体验也需进一步提升，这是解决未来城市慢行交通问题所要考虑的重点。

2. 自动驾驶是未来交通的必然趋势

未来交通系统范式将会朝着协同、连接与自动出行的方向不断演进。汽车电动化（Electrification）、自动驾驶（Automation）和共享出行（Shared Mobility）被认为是未来社会必将发生的"交通领域三大革命"（Fulton, 2017），并将从发达国家与地区开始，逐步重塑世界各地的出行与运输方式。而在这三大趋势中，自动驾驶是对交通发展最具颠覆性也是最重要的发展方向，甚至可以深度改变社会形态（Hussain Rasheed, 2018）。因此以无人车作为物质载体是在进行前瞻出行服务模式探究时所无法忽略的重要前提。

3. 多样化的慢行需求未被关注与满足

随着生活水平的提高，人们愈加重视感受和体验。对于出行服务的选择，效率或成本已不再是唯一决定性因素。随着收入水平的提高，以购物休闲、探亲访友等为代表的非基本出行的比率逐渐升高。但结合目前的交通服务供需市场来看，人们日益多元的出行需求并没有被很好地满足，尤其在慢行交通领域，行进路线常被中断、体验延续性一般、场景融合性较低、包容性与公平性有待提高的现象一直存在。因此，如何满足人们日益多样化、异质性和个性化的交通需求，将是未来慢行交通服务所要回答的关键问题之一。

4. 消费观念的转变更加强调出行的服务性

随着人们消费观念的改变和社会经济结构的升级，共享出行逐渐成为城市出行方式首选。究其本质，出行是一种工具性行为，而非目的性行为；究其需求，人们需要的是出行服务，而非提供服务的交通工具。同时伴随我国城镇化和都市群的协同发展，城市规模不断扩大，大量乡镇人口进入城市，人多地狭的城市空间也加剧了停车困难和养车成本高涨的问题，越来越多的人选择购买出行服务或租用交通工具。因此在出行距离更加有限的慢行交通环境中，关注出行的服务性而非交通工具的所有权，是服务经济时代发展的必然要求。

此外，我国社会慢行出行的主要人群之一就是老年群体。相较于其他年龄段的人群，老年群体更依赖于慢行交通，但目前老年群体的慢行出行体验却有待提升；此外无人驾驶在构筑可持续慢行交通方面具有巨大优势，这些现实都构成了无人车与慢行交通融合研究的重要社会因素。

（二）经济因素

美国IHS汽车信息咨询公司预测，2025年全球无人车销量将达到60万辆，并将以每年超过40%的增幅在2025—2035年间持续增长，以无人驾驶为代表的汽车行业将产生巨大经济价值（Celik, Erkan, Ozge, et al., 2013）。到2035年，全球无人车销量将达到2 100万辆，届时中国将成为世界最大的无人车市场（多维，2016），与无人驾驶相关的出行服务收益将会贡献巨大的经济价值，预计届时每年将会创造亿万元人民币的收益（Yu, Zhang, Zhao, 2018; Lazarus, 2018）。无人驾驶对于社会经济的巨大推动力使得人们亟需从研究角度为其探索合适的落地场景，并对落地路径、体系建立和服务模式进行分析，充分发挥无人驾驶及其服务对于我国经济发展的引擎作用。而考虑到技术的发展与对象需求的适用性，封闭式慢行交通环境是目前无人驾驶落地的最佳适用场景。

（三）技术因素

1. 数字孪生系统加速城市交通智慧化进程

大到城市整体交通的规划与管控，小至汽车产品的设计与研测，数字孪生系统都能够给出符合现实需求的出行方案最优解。基于数字孪生系统的智慧交通网络构建不仅可为城市的交通体系建立技术支持，也为本书所讨论的慢行交通服务体系对接城市公共交通网络，提供了有利的数字底座支撑。

2. 车联网为更多的服务需求提供可能

车联网基于移动互联网与物联网收集与共享汽车信息，通过信息处理来实现车与路、车与车主、车主与其他车主、车主与第三方服务提供商的交互，凭借提供和交通相关的增值信息服务来提升车内乘客的服务体验。车联网的发展为通过无人车解决慢行交通问题提供了技术支持，令无人车在慢行环境中对多种出行场景进行融合成为可能。

3. 无人驾驶技术重构出行格局

由于在安全、效率、资源、成本、社会关系等多方面产生的巨大价值，无人驾驶技术毫无疑问将成为解决"移动时代"出行本质问题的最佳方式。2021年10月，由深圳市智能交通行业协会联合低速无人车领域的57家企业和112位行业专家，共同发布了《低速无人车城市商业运营安全管理规范》团体标准，标志着我国城市低速无人车开始加速进入商业落地与运营发展阶段。然而目前自动驾驶技术在算法、传感器、制造成本、交通法规等方面的发展仍有待完善之处，近10年内实现任意区域点对点的L5级完全无人驾驶的可能性并不大，种种因素都为无人驾驶的落地之路增添了不确定性。但这些不确定性大多是关于无人驾驶将以何种方式进行落地，而非无人驾驶时代是否会最终到来，认可无人驾驶化这一必然趋势是进行未来出行服务设计时所应基于的根本前提。选择正确的适用场景，可以加速无人驾驶的落地，而慢行交通环境则是现阶段最适合无人车的应用场景。

因此，随着技术进步和城市发展，以无人车作为工具手段，不仅可以对我国大城市慢行交通存在的诸多问题进行有效解决，还能在社会和经济层面产生较大价值，这也是本书选择将无人车与慢行交通进行融合研究的重要原因之一。

二、设计因素

从设计角度探寻必要性是促成本书选题的重要因素。现今的设计研究更关注如何协同更多利益相关者解决复杂问题。城市交通服务体系涉及多个动态变化的影响维度；同时由于行业所具有的科技融合原生性，在进行设计时也需考虑前沿技术对出行模式的影响。立足设计视角并基于对自动驾驶技术发展的研究，对城市慢行交通进行全新理解，探究其本质特征与核心需求，并产出有效的机制原理和方法工具，也是本书的成书原因之一。

1. 设计重构智能时代的生产关系

人类生产力的提升与技术的发展，令诸多岗位逐步实现了工作自动化。未来，自动化对于生活的改变将朝向更高层次的形态演进。人机交互逐渐过渡为人机智能协同，人们需要重新评估人与智能系统协同合作时各自能动性的分配。尤其是当技术的使用范围和能力已从本质上改变并重构了社会均衡与公平时，人们更需要新的公共设计和个人设计来建立新的生产关系和社会秩序（戴维·克里根，2019）。而在无人车辅助出行的服务语境下，人们需要通过有效的协作机制设计来与具有高度自主智能的无人车进行沟通、合作，从人车交互走向人车协同。

2. 设计参与塑造未来出行理念

自动驾驶技术的蓬勃发展不仅加速了诸多无人驾驶解决方案的涌现，也加速了出行设计践研的转型，出行设计的重点从汽车造型逐渐转向乘用体验。在影响无人驾驶能否真正顺利落地的诸多因素中，设计因素主要包括公众态度与产品服务体验。公众对于某个全新服务的态度，很大程度上源于服务提供方的理解和传达方式。解决方案的提供者如何理解未来的出行模式、如何构建全新的设计框架将直接塑造公众对于无人驾驶产品和服务的认知，也将直接影响用户对于服务的使用决策。因此，对于未来出行方式的应用探究离不开设计的引导。

3. 设计提供解决复杂问题的思维、方法和工具

近年来，人工智能产品深度参与人们生活的方方面面。针对人工智能产品的设计也早已突破了单体产品范围，需综合服务全流程、服务全场域以及多利益相关方的整合视角进行实践与分析，针对人工智能产品及其服务的设计也是目前产品和交互设计领域的主要议题。而产品服务体系设计（Product Service System Design, PSSD）作为一门新兴的设计学科方向，具有针对解决复杂系统性问题的思维优势与方法优势，可以很好地处理多利益方在智能系统中与多类触点的多元关系。慢行交通涉及用户、环境、任务等诸多因素，而针对共享无人车这一新型智能工具，也需要服务体系设计作为分析方法和组织工具，对解决慢行交通问题进行全面析解。

社会、经济、技术与设计层面的多种因素，最终构成了本书的选题来源与现实依据。

第二节 本书主要探讨视角与创新点

本书主要讨论时速不超过15 km/h的L4级自动驾驶的共享无人车（图1-2）在我国大城市及以上规模城市的大型复合式校园、住区、园区中进行慢行交通服务体系构建与设计的议题，具体概念详见本书附录简介。

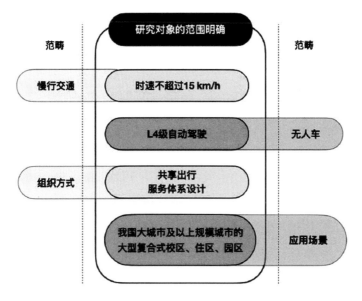

图1-2 本书主要讨论对象

从研究视角来看,既有的关于慢行交通的讨论多围绕城市设计、环境空间、交通系统等领域,本书首次从服务体系和用户体验设计视角出发并利用前瞻工具对出行解决方案进行模式创新研究。近年渐增的无人驾驶应用研究多从技术视角出发,本书则以慢行出行问题为主要研究对象、以场景分析为框架、以L4级无人车为硬件载体、以服务体系为设计方法,针对适用场景、用户需求和组织机制进行研究,得出无人车慢行交通服务体系构建机制和设计策略,拓宽并丰富了慢行交通和出行服务体系设计的研究范畴与研究类型。

从实践视角来看,本书以服务体系设计作为应用方法对L4级无人车进行组织,构建面向未来交通空间演化特点、出行需求和社会发展方向的慢行出行方案设计新模式。本书主要从服务体系设计维度出发,重点关注出行需求满足、系统效率提升与服务价值创新方面的研究,而非具体的物象或环境空间物质设计。

此外,在研究方法和模式构建方面,本书也有如下创新之处(表1-1):

(1)目前针对未来大城市人群慢行出行问题的设计研究多从非机动性运载工具或交通建成环境等视角进行研究,本书则基于场景理论,构建起包含用户、环境、任务3

个子场景的UET慢行交通场景分析框架，基于场景分析内容挖掘探索人群需求与无人车功能之间的交互关系，建立典型场景模型，为人群慢行出行问题提供服务设计研究分析框架，拓宽和丰富了慢行出行设计的研究范畴和研究类型。

（2）服务体系设计在慢行交通、智能出行等出行垂直领域的理论与实践探索较少。本书基于城市发展和需求衍化的趋势与特征，聚焦慢行出行本质，探索用户需求与L4级自动驾驶车功能之间的耦合关系，从服务洞见与服务设计方面建立并完善了服务体系设计在慢行出行领域的研究框架、构建机制和方法工具。

表1-1 本书的主要创新点总结

	对比内容	慢行出行设计研究（常规）	共享无人车慢行交通服务体系（本书）
研究范畴	研究视角	多基于某个运载工具或环境构成要素等物象视角	多利益相关者的需求并结合前沿工具特性
	分析框架	不明确，未作为重点交待	基于用户、环境、任务的UET场景分析框架
	研究内容	非机动运载工具设计、交通建成环境设计等；或服务供应图、利益相关方、服务触点设计等服务设计常规内容	服务洞见（价值主张、构成要素、关键服务选取工具等）、设计策略（核心触点构建方法）
	设计方法（目标产出）	传统产品设计或环境设计方法；或服务蓝图、服务系统图等服务设计常规工具	服务中台、关键服务开发路径、服务流程优化工具、CAQT服务触点构建策略等针对系统核心问题的解决对策

第三节　前瞻慢行出行融合设计的研究现状

虽相较于城市快速交通领域的研究体量不算太大（图1-3），但慢行交通的研究总量也在逐年上升。无人车作为技术支持，在促进城市慢行交通创新发展方面具有较大的研究潜力；服务体系设计也可通过系统性的设计框架和方法工具有效整合交通资源。因此构建共享无人车的慢行交通服务体系是具有较高学术价值的融合性创新研究。

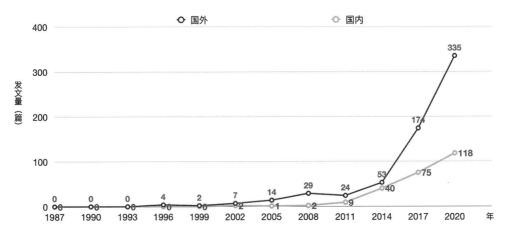

图1-3　国内外无人车慢行交通服务设计研究相关领域年度发文概况（数据来源：WOS与CNKI文献样本，笔者自绘）

一、领域年度发文概况

无人车慢行交通服务设计研究的发文量至今大致经历了3个阶段：1990—2002年的探索期、2003—2013年的发展期、2014年以来的爆发期。虽然国内外自2014年先后进入了研究的全面爆发期，但国外相关研究总量的增幅明显大于国内，研究总量回落次数也少于国内；我国对于无人车落地场景的探讨与设计研究总体是在起伏中螺旋上升。无论国内外，从无人驾驶与服务体系设计的融合视角去研究慢行交通的相关文献，都鲜少有人涉及。无人车服务体系与环境设计、交通系统、用户行为、商业模式等诸多方向都有着直接或间接的学术关联，无人车服务对城市设计与交通系统也具有巨大的促进作用，相关方向的创新研究具有较大价值。

二、高被引文献分析

在相关领域的英文成果中，迄今被引次数最高的文献是发表于2014年、被引388次的 *The travel, environmental implications of shared autonomous vehicles, using agent-based model scenarios*。该文主要介绍了一种基于代理的共享无人车运行模型，通过对真实出行情况进行模拟来评估共享无人车应建立的车辆规模、调整车辆定位策略、减少出行者等待时间（Fagnant, Kockelman, et al., 2014）。被引用246次的 *Integrating shared autonomous vehicle in public transportation system: A supply-side simulation of the first-mile service in Singapore* 针对新加坡早高峰时段的"第一公里"出行场景，提出并模拟了一个整合无人车和公共交通的系统，通过保留高需求量公交路线、改用低需求量公交路线，并以共享自动驾驶车作为替代方案，进一步提升公共交通效率（Shen Y, Zhang H, et al, 2018）。被引用96次的 *Shared Autonomous Vehicle Simulation and Service Design* 探讨了未来共享无人车服务的操作模型，对拼车和再平衡策略对服务表现的影响进行了研究（Vosooghi R, Puchinger J, et al, 2019）。*Preferences for shared autonomous vehicles* 则开始关注服务与用户，对影响用户选择共享无人车出行服务的决策因素和用户特征进行分析，并引入针对服务的支付意愿度，研究服务对行为的影响关系（Krueger R, Rashidi T H, et al, 2016）。关于无人车与用户之间的关系研究，*User preferences regarding autonomous vehicles* 基于一份721人参与的偏好问卷结果构建了包括技术兴趣、环境关注、驾驶爱好、对公共交通的态度、视听情绪5个潜在变量的共享无人车服务选择模型。该研究发现44%的受访者持保守态度，更倾向于选择有人驾驶服务；此外，对无人车服务的接受度在不同国别与地域也呈现出差异性（Haboucha C J, Ishaq R, et al, 2017）。

通过对国外相关领域高被引文献进行分析可知，虽然目前针对无人车慢行服务的绝大多数研究都集中在技术领域，但已有少数研究者开始从"第一/最后一公里"（the First Mile/Last Mile）、人群行为、用户体验等多个视角进行分析，不过仍鲜有涉及城市设计、慢行交通、服务体系研究视角。

在国内相关领域高被引文献中，截止至2021年1月，被引用383次的《中国汽车工程学术研究综述·2017》是被引率最高的文献。该文从车辆电气化、车辆智能网联化、自动驾驶化等方面系统梳理了汽车技术领域的研究进展，也介绍了中美两国在智能网联汽车和无人车领域的研究概要。这篇系统性综述的高频被引反映出我国学者对无人车相关领域研究的日益重视。被引89次的《基于人类驾驶行为的无人车辆行为决策与运动规划方法研究》和被引81次的《城市环境下无人车辆决策系统研究》从技术角度对无人车决策机制进行模型构建。被引67次的《基于遗传优化的无人车横向模糊控制》则从跨学科研究视角对无人车控制策略进行探讨。

通过对国内相关方向的高频被引文献进行分析可知，国内对于无人车的研究多数集中在技术优化层面，学界尚未从设计和慢行交通的融合视角对用户出行与服务体验进行研究；且高被引文献也多集中在某几所高校的硕博士论文，研究网络较为固定。

三、领域代表性观点

本书对与该研究方向具有较高相关性的代表性文献与主要观点进行了分析（表1-2）。

高芭贝（F. Golbabaei）等人提出无人车在促进智慧绿色城市交通建设方面具有较大价值，但在智能出行背景下的共享无人车领域研究总量有限。因此他们采用系统文献回顾法，调查并画出共享无人车的服务属性和其对城市交通、基础设施、土地利用、出行行为与环境的影响，对相关领域进行综述研究（Golbabaei F, Tan Y, et al, 2021）。

安多尼亚利（Fabio Antoniali）等人从类型学视角对无人车产品服务体系进行了研究（Antonialli, Cavazza, Gandia, Sugano, Zambalde, Nicola, and Arthur, 2018）。他们

表1-2 相关领域重点文献分析

序号	题 目	发表年份	作 者	研究主题
1	The role of shared autonomous vehicle systems in delivering smart urban mobility: A systematic review of the literature	2021	Golbabaei F, Tan Y, et al	智慧出行背景下共享无人车文献综述
2	Product-Service System for Autonomous Vehicles: A Preliminary Typology Studies.	2018	Antonialli, Fabio, et al	无人车产品服务体系框架研究
3	Designing Robo-Taxis to Promote Ride-Pooling	2020	Sanguinetti A, Ferguson B, et al	第一/最后公里慢行场景中，人们选择共享无人车服务的决策因素研究
4	A Study on Driver Experience of Autonomous Vehicle using Service Blueprint and Context-based Activity Modeling	2016	Kim N, Lim C, et al	无人车服务设计方法研究
5	Human Factors, User Requirements, and User Acceptance of Ride-sharing in Automated Vehicles	2017	Merat, Madigan, et al	用户对无人车服务信任度与接受度的影响因素研究
6	Designing for Social Experiences with and within Autonomous Vehicles — Exploring Methodological Directions	2018	Helena S, et al.	人–无人车交互方式研究
7	Ghost Driver: A Field Study Investigating the Interaction between Pedestrians and Driverless Vehicles	2016	Rothenbücher D, Jamy L, et al	非机动车交通主体对于无人车的反应研究
8	Autonomous Campus Mobility Services Using Driverless Taxi	2017	Kim Seong, Woo, Gi Poong Gwon, et al.	校园慢行场景中无人车服务设计研究

基于塔克（Tukker）提出的产品服务体系"产品—使用—结果"的3种类型（Tukker，2004），并结合文献研究、深度访谈和焦点小组，构建了无人车产品服务体系的类型学模型。该研究从跨学科视角初步建立了一个无人车服务的类型学框架，而关于该框架

的适用环境与可用范围,以及建构过程与设计方法则有待进一步研究。

桑格纳提(Angela Sanguinetti)等人认为在"第一/最后一公里"的慢行交通场景中,影响人们选择乘坐共享无人车服务的主要因素有合适的个人空间、适当的防卫空间、对于潜在风险的可控感、可恢复的环境和一定的社会资本。在进行无人车服务设计时,可通过对前3个因素的抑制和对后两个因素的提升来进一步增加人们对共享无人车服务的好感(Sanguinetti, et al., 2020),从而激励人们在进行短距慢行出行时,优先选乘无人车。但该文献的研究对象是城市公共空间内的无人驾驶出租车,而非本书所讨论的在慢行场景中更具共享性与公共性的4—8人核载量无人小巴。

马拉特(Natasha Merat)等人从社会心理学角度剖析了影响用户对共享无人车(L4级自动驾驶)信任度和接受度的因素,并且给出了提升用户对无人车的信任感、接受度和使用意愿的少许策略。他们认为在乘车途中的每一阶段都应向用户提供可控感(hands-on)体验,应避免让用户对无人车服务产生不真实感和过分期待感(Merat, Madigan, Nordhoff, 2017)。该研究主要从心理学角度来研究用户选择与无人车服务之间的影响关系和影响因素。

在研究方法上,斯坦伯格(Helena Stromberg)等人采用绿野仙踪法(Wizard of OZ)、小规模场景法(Small-scale Scenario)、访谈法对无人车与行人之间的交互形式进行了研究(Helena et al., 2018)。罗森巴赫(Dirk Rothenbucher)等学者对行人与骑行者对于无人车的反应进行研究,并使用绿野仙踪法测试了非机动车交通主体对于L4级及以上无人车的反应(Rothenbücher, et al., 2016)。在该研究中,作者通过一种特殊的软性材料对普通汽车进行改造,使处在车外的行人无法看到车内司机,从而认为这是一辆无人车。金善吴(Kim Seong Woo)等人则使用一辆真正的无人驾驶车在校园内进行测试(Kim, et al., 2017)。这些研究多利用某个具体方法提升某个乘坐体验元素,为本书从城市设计、服务体系、系统框架、用户需求、共享服务视角对建立无人车慢行交通解决方案进行研究提供了一定的方法支持。

针对基于共享无人车的慢行交通服务体系设计的探讨,国外开始得相对较早,并呈现出"分布式萌发、协同式发展、集中式爆发"的学术格局,研究视角较为多元并不断强调设计在其中的重要驱动作用。同时,"服务需求、交通模式、共享出行"也成为近年的研究热点。国内学界则正逐步形成"集中式萌芽、分散式发展、全面性爆发"的研究格局，并有望构建更为开放包容的学科网络与科研合作生态圈，基于服务、空间、设计视角的研究也逐渐涌现。

立足于以上对国内外相关领域的文献研究，本书认为未来无人车服务与城市慢行交通的融合研究领域有4个具有较大潜力的发展方向：

（1）不同城市范围与交通场景下的无人车服务设计研究；

（2）技术更新带来的城市交通用户需求价值转移；

（3）通过新出行加速社会创新的无人车服务设计研究新模式；

（4）无人车服务体系设计研究框架、流程与方法。

小结

出行方式受到生产力与生产关系的影响，同时又影响着人们对于城市生活的感受和体验。而随着社会语境的日益包容、人群需求的不断多元、经济引擎与商业模式的持续丰富、技术手段的加速进步，以及设计作为创新源动力和新质生产力在前瞻出行方面可起到的引领作用，未来的人群出行模式必将朝着无人驾驶化、慢行化、共享化、服务化和生态化的方向发展。随着城市空间结构的日趋精细化，城市郊区不断涌现出大型复合式慢行公共空间，其中以校园、住区和园区最为典型，而这些新型慢行单元中的场景特征和出行需求又构成了数智时代慢行出行设计的重要议题。作为研究者和设计师，我们需要重新理解慢行出行，全面认识智能工具，重新定义慢行场景中的要素与特征，构建新的出行服务体系。

第二章　共享无人车慢行交通服务体系设计的理论基础

第一节　慢行交通的相关发展节点

一、本书的"慢行交通"定义

本书讨论的无人车服务体系适用场景是城市的慢行交通环境。慢行交通（Slow-Moving Transportation）根据实现目标和运行速度，有两种不同定义。

基于实现目标角度的慢行交通主要是指一种针对交通参与人的需求，以步行和自行车交通为基础，以助动车和公共交通为辅，结合道路沿线土地利用和服务设施，给不同目的、不同类型的交通参与人提供安全、通畅、舒适的慢行环境，从而吸引更多人使用慢行交通方式的交通模式（魏安敏，2012）。慢行交通也是实现交通领域绿色环保和可持续发展的重要手段，是解决城市交通"最后一公里"末端衔接与换乘问题的根本途径（丘忠慧等，2012）。

基于运行速度维度的慢行交通是指运行时速不超过15 km/h的交通方式，"慢行"是相对于快速交通和高速交通而言的（丘忠慧等，2012）。此外，机动车在慢行交通系统中运行，其车速也不应超过20 km/h（李雪等，2019）。

本书主要探讨的慢行交通是指出行速度不超过15 km/h，以步行、骑行和其他低速公共出行工具为主的交通环境（表2-1）。

表 2-1 慢行交通概念与场景总结

定义维度	概念定义（一般性）	本书的"慢行交通"定义	本书的"慢行交通场景"
实现目标	安全、通畅、舒适、宜人的慢行交通体验	出行速度不超过 15 km/h，以共享无人车为主、结合部分非机动车交通的慢行出行方式	与城市路网关系松散、相对独立的大型复合式慢行公共空间，如大型校园、大型住区、职住平衡式园区
运行速度	非机动车不超过 15 km/h 机动车不超过 20 km/h		
交通方式	非机动车交通与公共机动车交通相结合		

二、慢行交通研究与实践发展脉络

（一）国外慢行交通发展分析

西方国家较早进入城镇化与工业化，对人车关系的思考也随着时间推移而不断演变。第二次世界大战之后，机动车带来的弊端逐渐显现，英国与德国学界率先从人车关系角度来思考和推动步行交通的发展，主要经历了人车平权、交通安宁理论、基于新城市主义的人车共存、无个人机动车发展等阶段（图 2-1）。

随着慢行交通理念的不断普及，国外一些城市也开始了针对慢行交通系统的落地探索，围绕着城市慢行公共空间、城市慢行交通服务、城市重点区域的慢行交通生态圈 3 个方面，从交通工具、环境设施和系统空间全面探索慢行交通实践的多种可能性。

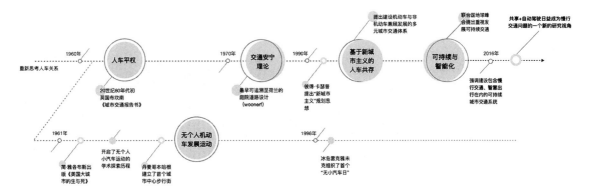

图 2-1 国外慢行交通研究主要发展脉络

虽然本书主要讨论的是以共享无人车为主要出行工具的慢行交通，但慢行交通最初是以自行车为工具起点开始发展的。作为世界慢行交通发展的先行地，丹麦哥本哈根最具代表性的交通工具就是自行车。早在20世纪30年代哥本哈根就拥有数百公里的自行车专用车道，1962年哥本哈根市中心设立了第一条人车分流步行街，通过扩大步行空间为市民集体活动提供更多公共场域；同时结合对自行车骑行环境及系统的综合规划，逐步构建出以自行车交通为主，包含步行交通的"空间相融、功能互补"的城市公共区域慢行交通系统发展建设路径（甘依灵，2019）。

国外大部分城市的慢行交通服务都始于公共自行车服务，公共自行车最早出现于荷兰阿姆斯特丹。阿姆斯特丹是全世界骑行体系发展最早、发展最全面的城市。1965年，为缓解交通拥堵与环境污染，阿姆斯特丹推出了"白色自行车"计划，将自行车统一刷成白色后放置于城市公共区域供大家自由使用，这一计划开启了公共自行车服务的先河。随后，车锁、停车桩、押金机制、基于市民信用记录关联的用车模式、电动自行车、绿波骑行道等技术和商业上的创新与公共自行车服务不断结合。而近年来，以BIRD、Lime公司为代表的自动驾驶共享电动滑板车服务风靡美国各大城市，为人们短距出行提供了一种新的选择（图2-2）。该服务立足于美国地广人稀、驾照普及率高

图2-2　BIRD自动驾驶共享滑板车（图片来源：https://www.163.com/dy/article/E23NC4OS05118O8G.html）

的社会背景，尤其适合在如旧金山、西雅图等交通拥堵的大型山地城市中使用，是基于本土特点进行慢行交通服务创新的代表性案例。

近年来，很多城市也不断涌现出基于无人车的慢行交通服务。英国伦敦希思罗国际机场通过无人驾驶迷你小巴士Ultra Pods为机场员工和旅客提供航站楼出入口和停车场之间的慢行接驳服务（图2-3）。Ultra Pods每年可以运载约150万名乘客，减少约110吨二氧化碳排放，其目前主要行驶在专用轨道上，未来计划无须专用轨道，用户直接通过手机应用就可以在伦敦的普通街道上预约与使用该服务。

图2-3　Ultra Pods希思罗国际机场无人驾驶慢行小巴士（图片来源：https://www.sohu.com/a/193884713_526288）

随着自动驾驶技术的进步，城市核心慢行交通区域的建设重点也发生了变化。美国加州圣贝纳迪诺县就将其与加拿大安大略国际机场之间的接壤地带作为自动驾驶慢行交通重点建设区域，以此来提升区域交通效率和用户出行体验。该县计划在Cucamonga地铁站与安大略国际机场之间建设一条隧道，并在其中设置3个车站，运行面向公众使用的低速自动驾驶车（图2-4）。

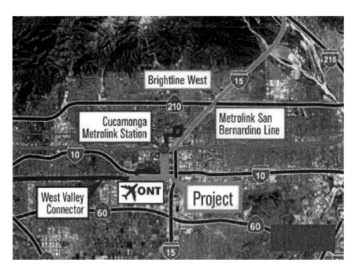

图2-4 供自动驾驶车行驶的专用隧道地图路线（图片来源：http://www.wrdrive.com/news/show.php?itemid=6095）

（二）国内慢行交通发展分析

我国开始全面进入城镇化建设的时间并不长，"车本位"的城市交通发展模式在很长一段时期内是主导我国城市规划建设的核心理念。与欧美发达国家相比，我国对于城市慢行交通的重视稍显滞后，人本视角下的城市慢行交通研究也是在进入21世纪之后才逐步展开，研究视角多集中于慢行交通空间的构成规划以及慢行系统的设计。"慢行交通系统"这一概念首次出现于2002年发布的《上海城市规划白皮书》。近年来，我国学者对于公共慢行交通的研究多从空间设计和系统策略视角展开（王泽烨，等，2022；汪小琦，等，2020；孙婷，等，2021；张垚，等，2021；刘芮琳，2021；高峙南，等，2021）。

国内关于慢行交通的实践探索过程具有较强的地域特点。上海是国内最早开始全面发展慢行交通的城市之一。2002年发布的《上海慢行交通白皮书》首次将"慢行交通"概念引入国内城市规划与建设领域中，明确了慢行交通在城市交通网络中的重要地位，2007年颁布的《上海市慢行交通系统规划》则提供了规划基础（赵晶心，2018）。在一些具体规划设计方案中上海市以不同片区为单位，逐步建立慢行交通系统（陈毕新，等，2019），并划分了多个安全慢行岛（图2-5）。

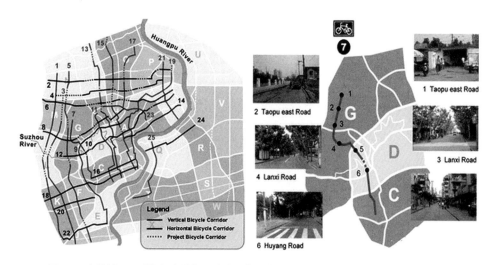

图 2-5　上海城区通过慢行廊道将 25 个安全慢行岛相互贯通（图片来源：詹姆士，2020）

2008 年杭州市政府出台了《杭州市慢行交通系统规划》，基于杭州市"文化及旅游休闲中心"的城市定位，构建了一套连通城市 10 多个主要景点、涵盖 8 类不同慢行单元和 4 种慢行道路等级层次的城市慢行交通网络（邓英滔，等，2020）。杭州市又通过科学的公共自行车交通服务系统和富有城市品位的水上公交来进一步完善以慢行交通为主、"五位一体"全面发展的城市特色公共交通系统。

作为全球人口密度与土地利用率最高的城市之一，香港在 20 世纪 70 年代就建成了发达完善的公共交通系统（许丽，2020），并率先建立了慢行交通与公共交通协同建设的城市交通发展策略。香港的街道路网立体丰富，平面道路窄、密、全；在高密度地区多通过立体空间与公共交通进行连接，如配有空调的空中连廊、多层级人行天桥、应节应景的天桥主体装饰等，在人车分流的同时又能保证慢行出行的效率和品质。

随着技术的进步，国内慢行交通实践探索突破了步行和骑行的工具范围限制，以无人车为载体的慢行交通实践用例不断涌现，其中广州是将无人车较早运用于慢行交通场景与出行服务的城市之一。在广州荔湾区广钢新城社区的一些封闭环境中，Robotbus、Robotaxi 和末端配送无人车已经在多个慢行场景中运行，并向不同人群提供了时速在 15 km/h 以内的无人车出行或配送服务（图 2-6）。甚至在某些封闭区域内，Robotaxi 还取消了随车安全员；一些末端物流无人车也能够解决负荷更高、寄递任务

图 2-6　广州荔湾区某封闭环境内的低速无人车（图片来源：https://baijiahao.baidu.com/s?id=1703449162196512623&wfr=spider&for=pc）

更复杂的配送任务。

　　随着"新城市主义"设计理念的渗透与发展，"以公共交通为导向的发展模式"（TOD）、"传统邻里开发模式"（TND）以及"以社会服务为引导的发展模式"（SOD）逐渐成为大多数城市开发的主要方式。城市慢行交通的发展热点从城市中心区域逐渐转向了相对独立的大型校园、住区和园区，新的场景特征、出行需求与交通解决方案也成为领域研究新的关注重点，这也符合未来城市慢行交通发展路径的建立顺序：

　　第一，模式建立阶段。未来城市交通系统会朝向可持续与智能化不断发展，努力打造环保舒适的人文交通氛围，并逐步建立和完善各种城市新型公共慢行交通单元的空间建设。第二，空间优化阶段。在建立了新型公共慢行交通单元基础之上，细化环境空间设计和交通系统运行机制，提升出行体验。第三，模式创新阶段。对新型公共慢行交通单元进行功能定位，结合环境特征、用户需求与社会发展趋势，挖掘慢行场景的多重价值，探索慢行交通问题解决方案的新模式（詹姆士，2020）。

（三）公共慢行出行是城市交通的发展重点

慢行交通的组织形式主要可分为个人出行和公共交通出行，而公共慢行交通则具有相对更高的社会价值和研究迫切性。公共慢行交通是城市慢行交通系统的重要组成部分，对多个行业和人群的影响范围更大，其中的"第一/最后一公里"问题也亟待解决。

慢行交通在城市交通出行体系中发挥着决定性作用，人们在任何时间、地点、出于任何目的的出行都离不开慢行交通作为主体或辅助。若想发展完备的可持续城市公共交通，则须将慢行公共交通作为首要解决任务。

慢行交通、公共交通、交通事故、交通速度、停车困难、冲击环境是当前城市交通问题最严峻的6个子问题（何玉宏，2014）。而结合经济效益创造、人口数量影响、亟需解决程度、学术研究潜力等因素，慢行交通是其中最具研究价值的问题领域，公共交通紧随其后；慢行交通与公共交通的结合研究，则可进一步扩大积极影响范围，不仅可提升个体机动性、满足多样出行需求、有效解决居民出行问题，还可促进社会公平、创新出行模式（图2-7）。

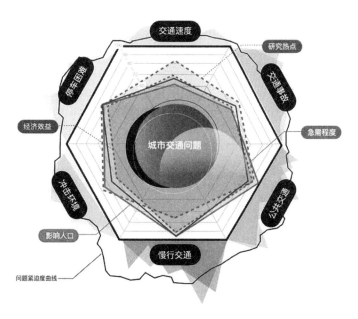

图2-7　慢行交通在六大城市交通问题中尤为迫切

作为慢行交通的一种特殊场景类型，"第一/最后一公里"的短驳交通往往存在着服务真空区，较为缺乏与城市公共交通服务网络的有效衔接，其服务体验有待提升，针对该问题的研究与实践也相对较少。能否有效解决这一类型慢行场景中的用户出行需求，也一定程度上是决定公共交通是否能成为人们出行方式首选的关键所在（Kåresdotter, Page et al., 2022）。

"第一/最后一公里"多指从轨道交通或公交站点到目的地的一段慢行交通路程（Kåresdotter E, Page J et al., 2022），其理想距离不超过1 000米。但由于城市范围的不断扩大和公交站点布设的延迟性，目前很多地区都存在着"第一/最后一公里"出行距离过长、交通换乘麻烦的问题。"第一/最后一公里"问题根据交通环境与城市道路系统的密切程度，可以分为相对独立的"第一/最后一公里"接驳、依附城市道路的"第一/最后一公里"换乘两种类型。本书研究的主要问题属于相对独立的"第一/最后一公里"接驳范畴。

通过对国内外慢行交通研究与实践发展历程进行梳理可知，随着我国城市开发模式的更新，建立相对独立的大型复合式公共慢行单元逐渐成为城市慢行交通发展的重点方向之一。在智能互联的社会语境下，新型慢行单元的场景特点和出行需求较传统慢行交通也发生了较大变化，因此需采用合适的思维方法与工具手段对解决方案进行探索与研究。

第二节　无人驾驶的相关发展机会

一、无人驾驶产品缺口

无人驾驶行业的起源最早可追溯到21世纪初。2004年美国国防部高级研究计划局（DARPA）举办了首届国防高级研究计划局挑战赛（DARPA Challenge），吸引了全世界诸多科技公司和初创企业加入智能汽车的研发。近年来随着传感器的发展和计算机算力的强大，无人驾驶技术的运用场景也日益广泛，无人驾驶行业也朝着全面智能的方向不断发展（Kyriakidis, 2015）。

美国国家公路交通安全管理局（NHTSA）于2013年发布了汽车自动化的五级标准，该标准将无人驾驶功能分为0—4级共5个级别。2021年5月，国际汽车工程师协会（SAE International）给出的另一个针对无人驾驶的分级标准则得到了更为广泛的认可和使用（图2-8）。

图2-8　SAE官方2021版自动驾驶分级（图片来源：SAE International）

需要注意的是，无人驾驶产品并非只有L5级产品，只要对运行场景进行严格定义与设计，L4级解决方案同样可成为优秀的无人驾驶产品（车袁，2020）。本书所探讨的"无人驾驶"即属于L4级，而L1—L3级均属于辅助驾驶，不属于无人驾驶的范畴。通过特征分析而选择合适的适用场景是L4级无人车可以快速落地的决定因素，这也是本书的重要研究内容之一。

无人驾驶的发展进程具有阶段性。根据2020年和2040年这两个时间节点，可将无人驾驶的发展分为3个阶段（刘少山，2019）。第一阶段：2020年以前的"无人驾驶的萌发期"。在此阶段，虽然无人驾驶在全球各地不断蓬勃发展，但总量有限，处在为日后高度无人驾驶时代积蓄技术与经验的阶段，整体交通模式还是以有人驾驶为主。第二阶段：2020—2040年的"无人驾驶混合模式时代"。此时的无人车相关设计应立足于有人驾驶和无人驾驶混合共驾的语境中，从传统的以人操控为主体的交通系统，逐步演化到在车联网与车路协同网络中的智能体相互沟通，城市交通系统设计应多考虑无人车的行驶特点。第三阶段：2040年之后，预计所有汽车将完全升级为无人驾驶模式，届时也许会建立起所有车辆智能调控与协同的全新交通出行生态网络。虽然目前的技术发展阶段无法实现完全无人驾驶，但在合适的运行场景与组织方式下，部分无人驾驶也可创造出多方积极价值。

无人驾驶产品具有丰富的产品类型与方向。技术角度包括驾驶、高精地图、仿真、运营、数据和验证（刘秋爽，2016），设计角度包括无人车设计与人车交互。针对无人驾驶产品的不同构成面向，产学研各界进行了研究与实践深耕。然而较少有文献与应用在无人车适用场景分析、服务体系构建框架与设计策略方面进行探索（图2-9）。

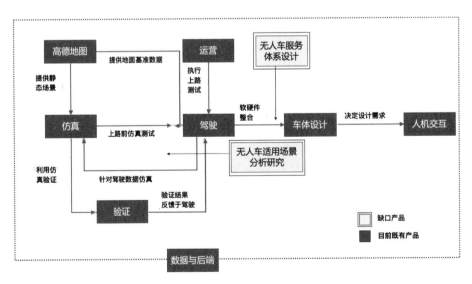

图2-9 无人驾驶产品宏观构成与缺口（图片来源：车袁，2020）

由于没有司机或安全员的引导，乘客在使用无人车服务时全程都需自主完成。出行服务具有复杂的流程与众多节点，从行程前到行程后，从车内到车外，从手机端到车载端，整个服务过程包含了时间与空间的动态变化与众多要素，每个服务环节之间环环相扣。在传统的汽车出行服务中，这些隐秘的细节都隐藏在乘客与司机的交互中，而要把人际之间隐晦复杂的沟通转移到无人车内，同时又期望用户通过智能终端自主完成整个服务，并获得优质的用户服务体验，这对无人车服务体系的设计提出了极高要求。

虽然目前已有一些学者开始关注无人车服务体系与无人车服务场景，但针对无人车服务适用场景分析与服务体系设计策略的融合研究目前还鲜少在无人驾驶出行解决方案中看到。适用场景是决定无人驾驶能否快速落地的关键因素，需结合无人车的类型与特性综合选择适用场景。

二、无人车落地的适用场景

除却能源补给与更新维修，无人车理论上是可以不间断运行来为人们提供服务并对用户需求作出快速响应的（Martin, 2021）。未来不同类型无人车之间的区别也会逐渐消融，无人车可根据不同的服务场景和用户需求进行功能增减与转换，呈现出对于车辆使用权限的共享性、用户人群的包容性和服务种类的多样性，成为除了私家车与公共交通之外的第三种服务形态（Haboucha, C. J., 2017）。此外，无人车的技术特性决定了只有通过服务公共化才能将无人驾驶的优势充分体现出来，个人持有的效益远不如群体共享，进一步强调了无人车服务所应具备的公共性。

基于自身技术特性与社会现状，无人车的核心特征应具有需求响应性、服务共享性和社会公共性，这为选择合适的落地场景圈定了一定的环境范围。而决定无人驾驶能否落地的关键核心概念就是运营设计域（Operational Design Domain, ODD），即适用场景。在一些相关研究中，适用场景都被认为是无人驾驶领域中最重要的概念。美国机动车管理局（DMV）将适用场景定义为无人驾驶的功能或系统可以正常顺利运行的特定条件范围，包括地理位置、道路种类、行驶速度区间、自然物理环境（如雨雪天气、白昼黑夜等）以及其他环境条件限制（Ryerson, Miller, Winston, 2019）。

需要注意的是，只有在L2—L4级的自动驾驶产品中才会运用"适用场景"的概念。对适用场景进行严格且明确的定义，可在无人车超出给定的适用场景范围时及时提醒用户介入驾驶，保证安全。

无人车在2014年受到社会广泛关注后就进展放缓，甚至在2018年遭遇了所谓"发展寒冬期"。很多无人驾驶公司没有选择合适的快速落地场景，而在"如何让无人车在混行的开放公路上行驶"这一远期目标上消耗了较多时间精力。本书在服务体系设计语境下，从适用场景入手，对无人车的落地路径进行探究。

第一，无人驾驶所处发展阶段决定了当前重点是探讨实现模式。作为全球最权威的IT研究与顾问咨询机构，高德纳公司（Gartner Group）每年都会根据当年全球新兴科技的发展情况推出"热门技术发展图"（Hype Cycle for Emerging Technologies）（Jain, Taylor, and Culligan, 2013）。在图2-10（上）的2019年高德纳技术发展过程中，"L4级自动驾驶"处于"泡沫化低谷期"（Trough of Disillusionment），表明高级别的自动驾驶在10年内不太有望达到热门技术的最高发展阶段，即"生产力平缓期"（Plateau of Productivity）。在无人驾驶行业发展已初具雏形的当下，针对无人驾驶落地方式的模式探讨将是未来无人驾驶产学研各界关注的核心。在图2-10（下）的2020年高德纳技术发展过程中，L4和L5级自动驾驶则直接消失，不再属于新兴技术炒作周期的范畴。因此可知，针对无人驾驶实现方式的研究已成为未来一段时间内的行业发展重点。

第二，合适的适用场景可对无人车众多落地路径进行效用验证。无人驾驶技术虽在稳步发展，但对于其未来发展方向和路径目前并未形成明确的业内共识。而选择合适的适用场景则可将无人驾驶实现过程中的诸多不确定性进行显性体现，帮助发现下一个发展机遇（Herrmann A, 2018）。关于无人驾驶需要何种条件落地以及落地方式这一问题，可以选择某个场景对不同方案进行验证与评估，聚焦可行性方案。这也是本研究的实践价值之一，即从服务体系构建的角度为无人驾驶提供合理的落地路径。

第三，产品服务体系设计可对"下车后"的服务阶段进行有效组织。适用场景具有

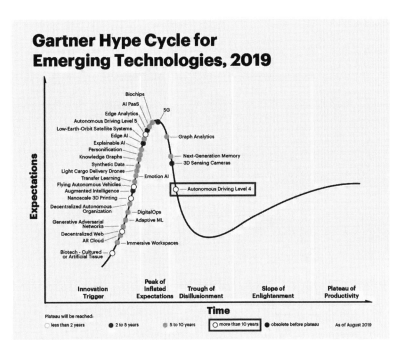

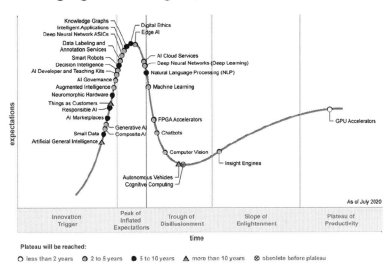

图2-10　2019年（上）与2020年（下）高德纳技术发展图（上图来源：https://baijiahao.baidu.com/s?id=1686788428447081886&wfr=spider&for=pc；下图来源：https://baijiahao.baidu.com/s?id=1779200855197292255&wfr=spider&for=pc）

时空延续性和变化性，在不同时空下会呈现不同特性。正如很多交通拥堵并不是由出发点或行程中的人引发，而是由已经到达的人所引发（Manville M, Shoup D, 2004）。在出行服务中，下车后的服务阶段是构成完整服务闭环的重要部分，也是影响用户出行体验的重要片段，使用服务体系的设计框架可将"下车后"的服务纳入整个流程进行优化设计。

因此，决定未来无人驾驶能否全面实现与落地的关键因素并不全是技术条件，而是无人车能否在特定场景下以一种合适的形式重构与人的关系并参与人们的生活。选择正确的适用场景并构建基于场景的服务设计方案，是无人车快速落地的重要实现方式。而不同国家和地区的社会风貌与人群需求也会影响无人车适用场景的诸多特征。通过上一节分析可知现阶段我国无人车落地的最佳适用场景包括相对独立的城市大型复合式公共慢行单元，如大学校园、大型住区、创新园区，以及"第一/最后一公里"等短距慢行出行场景。

三、适用场景视角下的无人车服务发展

（一）无人车服务研究

适用场景是无人驾驶的关键概念，国内外学者也基于适用场景视角，对无人车的组织方式和运行模式进行了相关研究。

金善望（Sangwon Kim）基于城市公共交通场景对无人驾驶出租车服务进行了研究。他将无人驾驶出租车服务分为4个不同阶段，在每阶段又得出了如可靠性、安全感、可预知性、操作便捷性等众多影响用户乘坐体验的服务评估要素（Kim et al., 2020）。最终在城市公共交通这一适用场景下，得出了无人驾驶出租车服务的用户情绪要素评价表。

丹尼拉·帕多帝（D. Paddeu）则在封闭的超市停车场内投放完全自动驾驶的无人驾驶车，并邀请互不认识的陌生人坐满整个车舱，模拟繁忙快速的共享无人车服务真实场景，进一步测试用户对于无人车服务不同方面的喜好程度差异（Paddeu, 2021）。

王海任提出无人驾驶小巴士应与城市近郊的TOD场景相融合，探索有人驾驶与无人驾驶共存阶段的城市近郊社区级TOD公共无人车出行服务新模式。他构建了多层次的无人车服务TOD模型，用无人驾驶小巴整合TOD社区分散的功能点，并按照"TOD影响域和核心区初判——无人小巴路线规划——核心区域划定——核心区域功能设计——整体优化与城市更新"的流程构建了模型（王海任，2019）。

覃京燕则针对无人车服务在智慧物流场景下的构建进行研究。未来的物流服务模式也会逐渐朝着自动化与智能化的方向发展，将无人驾驶物流车置入智慧物流服务的适用场景中，可为物流作业工作人员提供物流运输车自动驾驶、移动车载信息沟通、物流作业系统智能协同等服务（覃京燕，等，2019）。

既有研究或从人机工效学和城市规划视角对慢行交通问题进行分析，或选择某一构成简单的小型封闭环境作为慢行场景，或选定在某个面向企业/组织的慢行环境中设计服务。以上研究表明，适用场景视角下的无人车慢行交通服务在场景类型与特征、用户需求、服务构建机制与策略等方面都具有较大的研究空间。

（二）无人车服务实践

目前全球有部分无人驾驶公司立足自身优势与环境特点推出了针对不同适用场景的无人车服务。从服务总量来看，基于限定区域内物流配送适用场景的无人车应用是目前案例数量最多的实践方向。因封闭环境内的物品末端配送所要求的技术积累已相对较成熟、环境构成也较为简单，同时与终端用户的互动时间与环节都较少，对于用户体验的服务精度要求较低，从多方面都节省与压缩了开发和设计成本及周期，所以无人车终端物流配送成为诸多无人车服务公司进行商业化落地的第一步。

此外，一些公司也开始了出行服务领域的落地尝试。Waymo作为无人驾驶行业的先行者在无人驾驶出租车服务方面深耕多年，其推出的Waymo One无人驾驶出租车已在美国亚利桑那州凤凰城的诸多区域开始商业化运营。国内相关企业如百度Apollo、文远知行也分别在长沙梅溪湖和广州黄埔区的部分封闭道路与区域开始了Robotaxi服务的试运营。

本书将无人车服务的适用场景大致分为限定区域与非限定区域，或也可称为封闭区域与开放区域；而无人车服务依据类别与内容也可大致分为用户出行服务与运输配送服务。将服务适用场景的空间特点和服务内容作为两个矩阵极轴，建立服务分析象限，并对全球知名无人车服务案例进行总结（图2-11），可发现大部分出行服务多集中在限定区域中，而货运服务在限定区域和非限定区域中都有所分布。

通过对不同适用场景下无人车服务的研究与实践情况进行分析，得出以下5个结论，并构建了无人车服务设计研究与实践适用场景机会分析图（图2-12）：

（1）基于适用场景的无人车服务设计缺乏针对场景空间的研究。

（2）无人车出行服务比物流或配送服务更具用户需求迫切性，并拥有更多的设计和优化空间。

（3）无人车出行服务领域需借助一定的设计方法来建立新的服务模式，创造好的用户体验。

（4）以无人驾驶出租车为代表的"开放区域+小规模用户"型出行服务在短期内进行大规模推广的可能性较低。针对特殊人群（如老人、儿童、残障人士）的包容性公共出行服务或针对特定低速场景（如校园、住区、园区）的公共短驳服务或将率先落地。

（5）针对城市慢行交通场景下的无人车服务设计研究与实践较少，该领域也是无人车服务最具落地可行性的重要方向。

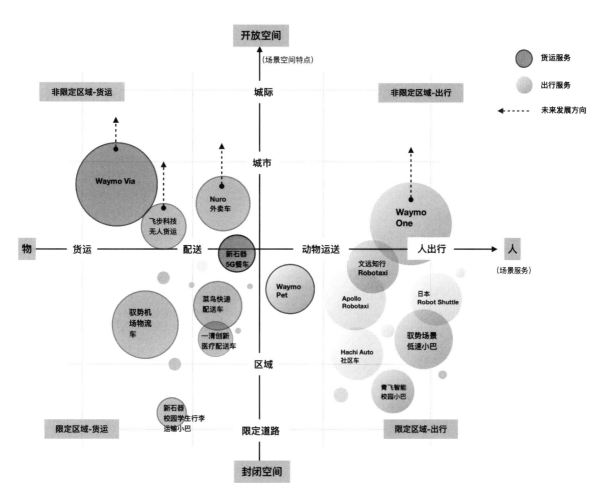

图 2-11 基于适用场景分析逻辑的知名无人车服务案例总结

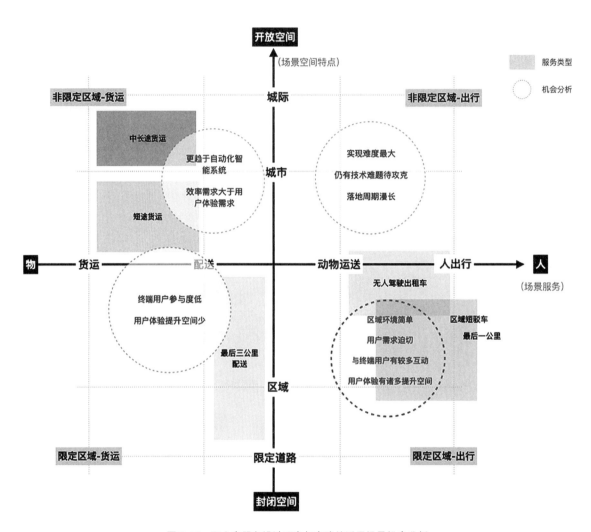

图 2-12 无人车服务设计研究与实践的适用场景机会分析

第三节　服务体系设计的相关使用方法

一、服务设计的发展与价值

服务设计（Service Design）最初是为了加强产品与服务的竞争力，使其更好地满足用户要求而形成的一个综合性设计学科。它强调对服务相关方、物质、行为、环境与社会等要素之间的关系进行系统性探讨（Moritz S, 2009; Stickdorn M, 2018），并要为服务提供方提供更高效的工作模式（Blomkvist J, 2010）。

服务设计最早源于管理学领域。1982年，美国管理与营销专家G·林恩·肖斯塔克（G. Lynn Shostack）首次提出产品与服务相融合的创新理念（Shostack，1982），随后又提出"服务蓝图"（Service Blueprint）（Shostack，1984），从概念创立与实践方法上开启了服务设计的学科发展。

随后在经济与商业领域，服务设计也促进了产业模式转型。IBM公司于1949年通过向公众首次投放"IBM Means Service"的广告来展示其商业模式的重大转变，标志着IBM正式建立了以服务为本的公司发展理念，将自身定位从产品销售方转变为服务提供方（辛向阳，等，2018）。

在设计学领域，1991年科隆国际设计学院（KISD）教授迈克尔·恩豪夫（Michael Erlhoff）首次提出"服务设计"的概念。同年，英国品牌设计专家比尔·霍林斯（Bill Hollins）在其著作《完全设计》（*Total Design*）中首次将服务设计引入设计实践领域。

服务设计的地理发源地则可追溯至欧洲。2000年，欧洲第一家服务设计公司Engine在伦敦成立，知名设计咨询机构Livework和IDEO也开设了服务设计业务。2003年，全球第一家服务设计联盟——服务设计网络（Service Design Network, SDN）在科隆国际设计学院、米兰理工大学、卡耐基梅隆大学等高校的共同努力下顺利建立，迄今已吸引来自全球近40个城市的15 000多名从业者加入，是全球最具影响力和学术权威的服务设计联盟。

服务设计的核心价值立足于价值创造与输出（Trischler, et al., 2012），其中涉及的产品与交互内容都只是辅助于服务传递的手段而非目的。服务设计通过重构服务使用者与提供方的关系来创造新的服务体系，从而为服务接受方提供可感知的服务价值。在众多服务价值中，最核心的是关怀（Care）、使用（Access）和响应（Response），即通过服务为用户提供情感关注、创造物品的使用权、满足系统预设内与预设外的用户需求（Polaine, Lovlie, Reason, 2013）。服务通过为用户提供这3种价值来让服务从无形变得有形，让服务体验与服务价值可感知。

除了对于3个核心价值的呼应与遵循，服务设计又会基于一个主导价值来展开，从而衍生出不同类型的实践方案。设计价值的定位决定了该服务在全流程中的设计原则与立场，会贯穿服务研究与实践过程的始终。从设计干预类型来看，服务设计可以通过4种形式来创造价值：创造交互、关系和体验；设计交互来塑造系统和组织；探索新的协同式服务模型；设想服务体系的未来方向（Krucken, Meroni, 2006）。

本书关于无人车在慢行交通环境下的服务体系构建，立足于为用户创造高效舒适的出行服务、为服务提供者创造更加可持续的工作机制，并探讨未来城市慢行交通场景下针对无人车运行的组织模式。

二、服务体系设计的特性、难点与关键概念

服务体系设计是服务设计的细分演化，又名产品服务体系设计（Product Service System Design, PSSD），是20世纪末服务设计领域出现的一种新的设计理念。戈德·库普（Goed Koop）等人将产品服务体系定义为一组可同时满足用户需求的市场组合（Piscicelli, Cooper, 2015），即面对不同类型的用户，产品服务体系设计可以通过丰富又细致的服务与活动来满足不同用户的需求。艾佐佑·曼佐尼（Ezio Manzini）则更加强调产品服务体系的内在创新性，认为产品服务体系是一种创新策略，其通过对产品和服务的高效组合，令用户需求和期待得以满足与实现（Manzini, Vezzoli, 2003）。蒙特（Mont Oksana K）把产品服务体系视为一个由产品、服务、支持网络、基础设施构

成的体系（Mont, 2002）。

（一）类型与特征

在商业实践领域，产品服务体系设计多被分为"产品导向的服务体系"（Product-Oriented Service System）、"使用导向的服务体系"（Use-Oriented Service System）、"价值导向的服务体系"（Value-Oriented Service System）3种类型（图2-13）。在产品导向的服务体系设计中，产品定义服务，服务扩大产品外延。在使用导向的服务体系设计中，产品拥有权和使用权出现了分离，使用权在拥有权不存在的情况下也可成立。在价值导向的服务体系设计中，企业不再向用户租售实体产品，而是为用户直接提供服务。在高度服务化的第三种范式中，产品不再是用户导向的产品，而是服务导向的产品（王国胜，2015）。

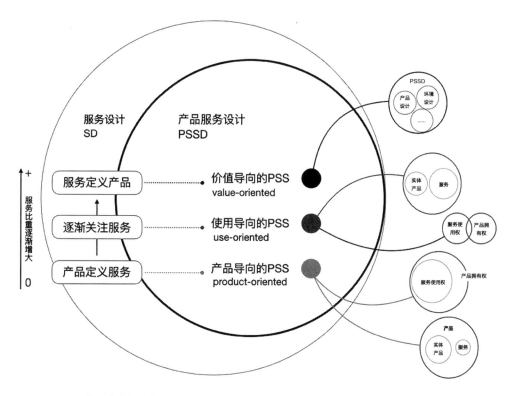

图2-13 商业实践领域中产品服务体系设计的3种类型（资料来源：王国胜，2005；笔者自绘）

通过对目前既有的一些无人车服务案例进行分析可以发现，其大部分处于第二阶段"使用导向的服务"或第一阶段"产品导向的服务"。本书所要构建的无人车慢行交通服务体系则主要是第三阶段的价值导向。

不同于实体产品，服务具有无形性（intangible）、不可分割性（inseparable）、异质性（heterogeneous）和易逝性（perishable）（Sangiorgi，Meroni，2011）。而以人为中心（Human-Centered）、协同创造（Collaborative）（Schneider and Stickdorn 2012）、迭代性（Iterative）、时序性（Sequential）、真实（Real）、全面整体性（Holistic）则构成了服务体系设计的基本原则与主要特点。

（二）设计难点

服务体系设计也具有其自身的设计难点。

第一，服务体系设计中包含着多种单点设计内容，如产品、交互、环境等。针对单点设计的方法众多，但构建逻辑合理与体验丰富的整体服务流程的难度却较大。影响服务质量的关键和用户的关注焦点并不在于具体单点设计，而在于服务整体的流程连贯性、完整性与合理性，这也是服务体系设计的难点所在。笔者对既有的无人车服务案例进行分析，发现大部分服务流程都有待优化。

第二，诸多用于传递服务的接触点虽然共同整合于服务体系之中，但不同触点之间也存在着介质、状态、场景、属性、实现难度和服务用户等方面的差异，而这种差异又会伴随时空或场景的变化而动态发展。如何弥合不同触点间的差异从而通过不同触点构建出优秀的用户服务体验，是服务体系设计的又一难点。

本书结合慢行交通、无人车与服务设计不同专业领域进行难度较大的服务体系构建研究，研究范围与框架较大。针对服务体系的构建难点，本书建立了包含用户、环境与任务子场景的服务场景分析框架，有助于识别关键场景要素并进行特征提取，为构建无人车慢行交通服务体系提供了分析工具和设计策略。

（三）关键概念与方法

本书内容涉及服务体系设计的多个关键概念与方法工具，关键概念包含用以厘清不同参与方交互关系和利益流向的服务利益相关方（Stakeholders）、用户与其有直接互动且可感的服务前台（Service Front-Desk）、用户看不到但为服务的传递与运行提供必要支持的服务后台（Service Back-Desk）、承载服务并塑造用户对服务认知的服务接触点（Service Touchpoint）。

常用方法包含用户画像（Persona），常以虚拟人格化的方式进行服务的用户类型分析；服务系统图（Service System Map），常用来表达支持服务体系良好运转的系统动态机制；用户体验旅程图（Customer Journey Map），多从用户视角出发，以旅程叙述的方式来表达用户使用服务的体验；服务蓝图（Service Blueprint），通过分类的方式对服务体系复杂的洞见进行系统化分析。

受限于篇幅，在此不对服务体系设计的主要概念与方法做详细阐述，其具体含义与用法以及服务体系设计其他概念和方法可详见网站https://servicedesigntools.org/tools进行学习。

三、出行领域服务体系设计发展分析

服务体系设计在研究、实践和教育领域正逐步形成日趋完善的发展脉络。马克·史迪克敦（Marc Stickdorn）等人于2010年和2017年推出的两本服务设计专著，以及安迪·博雷恩（Andy Polaine）等人所著的 *Service Design: From Insight toImplementation*，使服务设计的理论基础不断完善。Livework, IDEO, Continuum等设计咨询公司相继开设了服务设计业务。同济大学、米兰理工大学、卡耐基梅隆大学等国内外高校相继开设服务设计专业或课程。虽然目前服务体系设计已受到了来自学术界与产业界的普遍关注，但总体而言对于服务体系设计的研究仍处于初级阶段（唐纳德·A.诺曼，2015）。服务具有的不可视性、长期性和过程性，使得对于服务设计的认知需要在长时间的动态行动中持续进行。同时，目前大部分关于服务体系设计的研究与实践多关注于降本增效，对于高阶服务价值的分析与应用相对较少。在设计方法方面，既有的设计工具较为单一，缺乏适用于智能场景下的服务设计方法。在服务体验方面，服务接受者可以在服务体系中扮演的多种身份与可以贡献的多重价值，以及对于服务接受者的设计指导都有待挖掘（唐纳德·A. 诺曼，2015）。

而在出行领域，实践发展则暂时领先于理论研究。出行长久以来都是前沿科技与模式创新的最佳适用场，更由于其涉及的用户范围广、对社会生活产生的影响深，近年来在城市交通服务领域，诸多出行创新服务不断涌现，如共享单车、汽车分时租赁、顺风车服务等。但服务体系设计的动态变化性与高速迭代性，使得其在学术研究方面出现了一定的延迟，实践先行于研究。同时，由于缺乏对全新出行场景、目标人群、潜在需求、创新模式等关键内容的深入研究，诸多出行服务在具体实践中缺乏有效的策略指导。

面向"复杂"与"转型"的出行服务体系一定是未来交通重要的发展方向。由于交通出行问题具有复杂性与动态性，应利用旨在解决系统性问题的服务体系设计思维与方法来处理这种复杂问题。而且随着社会语境变迁和模式转型，面向未来生活的数字智能、"新城市主义"、职住平衡社区建设、深度老龄化等社会新语境下的出行服务体系也是未来交通服务设计研究的重要方向。本书也将在后文论述在不同场景下，通过结合服务价值、用户需求、服务模式和触点设计，如何产出基于共享无人车的慢行交通服务体系构建机制与设计策略。

第四节　融合性创新研究的适用性分析

一、耦合关联性

受限于环境、用户和任务方面的因素限制，以本书所研究的3区为代表的慢行交通环境对出行解决方案提出了较高要求。慢行出行解决方案应提供可满足人们出行目的和提升出行体验的慢行活动，包括满足人们与周边环境进行智能连接与高效移动，同时提供其他功能进行时间增值，融合环境内多个相关场景创造复合服务。此外，慢行出行路径重复率高且具有一定的灵活性，多为短距出行和快速代步。

无人车基于自身的技术性能，在解决人群慢行出行方面具有较强的针对性和适用性：第一，无人车擅长基于明确规则进行灵活操控，对环境依赖度小，在自动接驳、服务衔接和路径规划方面响应迅速，在短距接驳场景内具有明显优势。第二，尚处于落地初期阶段的无人车需要在路径重复率高的简单环境中积累更多运行经验。3区的慢行环境构成相对简单，人群出行行为具有重复性和规律性，无人车在提供服务的过程中也可持续积累里程与学习数据。第三，无人车智能系统可在出行时提供给用户其他相关功能。智能系统通过有效的多模态人车交互设计来构建与用户之间的多类型互动，并基于互动信息建立用户习惯与偏好知识图谱，为不同人群提供更加精准全面的功能。第四，无人车可对环境内其他相关服务场景进行融合。以3区为代表的慢行交通环境正逐渐朝向功能复合化发展，不限于交通的"大出行"服务是该环境内人们的必然需求，可在无人车中或以车为核心展开（图2-14）。在慢行交通环境中，无人车不仅可以为人们提供不限于交通的多元服务，同时也能帮助人们构建起自己与其他人、与无人车、与环境的积极关系（Shi，Sun，2018）。

与其他出行问题一样，慢行交通问题具有动态性、复杂性与系统性，解决出行问题需突破交通工具和事件本身，针对系统模式、交通方式、服务流程、体验互动和多个利益相关者综合构建应对多重不确定性的复杂系统。而以本书所讨论的3区为代表的城市慢行单元的数量不断增多，职住于其中的人群需求分化较多，构建慢行交通系统要充分考虑环境、用户和任务因素的影响，而产品服务体系作为一种组织方法，善于管理复杂性，同时还聚焦本质需求、成本相对可控。

此外，随着无人驾驶逐渐取代有人驾驶，交通行业将会朝着出行服务方向不断演进（Hermann，2018），慢行交通的服务形式也逐步自动化、即需化与高智能化，无人车将会是慢行交通服务的重要载体，而产品服务体系设计的诸多方法工具将会针对不同用户需求与场景特征来适用无人车相对应的功能特性，并构建无人车服务系统使用形式。

因此，在本书的研究范畴内，无人车、慢行交通、服务体系设计3个研究领域之间具有较强的耦合性和关联性，相互之间也具有较高适用性，构建基于无人车的出行服

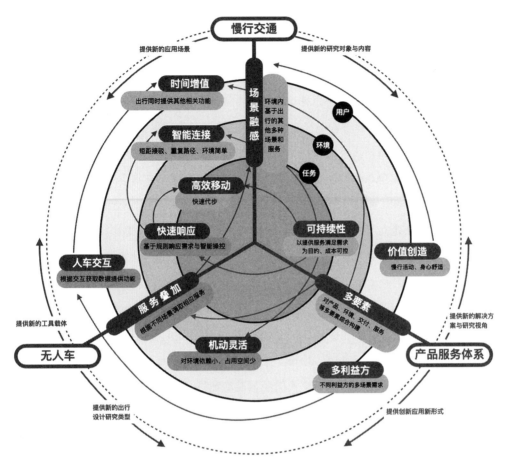

图2-14 本书3个研究领域之间的关联性与适用性分析

务体系为慢行交通问题提供了新的解决方案和研究角度,为服务体系设计提供了新的研究对象与内容,为无人车创新应用提供了新的方向与形式。

二、质效优越性

(一)提升系统效率与用户体验

在应用层面,常规慢行交通解决方案的设计对象与框架并不固定,较少有实践案例针对慢行出行的系统效率和用户体验进行聚焦性提升。在传统出行服务体系设计中,服务人员在整个服务体系中是重要的软性沟通触点，在人力成本方面通常需保留较大预算，但同时也存在服务工作时间有限、服务质量个体差异较大、服务系统推广性与模式化程度较低、系统可控性有待加强等问题。而基于共享无人车的慢行交通服务体系，针对不同的环境特点、用户需求、行为特征均具有较强适用性；无人值守的服务现场不仅可有效降低人力成本，同时还扩大了服务时间与类型范围，整合了环境内目标人群的多种需求；并通过设计合理的服务流程与触点交互来进行服务传递，可有效提升用户体验和系统效率。

（二）提高设计研究前瞻性

在研究层面，常规慢行交通服务体系设计的研究起点并无固定模式，普遍从定义服务愿景（Visions）、建立服务图景（Scenarios）、细化服务供应图（Offering Maps）等步骤开始，并在常规服务设计工具指导下围绕定义多层级利益相关方、建立服务系统图、细化服务蓝图、具化服务触点等方面展开设计研究内容，而前沿技术与智能手段在整体系统中的定位多是对某些服务触点的具体实现方法，研究对象与方法形式在数字智能服务时代有待更新。

而本书所探讨的基于共享无人车的慢行交通服务体系构建，把针对L4级自动驾驶无人车的技术特性充分前置至用户与场景分析阶段，以此提升服务流程的合理性与服务设计的前瞻性。此外，本书以"场景"为探究起点，采用包含用户、环境、任务3个子集的UET场景分析框架，进一步明确了场景内多要素特征和需求，构建了慢行交通场景模型，并基于此最终得出机制和方法（表2-2）。

表2-2 共享无人车慢行交通服务体系设计优越性对比总结

	对比内容	慢行交通解决方案设计研究（常规）	共享无人车慢行交通服务体系构建研究（本书）
应用领域	适用场景	较为宽泛	适合于功能复合型的大型封闭式慢行场景，如校园、住区、园区等
	人力成本	较高（较多的人员参与）	较低（服务现场无人值守）

续 表

	对比内容		慢行交通解决方案设计研究（常规）	共享无人车慢行交通服务体系构建研究（本书）
应用领域	工作时间		明确且有限	持续不间断
	系统稳定性与模式化程度		服务质量个体差异较大	系统鲁棒性较高、环境兼容性较强
	用户体验	功能复合性	一般	较高
		场景连带性	一般	较强
研究领域	研究视角		多为运载工具或环境构成的物象视角	多利益相关者的需求并结合前沿工具特性
	研究框架		有待明确	基于用户—环境—任务的UET场景分析框架
	研究内容		非机动运载工具设计、交通建成环境设计等；或服务供应图、利益相关方、服务触点设计等服务设计常规内容	服务洞见（价值主张、构成要素、关键服务选取工具等）、设计策略（核心触点构建方法）
	设计方法		传统产品设计或环境设计方法；或服务蓝图、服务系统图等服务设计常规方法	服务中台、关键服务开发路径、服务流程优化工具、CAQT服务触点构建策略等针对系统核心问题的解决对策

笔者通过对慢行交通、无人车与服务体系3个不同领域的知识进行梳理并结合第一章的研究结果，发现该融合方向下主要有以下3个具有较高价值的研究主题，而这也构成了本书的主要研究对象和范畴：

（1）适用场景视角下的无人车慢行服务体系研究。

（2）慢行环境中的出行服务模式探寻。

（3）无人车在新型慢行环境中的服务体系构建策略。

小结

综合本章对慢行交通、无人驾驶、服务体系设计3个领域关键概念和重要知识的分析，我们关注到公共慢行出行是城市交通未来发展的重点方向，慢行场景也是目前适合无人车服务快速落地的适用场景，利用服务体系设计对无人车慢行服务在该场景下进行组织颇有裨益且大有可为。对这3个领域进行融合创新研究，一方面是遵循三者之间高耦合相关性的必然结果，另一方面也是提升出行系统效率和个体用户体验的必然选择。

第三章　共享无人车慢行交通服务体系设计的研究框架

第一节　场景研究方法与路径

一、基于场景分析的研究起点

（一）场景的含义

场景也称为情境（Scene、Scenario 或 Context），最初源于戏剧电影领域，也可指情景。约翰·杜威（John Dewey）曾在1896年提出情境（Situatedness）概念（Gero, Kannengiesser, 2004）。目前在产品与服务设计领域，关于场景的定义，使用频率和被引率最高的是来自人机交互研究专家安耐德·德一（Anind K. Dey）的版本，即场景是关于某个实体特征的所有信息，此实体是用户与产品或服务在互动过程中涉及的全部因素，包括时间、位置、对象或物体，以及用户、产品或服务自身（Dey, Abowd, Salber, 2001）。从服务体系的角度来解释场景，则是指在一定时间内影响用户服务体验的物理环境、社会文化环境、用户身心状态、用户个人行为等元素组合。在汽车交互设计研究领域，场景分析可用来全面梳理用户需求，是一种常用的研究方法。

本书所要研究的慢行交通场景（Slow-Moving Transportation Scene）主要是指发生以及构成慢行交通行为、活动、交通参与者关系的具体生活时空环境，包含参与人、行为目标、活动时序、环境空间等。服务场景分析是服务体系设计的核心，对服务场景从属性、特点、价值、文化以及相互之间的互动关系进行解读与契合，是构建高质量服务体系设计的关键所在。

（二）场景分析的方法

场景分析与场景创建是智能产品设计研究的重要思路，更是汽车交互与服务设计的常用工具。由于场景本身就包含了众多要素，如参与人、行为目的、活动与行事流程、周边环境以及用于明确部分系统功能的上下文语境（Fang Chen, 2020; Go, Carroll, 2004），因此对于服务场景的分析也存在着多种方式。例如，第一，可基于发生时间对现实场景和虚拟场景进行分析。第二，可基于与核心需求和典型用户旅程的相关性，对主次场景进行研究。其中常通过细分主要场景来发散次要场景，而在丰富次要场景的过程中又可反过来优化针对主要场景的设计与研究。第三，可基于"人—环境—无人车"的场景构成要素关系，对不同子场景进行分析。"人—境—车"是人车交互设计研究中常用的分析逻辑，其同样可对无人车服务场景分析提供框架指导。

（三）场景研究的本质

1. 对服务体验影响因素及其相互关系的分析

用户分析与场景研究是服务体系研究的基础。服务场景具有动态性与复杂性，涉及多个利益方，需在具有高度不确定性的环境中讨论多种元素的动态利益平衡与关系演化。对于场景的研究不仅要分析其构成元素，更要分析不同元素与背景环境之间的互动和匹配，这就需要对包含用户、行为、环境系统在内的情境知识、交互技术、社会文化价值等内容进行综合分析。因此对服务体系设计进行服务场景研究，本质上即是对影响用户服务体验的多方元素以及元素之间的互动与匹配进行机制探寻的分析。

2. 对产生服务的知识环境构建

服务体系设计虽是一门新兴学科，但服务设计却常以一种事件组织的方法长久存在于实际生活中。当服务提供方为用户创造某一项服务时，本质是建立了一个全新的服务发生场域和运作环境。因此服务设计是一次针对服务知识环境的建构，这其中包括对众多内容的理解和含义重构，如服务知识优先级、用户需求与目的、社会文化与行为、背景环境系统、多利益相关者的学习目标与行为、方法工具等。研究服务场景就是研究创造出服务的知识环境，而好的服务场景就是简单易用、清晰易学、有效用有价值的知识环境（王国胜，2015）。

二、慢行交通服务场景分析框架构建过程

（一）基于设计目标的场景内容分类

在知识与服务经济语境下发展服务体系设计，其关键环节就是用户和场景分析，即对用户特点和需求、交流方式、技术手段、资源进行场景化思考和重构。通过分析慢行交通场景内的服务特点与人群特征，并结合《服务设计与创新》一书中提出的服务设计目标，笔者建立了在慢行交通场景中服务体系设计需达成的4个目标，即慢行交通服务路径构建、服务知识重构、服务行为规训、服务体验与沟通。

在服务路径构建中，服务提供方应构建出清晰的慢行交通服务传达路径供用户按需使用服务，为用户创造顺畅的服务流程。而在提高用户的服务可达性方面，则需要通过合理的服务接触点设计和连接网络来完成。良好的服务路径构建需要解析慢行交通场景内的用户活动，探究用户活动的产生动机、行为过程和因果关系，基于用户活动来组织服务流程和触点网络，以进一步提升服务流程与路径构建的决策合理性。

服务知识重构是指对服务发生场景所需的知识语境的建立。这里的知识语境不仅包括用户知识，如用户属性、特点、需求等，也包括支持服务发生与传递的情境知识，如无人车内的乘坐情境、预约叫车时的等待情境、承载着无人车停靠点的空间情境等。慢行交通服务体系设计需对用户和环境两大元素进行综合分析，才能得到服务知识重构所需的内容来源。

服务行为规训则源于服务本质属性的需求。服务是双向流动和共创的，服务传递需要服务提供方和接受方共同配合完成。这就需要对服务双方进行一定的知识与技能导入，为服务的顺利传达创造行为知识基础。对慢行交通场景内的服务接受方与提供方进行用户分析，同时结合慢行活动研究，有助于明确服务行为规训的设计框架与内容。

服务体验与沟通则更强调用户对于服务的满意度以及服务与用户的沟通机制。服务与用户的沟通依赖于服务触点的传达，因此，易用的交互机制、高效的交互界面设计可以有效提高服务—用户的交互效率。但需注意的是，设计不仅要关注用户服务体验，也要重视其他服务相关者的利益，只有平衡好多方利益才有可能保证慢行交通服务系统的可持续性。本书将通过对包含多利益方的用户场景和与慢行交通有关的活动场景进行分析，从而得出相应的设计策略。

通过对慢行交通服务体系设计目标进行梳理，遵循服务目标导向的场景分析推理逻辑，对4类设计目标指向的场景维度进行归纳总结，可以发现服务分析场景主要围绕用户、环境、任务3个维度展开。由此可初步得出基于设计目标的慢行交通服务体系场景分析的3类内容：用户子场景、环境子场景与任务子场景（图3-1）。

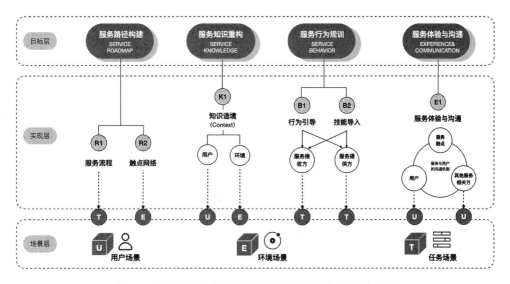

图3-1　设计目标驱动的慢行交通服务体系场景分析内容分类

（二）分析框架的推导过程

在对慢行交通服务场景分析的内容维度进行初步分类后，笔者对环境空间行为、服务体系、设计心理学、人机交互、用户体验、软件工程等不同学科和专业的场景分析与场景理论进行研究，进一步检验了本书场景分析内容分类的合理性，同时也为慢行交通服务场景分析框架的建立提供了逻辑支持。

在服务场景领域,场景分类是该领域研究的重点内容。场景分类不仅可用于确定场景所包含的对象内容、属性特征和适用范围,还可通过厘清不同类别之间的相互关系,建立起场景研究的分析框架。

在经管商业领域中,罗素·W. 贝克(Russell W. Belk)充分肯定了场景(Situation)对于用户状态和行为的重要影响力。他认为场景和场景内的物体作为重要的刺激物(Stimulus)可影响用户状态与决策,并立足于用户在实际商业情境中的行为视角,提出了基于场景五要素的S-O-R(Stimulus-Organism-Response)研究理论(Askegaard, Belk, 2007)。其中,场景主要包括物理环境、社会环境、时间视角、任务定义和先行状态。前4个概念较易理解,作为场景研究最关注用户情况的一个变量,先行状态侧重于对用户自身当下所处状态的分析,如用户的瞬时情绪、瞬时状况等。贝克的场景分析理论为本书探索无人车慢行交通服务场景提供了模型推导与演绎的理论基础。

在设计领域,唐纳德·A. 诺曼(Donald A. Norman)于2010年在 *Living with Complexity* 一书中提出服务体系设计是针对复杂系统的一种设计学科与工具方法。在进行服务体系设计时,需对与系统有关的情境和人群活动进行重点分析(图3-2)。诺曼在《情感化设计》一书中,从宏观视角将服务场景分为人群活动与环境系统两类内容,通过分析服务场景内用户与两类内容的循环关系来调整设计对象与其关系的适配,从而构建

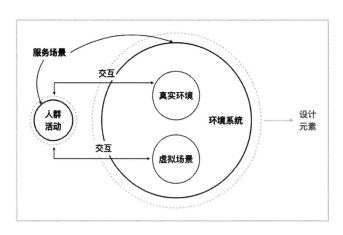

图3-2 针对复杂系统的场景分析框架(图片来源:笔者翻译总结自 Norman, 2004)

和细化服务体系（Norman, 2004）。

在软件工程领域，PSG（Persona-Scenario-Goal）分析模型则将场景内的主要元素分为典型用户（Persona）、情境（Scenario）、目标（Goal）3类范畴，由青山三雄（Mikio Aoyama）建立于2007年（Aoyama, 2007）。PSG模型以用户为中心，最早被用以解决软件工程中Web端网站及网页设计的用户服务需求，通过对以网页转换为代表的场景衔接进行研究，来揭示不同场景之间的动态关系。

在人机交互设计领域，莱伯曼（H. Lieberman）从人机交互的角度认为场景（Context）突破了计算机系统的黑箱（Black Box）特性，是除了显性输入和显性输出的所有内容。莱伯曼提出了包含用户状态、物理环境状态、计算机系统状态、用户—计算机—环境交互历史状态4个维度的场景构成要素模型（Lieberman, et al., 2000）

在该模型中，用户状态包含空间位置、行为信息等用户数据，物理环境状态包含温度湿度、天气、亮度等信息（丁金虎，2019）。该模型以用户行为作为划分基准，拓宽了场景的研究视域，将"人—境—机"之间的交互也作为场景体系中的一个重要子系统进行研究，强调了场景各要素之间的动态性与耦合性，这一点与诺曼提出的针对复杂系统场景分析的框架基本一致。

在国内学界，罗仕鉴从用户体验设计和软件科学的角度明确了情境研究三要素，即使用者、产品、环境。他认为用户体验设计的本质在于三要素之间动态关系的协调，并提出基于情境的用户体验设计人机系统模型（图3-3）。这种动态关系包括人与环境、人与人、人与产品、产品与产品等多个对象之间的交互（罗仕鉴，等，2010）。谭浩等人从设计学和认知心理学视角，对设计场景进行分析，并将设计场景完善为问题场景、求解场景、解场景（谭浩，等，2006），并构建了工业设计情境推理模型。其他从心理学角度对于场景的研究多集中在场景对于用户行为心理的影响，如活动理论。

社会学与行为分析学领域也对场景进行了研究。社会学领域强调场景（Context）在观察人们的行为方式和理解其认知能力方面具有重要作用。露西·苏曼（Lucy Suchman）倡导"场景行动"方法（Suchman, 2007），该方法关注共享的社会环境对人类行为所产生的影响，但并未为整体系统动态适应场景提供思路。

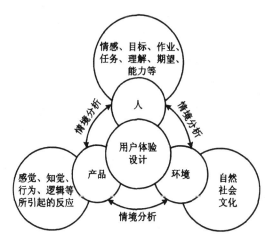

图3-3 基于情境的用户体验设计人机系统模型（图片来源：罗仕鉴，等，2010）

在基于共享无人车服务的出行场景中，塞瑞尔·迪劳斯（Cyriel Diels）针对影响乘客体验舒适性的重要影响因素进行了总结（图3-4）。他通过文献研究对共享无人车服务的用户体验舒适性进行定义，并将优秀的乘车体验作为一个稳定的场景状态，归纳了达成该场景所需的要素。他认为，身体舒适、精神平静、服务可用性、愉悦感、

图3-4 共享无人车舒适用户体验场景的结构框架（图片来源：Diels, et al., 2017）

社交性、美学性和连接感是构成共享无人车舒适的用户体验稳定场景的要素（Diels, et al., 2017）。

在服务设计中，针对场景或情境的讨论与分析并不像在以上这些领域中这样广泛。本书的重要研究情境是城市慢行交通服务场景，对场景的讨论涵盖了实体物理场景、宏观社会场景、具体用户场景等多重维度，是囊括了服务体系、人车交互、城市设计、无人车等领域知识的融合研究。因此，基于以上诸多场景分析的理论基础与知识模型，本书确定了无人车慢行交通服务场景分析框架。

（三）分析框架的主要构成

本书建立的慢行交通服务场景分析框架主要包括用户、环境和任务3个子场景（图3-5）。

在用户子场景研究中，以用户需求为导向是贯穿全过程的基本设计原则。根据经济学主观价值论的观点，物品本没有价值，其所有的价值都来源于人们的需求（Boztepe, 2013），因此产品的价值也源于用户的需求。所以，不仅针对服务的价值研究应围绕用户需求展开，同时对用户属性的分析也应朝向满足用户现有需求与发现用户潜在需求的目标来主导。用户场景根据人口统计学信息和目标价值可分为个人场景与需求价值场景两类场景元素。

在环境子场景中，又主要分为物理环境和社会文化环境两部分。环境子场景是整个分析框架中空间性最强的子场景，其不仅强调对于承载服务的实体空间特点的关注与特征提取，同时也需在进行设计研究时考虑社会文化语境对于设计对象的影响。

任务子场景则主要针对用户在慢行交通环境内的出行任务进行分析，通常可按照出行时间紧迫性、出行路径机理等维度对出行任务进行分类。基于本书所遵循的以用户需求为导向的设计研究逻辑，选择出行目的对用户出行任务进行分类研究，其中可主要分为包含上班上学的必要性出行和包含生活事务、休闲娱乐、回家等活动的非必要性出行（图3-5）。

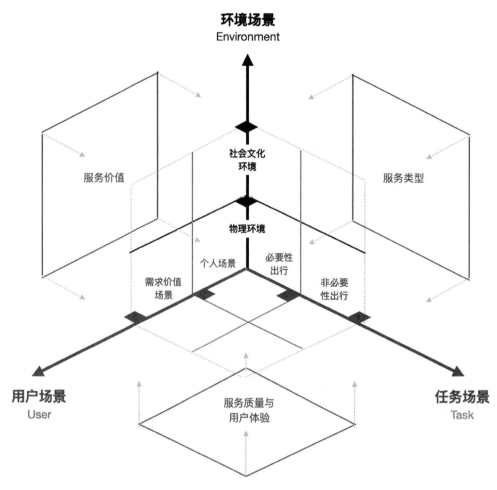

图3-5 "用户—环境—任务"慢行交通服务场景类型元素分析框架

用户、环境、任务3个子场景中各自都包含着丰富的构成元素，对元素进行内容研究也是场景分析的重要组成部分。同时，不同子场景中元素之间的互动与匹配也对用户认知、出行需求、任务行为、服务体验和服务质量有着一定的影响。基于"用户—环境—任务"的慢行交通服务场景分析框架不仅从服务体系设计的角度为场景研究提供了分析依据，也在服务价值探寻、服务类型创建、服务质量与用户体验提升方面提供了可进一步探索的实践与研究空间（图3-6）。

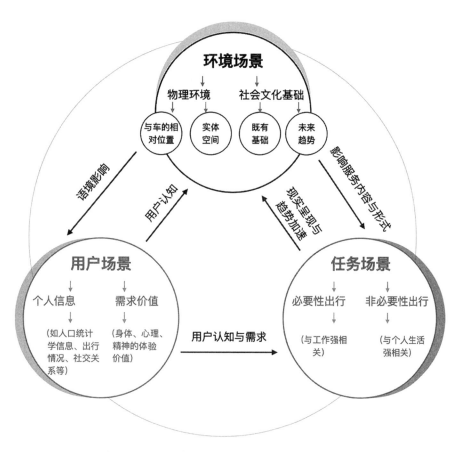

图3-6 基于"用户—环境—任务"场景分析框架的设计实践与研究空间

第二节 无人车慢行交通服务场景分析框架

一、用户子场景

（一）个人场景

根据上文可知，用户场景主要包括个人场景与需求价值场景。其中个人场景又包含个人属性、出行属性、连接属性三方面。第一方面，个人属性具体又包括用户心理状况、用户生理状况、个人能力和生活方式4类元素。其中，用户心理状况包括情绪状态、心理稳定水平、偏好与规避、性格特点、沟通方式；用户生理状况包括年龄、性别、健康状况；个人能力包括用户的受教育程度、收入、职业、职位、个人经验、认知水平；生活方式则包括用户的兴趣爱好、生活习惯、生活偏好、消费水平、行为特点。第二方面，用户的出行属性主要描述了用户的出行行为状况，如出行距离、空间分布、出行时耗、出行时段、出行方式构成、出行次数、出行花费等。第三方面，连接属性包括物理连接与关系连接。物理连接主要囊括用户所处的地理位置、人群空间连接、媒介设备连接；关系连接则包括社会关系连接与网络集群连接。

（二）需求价值场景

1. 出行目的需求

在用户需求价值的场景模块中，主要分为目的需求与价值主张两个维度。由于城市居民出行目的与行为的个体差异性和群体复杂性，美国全国个人出行调查（Nationwide Personal Transportation Survey, NPTS）曾将城市居民出行目的分为21种，我国关于城市出行的研究则将出行目的主要总结为8种：上班、上学、出差公务、购物、休闲文娱、探友访亲、回家以及其他（过秀成，2010）。同时，根据研究目标与适用范围的不同，还可以对上述目的进行细分或整合。本书关于用户出行需求的分类按照工作与生活的维度分为必要性出行和非必要性出行两大范畴（表3-1）。

表3-1 基于出行目的与需求的人群出行分类

出行范畴	出行内容	出行目的	出行需求
必要性出行	上学、上班、出差公务	工作导向	效率、衔接
非必要性出行	购物、休闲文娱、探亲访友、生活服务、回家、其他	个人生活导向	便捷、舒适

2. "身体—心理—精神"的体验价值

用户目的产生用户需求，用户需求又决定产品和服务的价值。影响用户的共享无人车服务体验感受的主要元素包括身体舒适度、心理状态、外界连接感、设备易用性、使用愉悦度、人机距离和美学感受（Diels, et al., 2017）。由此可知，用户对于无人车服务的价值主张主要通过身体对于物理空间的体感反馈、用户的心理状态、服务带给用户的感受与体验3个层面逐级递进展开，即构成了身体舒适、心理安全、精神愉悦的无人车服务体验层级（图3-7）。

身体舒适度主要指用户身体对于车内服务环境的生理感知，着重体现在稳定的乘坐感受和舒适的座舱环境，包括车内环境陈设、温湿度、光线、气味、无人车座舱设计、内饰材质、颜色等元素带给用户的生理感受。

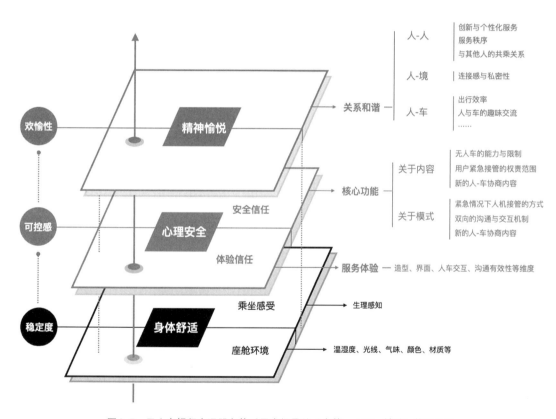

图3-7 无人车慢行交通服务体系用户场景的"身体—心理—精神"体验价值

心理安全度则主要取决于用户对于无人车的信任度。在本书得出的场景分析框架中，用户对于无人车的信任又分为安全信任和体验信任。在用户关于无人车的安全信任范畴中，又分为关于内容的安全信任，包括无人车的能力与限制、用户紧急接管的权责范围、人—无人车协调内容等，以及关于模式的安全信任，如紧急情况下用户介入无人车决策操作的方式、双向交互或沟通机制。在用户对于无人车非功能性的体验信任中，主要包括用户对无人车外观造型、终端界面、乘坐舒适度、人车交互顺畅度、信息沟通有效性与趣味性、服务质量与体验等参数的感受。构建用户对于无人车的信任重要且困难，乘客对于无人车的信任度与无人车自动化程度通常呈反比关系（Rödel, et al., 2014），但当用户对于无人车的信任超过了无人车的能力范围，又会因过度信任（Over trust）造成潜在的安全问题（Lee，See，2004）。因此，通过机制设计令用户明确感知到无人车行车安全与服务内容的能力范围，可以有效提升用户对于无人车的心理安全感受。

精神愉悦度指用户对于无人车服务体验与服务质量的感受，着重强调精神层面的体验。出行效率、创新与个性化服务、人机互动、服务秩序、连接感与私密性、与其他乘客的共乘关系都是构成用户精神愉悦度的重要参数，服务体系设计与人车交互设计可将无人驾驶核心功能与参数进行价值对齐。

二、环境子场景

在本书的场景分析框架中，环境场景包括物理空间和社会文化语境，因其兼具实体空间性和意识形态性，对用户的行为、认知、心理、感受等方面都有着重要影响。因此不仅要重视对环境场景本身的分析，也要关注环境因素、用户场景、任务场景之间的互动协调。

（一）物理环境

物理环境主要包括人与无人车的相对位置、空间特征与自然条件3个构成范畴。结合霍尔（E. T. Hall）的"社交距离"理论，在无人车舱内，人与无人车在亲密距离、私人距离、礼貌距离和一般距离等不同级别距离范围（吕芳飞，2007）内的空间位置会影响着人的服务需求与人车交互方式。空间特征则包括对出行产生重要影响的环境构成，如空间道路、节点、空间区域、区域边界、环境标志物五要素（Lynch, 2015）。自然条件包括天气、温度、湿度、风力、光线、昼夜、季节等自然因素。

在本书对于慢行交通环境的研究中，因为无人车服务对于既有空间具有影响力、激活力与改造力，因此会产出一些支持无人车服务达成并在合理尺度与成本内的新增建筑空间，这些空间一般多位于无人车运行沿线，所有人群都可触达、可接近、可进入，其多作为整个服务行程中关键行为的聚焦点（例如上车、下车、紧急停靠等），也是空间内包括无人车乘客与大多数交通主体的注意力焦点，因此慢行交通环境内基于无人车服务传达的建筑空间也纳入空间节点的重要组成部分。需要注意的是，因支持共享无人车服务而产生的增量建筑空间，应被严格控制在一定的尺寸与成本范围内，其创造的区域空间移动性优化效果应大于其本身的新增成本。

（二）社会文化背景

物理环境中的诸多内容具有高度可感知性，而社会文化背景因其不可视性而有待于在设计研究中得到更多关注。决定服务质量的关键之一，就是服务与社会背景的融合、用户与服务语境的连接。社会文化背景既包括当前社会现实，如目前针对城市慢行出行的公众观点、举止习惯、行为公约、文化观念、法律法规等，又包括未来趋势、假设预测，在研究时应基于场景的发展形态、场景内的服务模式、用户价值取向的前瞻判断对服务进行系统构建。

在进行慢行交通服务设计环境场景分析时必须要考虑面向未来生活的社会文化语境。未来，人们针对慢行交通的出行态度、出行期待与行为都会发生一定的变化。人们希望在繁忙生活中将通勤时间转变为全新创造出的"额外时间"，用户会更加期待具有个性化与定制化的主动响应式出行，在享受出行服务的同时也能保持与外界的即时连接，渴望更加灵活高效的一体化出行。同时，用户开始越来越多地采用可持续出行方案。

根据笔者在本书第二章第二节中得出的城市慢行交通体系发展模型可知，未来慢行交通服务体系会按照"理念建立—空间整合—模式创新"的路径逐步实现，而慢行交通环境也会从"明确的慢行功能空间"向"完善的慢行服务平台"演进，并最终成为"融合的创新原型触发器"（图3-8）。

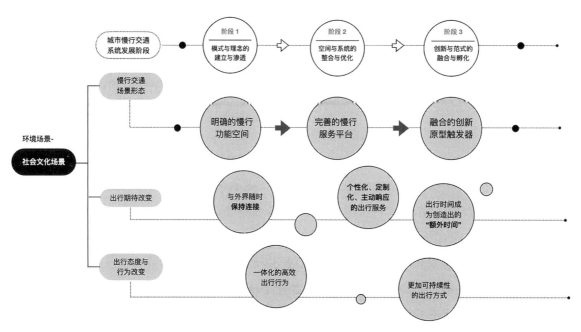

图3-8 基于城市慢行交通体系发展阶段的社会文化场景发展路径

三、任务子场景

在传统人车交互场景中，驾驶员的主要任务多与驾驶行为强相关，乘客的主要任务为乘坐。但在本书讨论的L4级无人驾驶出行服务情境中，车内所有人员的主要任务均是与出行服务有关的行为或活动。本节主要从出行类型、服务类型、出行社交连接度、出行需求4个维度来对任务子场景进行分析（图3-9）。

在出行类型方面，上文依照用户需求主要将出行活动分为以工作为导向的必要性出行和以个人生活为导向的非必要性出行。同时，以出行的空间分布为逻辑、以慢行交通场景为界限，又可将出行类型分为内循环出行、外循环出发与外循环

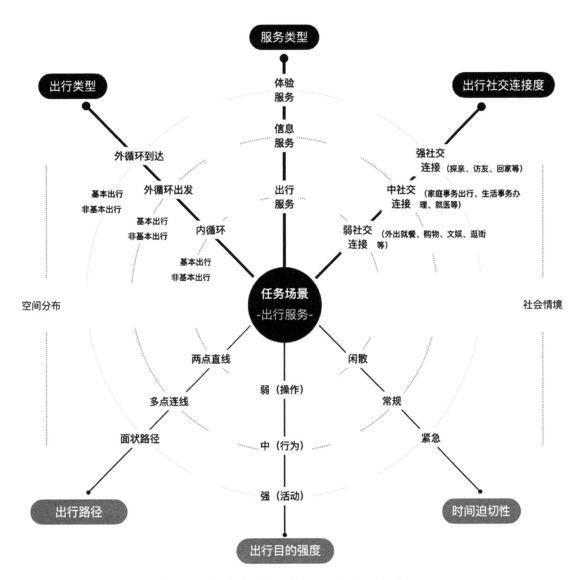

图 3-9 "用户—环境—任务"分析框架的任务子场景分析框架

到达。

出行服务依据用户需求，并考虑到未来该场景内可能承载的无人车服务相关活动类型，可主要分为出行服务、信息服务、体验服务。

出行行为的社交连接强度与出行需求强度也构成了区分出行类型的影响因素。根据美国社会学家马克·格兰诺维特（Mark Granovetter）关于社交强弱连带关系（Strong/Weak Ties）理论，基于认识时间、交往频率、亲密程度、互助性服务等维度，可将出行分为强社交连接出行、中社交连接出行、弱社交连接出行。强社交连接出行包括探亲、访友、回家等；中社交连接强度包含围绕着私人生活展开的家庭事务出行、就医、生活事务办理等；弱社交连接出行包括一些与陌生社交关系的交互，如外出就餐、购物、文娱活动、逛街等。

出行需求（强度）则又可细分为出行目的性、时间紧迫性、路径效率性。出行目的性按照活动理论（Activity Theory）的层级结构形式（Miettinen, 2006）进行区分，可分为出行操作、出行行为、出行活动。而对出行时间的迫切性需求也随着出行目的强度的提升而增加。出行路径效率性与出行需求强度成正比，出行路径范围与出行需求强度成反比。出行路径随着出行时间迫切性的上升通常依次呈现出面状出行、多点连线、两点直线的路径。

出行类型、出行服务、出行社交连接度、出行需求、出行路径特点等因素都是构成慢行交通任务分析的重要组成部分，以上因素互相影响甚至互为因果。本节结合物理环境空间与用户出行需求的双向影响，从社群网络、社会背景、出行空间分布、出行路径特点等方面完善了出行任务研究的作用机制。

最终，根据上文对慢行出行服务场景从用户、环境、任务3个子系统的各要素进行具体分析，得出了UET慢行交通服务体系场景分析框架（图3-10）。

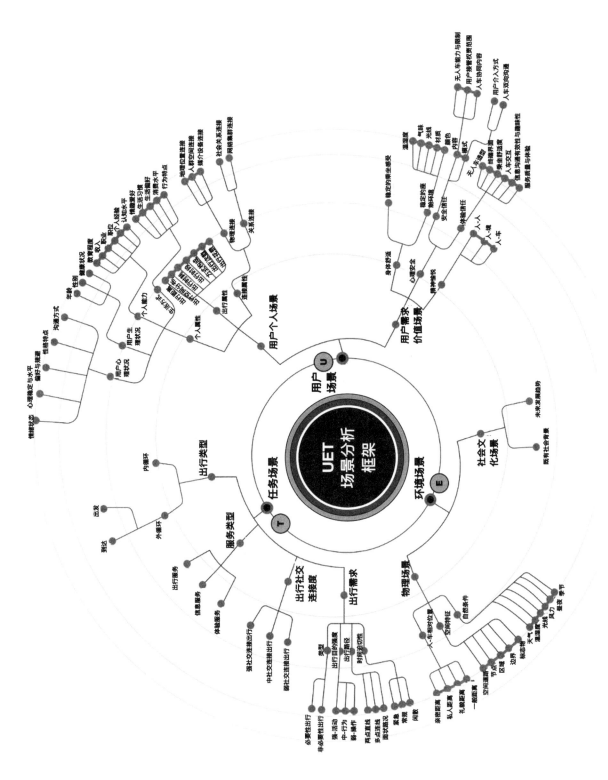

图3-10 UET"环境—用户—任务"慢行交通场景分析框架

第三节　无人车慢行交通服务的环境空间范围

除了在用户出行体验与交通系统效率方面的提升，无人车慢行交通服务体系对于城市环境空间也具有积极的促进作用。

第一，可以促进城市功能融合与人群混居。根据新城市主义的理念，理想的城市形式与状态应该是混居的（Liu H, et al., 2013），包括功能混居与人群混居。而在更改既有建筑环境与城市形态成本较大的前提下，基于无人车的交通服务系统可以有效扩大建筑的功能半径与影响范围，加速人群混居性与城市资源的合理分配。

第二，可以促进城市的时空压缩发展进程。"时空压缩"（Compression of Time Space）是现代城市的基本特点，该理论认为一定空间范围内人际交往所需的时间和距离，会随着交通与通信技术的进步而缩短（Harvey, 1989）。尤其是在数字网络高度发展的今天，基于先进交通技术进步来显著提升人际交往质效、扩大个体与集体在时空方面的积极影响是智能时代的关键要求。而目前的交通系统与出行模式在提升城市人群活动的时空压缩性方面稍显迟滞。共享无人车服务体系则可有效促进所有人群在人际交互与空间互动方面的行为效率，从而帮助社会构成更加有机的微观社会单元与人群协作机制。

第三，可提升城市环境空间的慢行舒适性与景观休闲效能。由于无人驾驶的操作精准性与对环境信息感知能力的扩大，用于承载无人车运行的环境空间可比目前针对传统汽车的交通空间显著缩小，所需数量也随之减少。此外，无人驾驶的不间断工作性也可释放大量城市停车场等静态交通空间（Luo Y D, 2019）。被释放出来的剩余环境空间可作为城市慢行交通与景观休闲空间的有效补充，提升慢行出行舒适度。

因此，无人车服务对于环境空间具有可兼顾功能性、结构性、类型性和体验性正向影响作用。

但受限于目前无人驾驶技术的发展水平，完全"去安全员"化的L4级无人车只能在区域封闭、交通构成简单、人车分流的慢行（15 km/h）交通环境中运行。在道路系统、交通设施、交通参与者、通行状况等因素都十分复杂的城市开放道路上，目前无法做到L4级自动驾驶。而闭环式慢行场景与L4级自动驾驶是落地场景双向最优适配。共享无人车服务在封闭慢行环境中具有极强的需求对应性与场景适用性，可有效提升用户在复合性慢行环境中的个体机动性，满足多样化的出行需求，从而创造更高的经济效益并促进社会公平。

基于环境空间研究视角，本书将共享无人车服务体系的运行范围与落地场景初步拟定为我国大城市中的大型封闭式慢行交通环境。

第四节　无人车慢行交通服务初步场景模型

通过本章前两节对场景研究方法的分析，可知对于无人车慢行交通服务初步场景模型的假设应基于UET场景分析框架，从空间形态特征、用户需求、功能服务等方面建立。通过本章第三节针对无人车服务对城市环境的促进作用进行分析，可将服务的适用场景初步确定为相对独立的城市大型慢行交通场景。

相对独立的城市慢行交通场景不仅具有界限明确的空间范围，往往还具有独立的场所权属，可以针对内部交通进行规则制定与全域治理。我国大部分校园和住区都拥有较为独立的内部交通管理权；城市园区的某些事务虽由当地公安机关或派出所管辖，但园区对于内部交通服务同样也拥有一定的运营治理权。

考虑到无人驾驶的自主智能性与功能集成性，因此在功能复合、场景多样、配套丰富的慢行环境中，应最大限度发挥无人驾驶的功能优越性，建立丰富的出行场景以满足不同人群的多样需求，包括居住、工作、休闲、出行等多种情境。配套完善的慢行环境多拥有较大面积的物理空间；同时受限于城市核心区稀缺的土地资源，该类场所多分布于城市的近郊远郊区或边缘地带。在进行场所内循环交通时，闭环式环境内的出行多具有一定的路径趋同性。此外，在公共交通服务的语境下，可充分发挥无人驾驶的技术优越性，提升公众出行效率、减少交通资源浪费，并通过分摊服务费用来降低使用成本、降低系统运行复杂度。因此，可支持多人使用的共享交通是组织无人车运行的服务模式；而为了保证体验舒适度，核载人数为4—6人的无人驾驶微循环小巴士是合适的服务触点。

通过对无人车服务目标适用场景进行探索性分析，可建立无人车慢行服务初步场景模型（图3-11），主要包含目标研究问题、空间形态特征、用户需求特性与主要服务模式。根据该初步场景模型的引导，可对3类慢行交通场景进行研究，进一步明确其场景特征与待解决的交通问题。

因此，本书假设适合运行无人车服务体系的场景应是存在于我国大城市非中心地带、权属独立、面积较大、内生配套设施较为完善的封闭式公共慢行环境，其中的人群在提高自主移动性和满足多样化慢行出行方面具有较高需求，服务模式应以可满足4—6人同时使用的共享模式为主，并选择面积较大的城郊高校校园、城郊住宅小区、职住融合式创新园区作为典型代表场景，采用本章得出的UET"环境—用户—任务"场景分析框架，分别在第4—6章进行实证分析，从而得出3个环境中慢行交通问题的

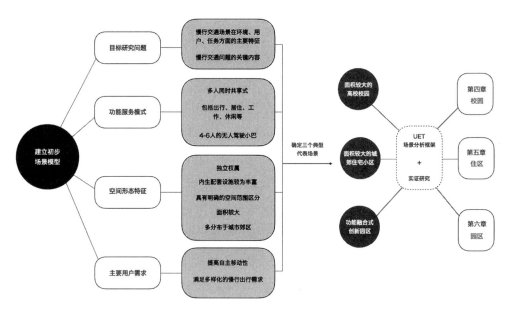

图3-11 无人车慢行交通服务初步场景模型

主要内容面向、慢行场景的核心要素与共异性特质，对初步场景模型进行验证与优化，从而为第八章设计策略的产出提供构建基础。

小结

慢行出行服务体系常关系到诸多利益相关方，其构成元素和作用机制也较为复杂，因此应选取可有效管理复杂性的分析方法对其进行研究。场景分析是服务体系设计和智能汽车人车交互设计（HMI）常用的分析方法。因此，本章以场景分析作为研究起点，参考多学科中关于场景的研究理论，探索并建立包含用户、环境和任务3个子场景的慢行交通服务场景分析框架，并充实了框架中的主要构成要素，还提出了初步的场景模型，为后文的实证研究提供方向引领和方法支持。

第四章 城郊大型校园慢行交通场景研究

第一节 校园概念与慢行交通现状

一、概念与类型

校园（Campus），一般指用围墙划分出专供某个教学单位进行与教学相关的多种活动的专属区域，本书所讨论的是大学校园。从空间连接上看，校园包括开放式校园和封闭式校园。国外诸多大学为开放式校园，没有设置校园围墙及大门，校园与城市空间没有明确的边界区分。我国大部分校园基于管理与安全的考虑，多为封闭式校园。从校园结构与所在城市的体量上又分为城镇式大学、城市型大学、都市型大学（卢倚天，2016）。

近年来，随着我国高校扩招和城市用地规模紧缩，诸多大学在城市远郊地带建立了面积较大的新校区，甚至在城市远郊形成了大学城集群。大学新校区多位于城市中心之外或郊区地带，周边的城市公共交通与配套服务还需完善；大部分校区体量较大、内部道路系统宽阔完善，校园内也配备了涵盖餐饮、休闲、娱乐、健康医疗等多类型的生活服务，形成了新型复合式城市慢行交通单元。为解决其内部交通问题，更需要构建便捷高效的出行服务系统。除了校园在城市中所处的区位，根据校园所在城市或区域的垂直地理位置，也可将校园分为山地型校园与平原校园。平原校园的道路系统多建立在平坦或者缓坡地带，运行环境良好，有利于无人车的运行。

因此，分布于我国大城市及以上规模城市的非中心地带或郊区、具有独立权属、面积较大的闭环式大学校园是本书要研究的第一个慢行交通典型服务场景。

二、 校园慢行交通现状

笔者通过实地调研、案例分析、文献研究、观察与访谈等方法对国内20余所大学的内部交通状况进行分析，初步得出了校园交通特征与出行服务现状：

（1）人车分流仍需进一步落实。人车分流在大部分城市校园已成为交通管理的基本前提，但在部分城郊校园仍存在着人车混行的现象。

（2）慢行交通是大部分高校校园的主要出行模式。包括步行、步行+自行车、步行+电动滑板车，以及时速不超过15千米的校园巴士（通常当校园占地面积超过3平方千米时会提供校园内部巴士服务），且多数校园巴士服务的使用率随着校园面积的增大而有所提升。

（3）相较全校出行总人口基数，校园巴士服务的使用率并不高。虽然部分大中型校园内开设了校车服务，但由于校车站点分布、运营时段与路线的非灵活性，车厢拥挤与排队等候时间过长，加之共享单车的极大普及，导致校园巴士服务在校内师生员工出行群体中的使用率并不高。

（4）校园巴士的舒适度与体验性有待提升。目前大部分的校园班车服务多是定时定点定路线的，在出行自由度与灵活度、服务体验舒适度、服务类型丰富度、服务体验人性化等方面亟待提升。

（5）校园交通出行具有时空上的阵发性与规律性。校园主要交通主体为师生，其生活作息与出行行为具有一定的相似性与时段性，出行路径的起讫点在特点时段上也高度相似，因此校园交通存在着相对固定的具有时空分布规律性的出行高峰，且上课出行高峰流量大于下课出行高峰流量。

（6）校园交通主体的整体出行秩序较好。校园交通主体对于校园行为规范与措施守则的配合度普遍较高。此外，校园交通构成因素相对简单，对交通的干扰因素相对较少，因此相较于城市交通，校园交通更便于集中管理与优化。

由此可知，目前我国大部分高校校园交通系统与慢行出行体验都存在较大的可提升空间。

第二节　校园交通空间主要类型分析

　　从空间类型来看，校园建筑空间主要可以分为核心区空间、日常教学空间、校前区空间、交通空间、体育活动空间、生活空间、绿化空间、交往空间（陈雷，2016）。校园交通空间包括道路系统、上下车区域、停车点位以及广场空间，承载着连接校内各建筑群落之间的内部贯通、校园和城市外部沟通的职能，既是所有校园功能空间构成中最具动态性与变化性的功能组织，也是影响出行效率与感受的关键因素。何人可在《高等学校校园规划设计》中将校园的空间形态分为线型、网格型、中心型和分子型（陈雷，2016）。弹性规划理论从动态发展的角度认为高校校园交通结构将围绕着核心型、网格型、组团型、线型、综合型的校园空间形态不断演变（周逸湖，1994）。基于既有主流理论，本章提出符合目标场景空间特征的校园交通空间类型主要为多核心网络式校园与网格发展式校园。本章将结合实例，并采用UET场景研究框架，从交通空间形态、功能流线、慢行交通系统、车行系统、静态交通系统对两者进行空间特征分析。

一、多核心网络式

（一）交通空间主要特点

　　第一，多核心网络式校园交通空间一般具有多个独立的功能组团，并统摄于1—2个校级核心区域，每个功能组团可满足师生的日常教学与生活，一些发生频率较低的非日常校园行为或非核心功能则需跟全校相关建筑或设施共享。贯穿各功能核心的校园交通网络将全校出行系统整合为一体，不仅保证了各组团内的循环出行，也保证了子核心与主核心之间的交通衔接和功能融合。随着我国高校校园面积与师生人数日益增多，多核心网络式交通空间将是多数大规模校园交通空间的主要形式。通过对浙江大学紫金港校区、武汉大学、华南农业大学等多核心式校园规划设计进行调研，发现多核心网络式校园交通空间具有明确的形态特点。以浙江大学紫金港校区为例，其校园交通空间主次分明，丰富的道路系统将多个校园副中心地区有效贯通，组团内的次级道路结构清晰，保证了副核心内部以及全校层面的交通空间通达性（图4-1）。

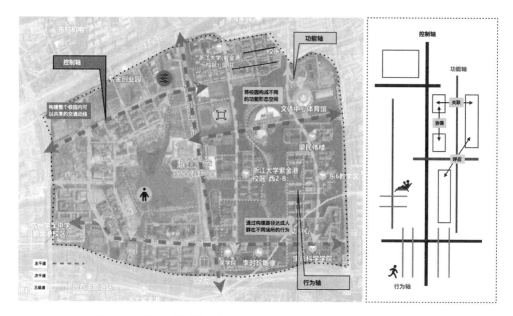

图4-1　多核心网络式校园交通空间分析——以浙江大学紫金港校区为例

第二，交通系统在空间上具有一致性与连续性。不同层级的道路形态基于一定的序列逻辑呈现出功能上与空间上的兼容和阵列感；道路形态机理多样化，包括直线、弧形、平行线等多种造型，还辅以丰富的道路材质铺装。

第三，道路节点分布距离适中，道路迂回度低，主次节点分明有序，多核心联动统领，校园内的出行效率较高、体验较好（图4-2）。

第四，该类校园的多个交通空间之间动线畅达，不同建筑组团之间的连接形式多样，包括多层级道路、水系、连廊、桥、栈道、花园、广场等。

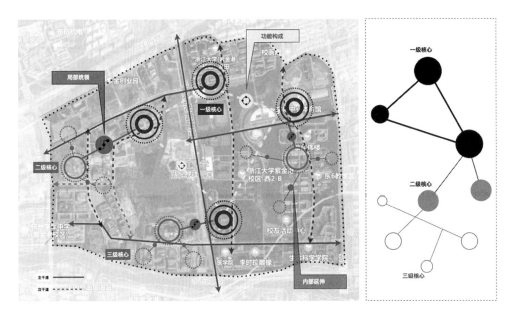

图4-2 多核心网络式校园节点核心分析——以浙江大学紫金港校区为例

（二）慢行交通存在的主要问题

多核心网络式校园的部分空间形态特点对于人群交通行为有着正向影响作用，但也为校内慢行交通带来了以下问题：

（1）慢行交通容易受到其他交通方式与交通主体的干扰。

由于多核心式校园的主干道系统与机动车出行网络具有覆盖全域的直接贯通性，同时受到目前仍是以车为核心的校园规划导向影响，当校内机动车交通系统的某一个或多个节点出现拥堵或突发状况时，其影响范围也会波及相近的其他慢行区域，造成校园慢行交通的区域连带性失序，甚至可能会影响校园慢行交通系统的整体运行。

（2）慢行交通系统的连续性较差。

多核心式校园的面积通常较大且包含多个不同功能的建筑组团，由此造成校园内部出行距离较长、通勤压力较大。自行车与电动车成了很多师生校内出行的代步工具。由此又催生了更多停车空间的需求，而校内的慢行空间则成了被征用的首选。大量自行车占用人行道的现象严重影响了校园慢行交通的出行安全与路径连续度（图4-3）。

图4-3 被大量停放的非机动车挤占的校园慢行交通空间

（3）慢行交通整体空间不足。

由于大部分郊区多核心式大面积校园多参照传统园林式规划，整体建筑密度分布较低，因此机动车成为重要的交通工具。为了保障慢行交通主体的安全，该类校园多设置了明确的物理隔离带或点位将机动车交通与慢行交通进行空间、功能与视觉上的分隔，这些分隔设施占用了较多慢行交通活动空间。

二、网格发展式

（一）交通空间主要特点

网格发展式校园借用工程设计中的"模数"概念对校园空间进行单位划分，被划分为多个模数后的校园空间构成了各类功能分区与建筑用地的基本单位。网格发展式规划同样是大型校园常采用的空间组织形式，划分网格的元素介质主要是校园路网，同时也有少部分是建筑集群。

将路网作为划分介质的网格发展式校园多将校园道路作为坐标网格，以此对校园空间进行单位方块模块化区分，形成规整匀称、尺度一致的校园空间机理。华中科技大学就是典型的以道路系统为划分依据的网格发展式校园（图4-4）。整个校园主要分为东西两个校区，西校区尤其是模数化校园规划的集中体现。校园空间被多个由模数单位构成的方形环路组织连接起来。同时为了避免空间视觉形制上的单调，华中科技

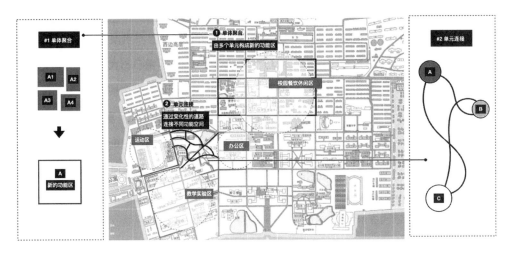

图4-4 网格发展式校园交通空间道路划分的两种组织方式

大学的校园规划也采用了单体聚合的设计手法——由多个单元组合成为一个新的空间形态，并在此空间中建立功能组团用作校园的主副功能区；另一种规划方法是通过富有变化性的道路对不同空间单元进行连接，实现功能延伸与形态突破。

网格发展式校园另一种划分介质是以建筑集群为结构骨架，围合出内部庭院空间，并在内向性空间中发展功能。但若以建筑群落为划分基准，则需不同建筑之间的尺寸和形态保持在一定范围内，方能保证空间模块化区分的均匀度与合理性。建筑尺度与形态是功能作用影响的结果，高校校园作为涵盖师生教学、办公、学习、休闲、运动等活动的自组织生活圈，其本身应是容纳拥有多类型功能建筑的空间载体，理应保证基于教学科研任务之上的功能服务多样化，因此也很难保证校园内各建筑群落在尺度与形态上的统一性。这也是建筑群落并不是网格发展式校园交通空间主要类型划分依据的重要原因。

通过对华中科技大学、北京航天航空大学沙河校区等网格发展式校园的空间规划设计进行调研可发现，网格发展式规划是除了多核心网络式之外，大型高校校区或城郊式校区经常采用的一种空间形态组织形式，其交通场景空间机理整齐规范、功能分布均匀协调，校园内的各类活动也可有序分布，提升了个体交通的灵活度与个体出行的线路选择空间（王婷婷，等，2020）。

（二）慢行交通主要问题

网络棋盘式的空间规划将校内各类型的空间纳入校园交通整体系统中，有效提升了区域交通通达度，避免了单向尽头路的出现。但网格发展式的空间组织形式也为校内慢行交通造成了以下问题：

（1）慢行通勤距离与通勤时间过长。

网格发展式校园通过规整的道路网格对校园形态进行均匀划分，这种在形式上保持均衡的功能规划在提升单元空间动线通达性的同时，也一定程度上增加了人群的日常通勤距离、延长了平均校内通勤时间，由此造成出行资源的浪费，这与多所高校所倡导的可持续发展思路有所背离。

（2）以交叉路口为代表的交通节点较多，有潜在安全隐患。

交通节点的增加可提升区域整体的交通效率，激活空间连通与功能融合，提高校内建筑设施的可达性。但另一方面也会造成诸多潜在的出行冲突与安全隐患（图4-5）：如慢行交通出行主体进入交叉口后会形成膨胀流，对直行交通主体造成侧边干扰（赵靖，等，2010）；多种出行主体在交叉口处汇合，容易形成集中的路线冲突或行为摩擦；大量直行或右转的交通主体会对慢行交通主体的过街安全造成潜在威胁。而基于

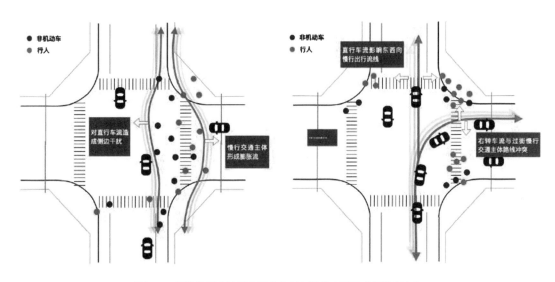

图4-5　网格发展式校园交通节点易与慢行交通形成的潜在冲突

车路协同和V2V、V2I智能网联系统的无人车则可基于环境信息与实时数据提前规划路线、调节行进速度，有效避免各方向、各类型的出行流在交通节点形成潜在拥塞或冲突。

（3）慢行交通利益相关方的潜在冲突较多。

网格发展式校园由于面积广大、内部服务配套丰富等原因，校内交通主体与交通使用方式构成较为丰富，使用多种交通工具的师生、第三方服务方、外来访客、管理人员会基于自己的能力范围与目标需求来支配自身在校园内的慢行出行活动，建筑固定性、空间有限性、资源紧缺性、需求多样性等因素都会令校园慢行交通体系的使用与运行隐藏潜在冲突。因此应根据多方利益相关者的特征，构建动态即需、分时段分地域的智能慢行交通服务体系。

除了上文分析的多核心网络式和网格发展式，校园交通空间的主要类型还包括中心式和轴线式，但后两类校园的规划模式多适用于内外交通与生活服务交互度高、内部通勤任务较小的中小面积的市区型校园，其对于无人车服务的需求量有限，并不属于本书所要研究的适合无人车服务体系构建的主要校园类型，因此这里不做论述。

第三节　校园出行的环境场景分析

一、整体功能流线

多核心网络式校园交通场景内的出行动线具有"整体统摄局部、局部充实整体"的分布规律。例如浙江大学紫金港校区的路网系统层级分明，东西向主干道宜山路将校园从南北方向划分为北部的生活休闲区与南部的科研教学区。虽然明确了功能分区，但也延长了学生通勤距离。以东区为例，校园主干道、次干道、支路、休闲步道等相互补充，基于学校图书馆、运动场、餐厅等主次功能核心团向外呈辐射状发散，并形成了贯通核心建筑的校园主环路（张焕，等，2019）。

而网格发展式校园的功能流线则较为通畅，整体道路宽阔，对于校内多个地区的带动性较强，但同时也需注意由于连接度较高而带来的交通流集散频繁、交通主体潜在冲突较多的问题。

二、慢行交通系统

（一）校园步行系统

校园步行系统是慢行交通系统的核心构成，也是场景环境与人群交互程度最高的出行空间单元。在多核心网络式和网格发展式的校园交通场景中，校园主次道路较为宽阔、建筑退界空间较大，道路两侧步行区域宽阔，可用作静态交通停驻、人群步行、校园社会交往、绿化景观等。同时这类区域也具有较高的发展弹性，可在无人车慢行交通服务站点与整体服务构架的引导下进行不同时段、不同需求、不同场景的功能空间形态转变。

笔者在调研中发现在部分多核心网络式校园中，其步行系统层级丰富，通过多材质、多形态、多用途、多高差的慢行专用道搭建起了覆盖全校关键节点与景观地带的慢行网络，又在校园景观核心区周边设置了慢行走廊与慢行核，提升慢行体验的同时又为主次道路提供了交通性与集散性的连通功能。

（二）校园自行车系统

我国共享单车用户规模在2019年底就达到了2.6亿人次，同时随着单车投放量不断增加和服务模式不断优化，骑行也成为校园交通的重要方式，尤其是在占地面积较大且没有校园班车服务的多核心式校园中。对多核心网络式校园交通进行调研发现，部分高校设置了慢行专用或优先区域，并在路面添设骑行符号和在骑行专区起终点设置机动车路障来进行区域限定与功能提醒。但同时，在诸多人车混流的高校校园并未设置骑行专区，机动车侵占了道路两侧的骑行空间，骑行人群为了获取安全通畅的骑行体验又进一步挤占人行道路和静态交通区域；校园主次干道两侧的人行空间不仅被行进中的自行车占据，还有大量自行车随意停放，扰乱了校内交通。

因此，在出行需求旺盛且丰富的多核心网络式和网格发展式校园交通场景中，不仅需对骑行系统进行科学设计，也要对骑行行为进行规范管理，同时更应从系统初始层面对校园主要人群的出行需求与特点进行分析，设计相关服务以满足需求，这为服务体系设计介入慢行交通场景提供了背景机遇。

三、静态交通与车行系统

（一）静态交通系统

1. 停车空间

静态交通是相对于动态交通而言的，校园中的静态交通多指校园巴士或个人汽车的上下车、机动车与非机动车的临时停靠和长时间停车交通。随着校园人车分流的不断普及和空间资源的不断紧缩，构建合理的静态交通系统显得尤为迫切。在多核心网络式和网格式校园交通场景中，一般多在校园主出入口、部分校园主干道两侧、建筑周边广场等位置设置停车空间。

通常，多核心网络式校园的主要静态交通空间分布与校园出行需求总量的空间分布基本保持一致。而在中心式和轴线式这样的中小型校园中，多在校园主出入口附近设计与建造地下、半地下停车场，在校园核心功能区附近改造地下停车场，以及在校园重要道路节点、核心区、主建筑周边设立非机动车停车空间；有时也在校园主出入口处附近规划建造机动车地下停车场，构建"校内P+R"（Park and Ride, 换乘停车场）停车模式，引导机动车进入校园后即入库停车，车行主体换用步行或骑行的校内出行模式。

2. 上下车点

因机动车上下车造成的短暂停留现象也是静态交通的组成部分。通过调研发现，中心式和轴线式校园由于校园面积较小，师生校园出行多在5—10分钟内，因此并没有提供校园巴士服务。而通过对浙江大学紫荆港校区、华中科技大学、武汉大学、华南农业大学等提供校内巴士服务的多核心网络与网格发展式校园进行调研可以发现，大部分校园巴士服务在车行主干道设置了简易站牌，而由于校车路线、站点、费用均是固定的，站点标识牌仅用作上下车定点，并没有告知班车线路、停靠站点、运营时间、服务费用等信息，如浙江大学紫金港校区的校内班车。同时也有一些校园班车提供多条不同的定点线路，并在某些站点设置了介绍线路与停靠站点信息的站牌与等待亭，用户可在该处等待上下车（图4-6）。在具体实地观察中发现，当车辆载客量未满员时，校车司机也会视情况接受沿途随机的用户乘车需求，如华中科技大学和武汉大学。

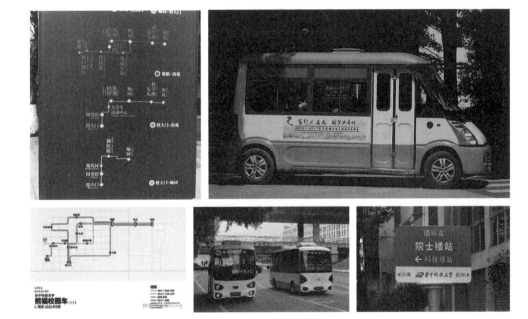

图4-6　华中科技大学校车及其运行路线、站牌（图片来源：https://zhuanlan.zhihu.com/p/372905485?ivk_sa=1024320u.）

而关于校园巴士的当前行驶位置、预计等待时间、车内余座预留等动态信息则是影响用户出行方式决策的重要因素，上下车点应考虑用数字智能方法将关键讯息实时传递给用户。

（二）车行系统

随着整体生活水平的提升和新时代学生消费能力的增强，电动车、摩托车、汽车等机动车工具在校园中的使用率也逐渐提升，尤其在部分多核心网络式校园与网格发展式校园中，机动车出行范围几乎可以覆盖全校园。但在学生上下课、午晚餐等出行高峰时段，机动车极易和出行人流形成交通冲突，不利于建立安全高效的可持续校园交通体系。校园主干道基本构成了车行道路系统，在面积较大的多核心网络式校园和主次路网分明的网格式校园中，车行道路往往路况良好、路面较宽，基本为双车道或四车道，路宽至少在7米以上，一些人车混行的次干道宽度也多在4米以上，便于日后无人车的行驶，甚至可为无人车开设专用车道与行驶路线，并配合混合车道协同运行。校园内为限制车速虽设置了车行道路减速带，但因其坡度较缓，不影响机动车的正常行驶。

以多核心网络式与网格发展式校园为代表的城郊大型高校校园的道路系统在规划建设时多将机动车系统置于区域交通主导地位，在规划设计与使用场景中，机动车占据了大部分街道空间与环境资源，并没有与慢行交通主体共享平等路权。而若将共享无人车运用于校园慢行交通场景，不仅可提升人群的出行体验，同时也能释放大量车行空间与交通资源，优化区域交通运行效率。

通过前三节的分析可知，目前我国大城市诸多高校新校区都是距城市中心地带有一定距离的城郊大中型校园，其空间规划形态以多核心网络式和网格发展式为主。此类校区面积广大、功能混合、师生人口较多，因此对无人车慢行交通服务具有较大需求。同时，这类校园的整体功能流线张弛有度，动线完善、局部丰富，交通空间较大，道路分级明确，也为无人车的运行提供了有利的环境条件。

第四节　校园出行的用户场景分析

一、问卷设计与合理性检验

依据UET场景分析框架，对于校园出行人群分析可从个人属性、出行属性和连接属性3方面展开。个人出行尤其短距慢行出行,具有较高的个人自主性与个体差异性。根据"理性选择"(Perfect Rationality)原理,出行距离与时间会显著影响出行主体的决策与行为(Seneviratne, 1985; Agrawal, Schlossberg, et al., 2008)。个人偏好、对环境的认知程度、沿途景观体验、个人对环境的安全感受、道路热闹程度也影响着个人出行的行为和方式选择(Simon, 1955; Bekhor, Ben-Akiva, et al., 2006; Zhan, 2009)。此外,"有限理性"(Boundary Rationality)也认为人的认知能力和信息获取来源影响着人们在出行时的路径选择(Albert, Toledo, et al., 2011)。

基于UET模型和相关文献,笔者设计了"我国高校校园人群慢行出行状况"调研问卷,从人群特点、出行特征、连接属性3方面对校园出行主体进行用户研究。抽样样本分布于上海、湖北、福建、河南、江苏、重庆、北京等10余省市的大型及以上规模城市中的24所高校。采用分层等比抽样,共选取378个样本,其中有效样本342个,有效率为90.48%。本问卷通过面对面访问、电话采访、在线问卷填写等方式进行。受访人群为在校学生与教职工。

本次调研问卷包括单选题、多选题、李克特5分量表题、李克特7分量表题、填空题(问卷内容可见本书附录B)。在发布正式问卷之前,笔者提前发布了31份问卷进行预调研,对相关概念阐述、描述文法、歧义消除等可能出现的问题进行检验和规避;同时将问卷(以量表类型图为主)录入软件SPSS中,通过信度效度检测,删除了两个未达标的研究项,确保问卷设计的合理度。在问卷发放期结束后,笔者将问卷题目(主要为量表类型题)再次放入SPSS软件中进行信度效度分析,其Cronbach α 系数为0.61,信度可接受;其KMO值为0.655,p值为0.000($p<0.005$),通过巴特球形检验,具有效度。对问卷进行预研究与信度效度检测可保证本次调研众多研究项的合理性与科学性。

二、人群特征数据分析

(一)基本属性

此次共有来自全国24所高校的256名(占比75%)在校学生和86名(占比25%)

教师参加调研，男女受访人数分别为173名与169名（1∶0.98）。

由于慢行交通是人们在出行全程中与周边环境交互度很高的一种交通方式，因此问卷还着重关注了受访人群对于校园环境的熟知度：有126人（36.84%）认为自己较为熟悉校园环境，105人（30.70%）认为自己对校园的熟悉程度适中，94人（27.49%）认为自己对校园环境非常熟悉。认为自己对校园环境较为陌生和非常陌生的受访者分别占比3.51%（12人）和1.46%（5人）。大部分师生（64.33%）对于校园环境还是较为熟悉的，李克特5分量表均值得分为3.85（表4-1）。同时也有超过35%的受访者需要通过合适的形式来加强其与校园环境的交互与沟通（图4-8）。

表4-1　人群对于"校园环境熟悉度"的基础指标（表格来源：本书调研数据）

研究项	样本量	最小值	最大值	平均值	标准差	中位数
环境熟悉度	342	1.000	5.000	3.854	0.914	4.000

（二）交通满意度与无人车服务使用意愿度

在"对目前校园的内部交通与出行状况满意度"方面，34人（9.94%）表示非常满意，130人（38.01%）表示尚可，102人（29.82%）表示比较满意，76人（22.23%）表示不满意。关于"无人车服务使用意愿度"方面，108人（31.58%）表示非常愿意，105人（30.70%）表示较为愿意，95人（27.78%）表示看情况，24人（7.02%）则不太愿意使用该服务，仅有10人（2.92%）表示完全没有使用意愿。

本章的主要研究对象是城郊大型校园，生活工作在其中的师生是主要出行人群。但由于受访者对于面积、区位等概念存在个体认知差异，因此笔者在问卷中通过"校园既有操场数量""校内是否已有短驳车服务"和"校园所在城市的位置"3个研究项作为筛选主要目标人群的标签项，将筛选条件设置为同时满足"所在校园拥有2个及以上操场""校园位于所在城市的近远郊"和"目前校内已存在校车服务"3个标签项，共筛选出247份精准用户问卷，重点分析此类人群对于校园交通满意度与无人车服务使用意愿。其中，在"对目前校园的内部交通与出行状况满意度"方面（见图4-7），

38.30%的人表示一般，36.17%的人较为满意，表示非常满意与不太满意的人数相同，均占比10.64%；此外也有4.25%的人表示非常不满意。在"无人车服务使用意愿度"方面（见图4-8），选择较为愿意的人最多，占34.04%，持观望态度的人数占比紧随其后（29.79%），非常愿意使用的人占比25.53%，不太愿意和完全不愿意的人分别占比8.51%、2.13%。

通过调研数据可知，在目前已开设校内班车的城郊大中型校园中，大部分目标用户对于校园整体交通出行状况的满意度较高。虽然随着数字技术的发展，诸多智

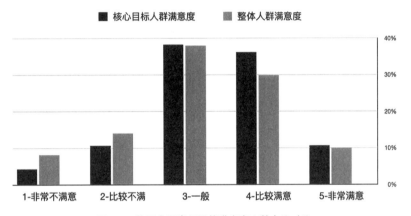

图4-7 校园交通出行现状满意度人数占比对比

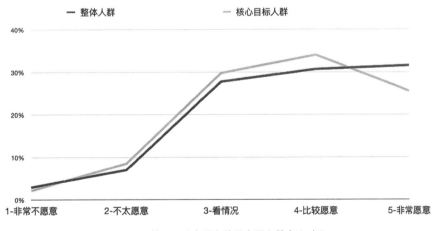

图4-8 校园无人车服务使用意愿人数占比对比

慧服务不断出现在校园生活中，但在针对无人车服务的使用意愿方面，目标用户的态度则相对保守，表示不太愿意与看情况的人数占比要高于整体水平；表示非常愿意使用该服务的人数占比也低于整体水平。因此，构建无人车慢行交通服务新模式，建立核心目标用户对校园出行新服务的信任与期待，具有迫切性与现实意义。

三、连接属性数据分析

（一）人群连接属性

人具有群体性与社会性，人群出行行为除了受需求和目的驱使之外，还受连接属性的影响。本书第三章关于用户连接属性的研究中，将用户连接分为物理连接与关系连接，不同范畴的连接均体现出用户即使在出行通勤途中也希望对外界信息、环境、关系的更新和变化保持一定的敏锐度。

针对出行过程中的人群连接情况，问卷有一项是"在校内出行多是独自一人还是与人结伴"，结果显示：有50.72%的人在校内出行时选择独自出行，49.28%的人选择与人结伴出行。在男性问卷中，选择独自出行的人约为54.91%，选择与人结伴出行的为45.09%。在女性问卷中，选择独自出行的人占比46.51%，选择与人结伴出行的为53.49%。在学生问卷中，选择独自出行的人数占比50.57%，49.43%的人选择与人结伴出行。在教职工问卷中，选择独自出行的人数占比51.19%，48.81%的人选择与人结伴出行。

将Q1_性别、Q2_师生身份作为自变量分别与因变量Q19_"是否选择独自出行"导入SPSS中进行卡方检验，对比不同性别、师/生身份与是否独自出行的差异关系。结果显示Q1和Q2对于Q19均不会表现出显著性（$p>0.05$），因此性别和师/生身份对于校园出行的人群连接情况的影响没有差异性。整体来看，校园出行时选择独自出行和与人结伴的比例为51∶49，选择独自出行的人数略多于选择结伴出行的人数，在慢行短距出行场景中，用户的人群连接属性并不十分强烈。

（二）外界环境、信息、社交关系连接属性

对于在出行途中，用户与外界环境、信息、社交关系的连接属性，问卷也进行了调研。关于Q20_"在出行途中会进行哪些行为"，"欣赏沿途风景"是受选比例最高的行为（44.93%）。其次为"专心出行、不做其他事"（41.45%）；第三高频行为是"戴耳机听音乐"，选择占比38.55%。此外，"观察沿途行人及事件"也较常发生（37.97%）。"与他人网上聊天或者打电话"和"通过手机浏览网页或看新闻"分别以21.16%、13.33%的选择占比位于第五与第六位。少部分行为如"刷手机短视频"（6.67%）也会偶发。

基于受访者的性别和身份（表4-2）来细分出行沿途行为发生频率的观测值，可知发生频率较靠后的4种行为在男、女、师、生群体中的分布均是一样的，而发生频率较高的前4项行为活动则在不同群体中出现了差异。为了得到实际观测值与理论推断值之间的离散程度，笔者将Q1_性别、Q2_师/生身份作为自变量，将Q20_出行途中的行为作为因变量，在SPSS中进行卡方检验（交叉分析），分别比较不同群体在出行途中的行为差异关系。

表4-2 校园出行途中行为发生频率对比表（数据来源：本书调研数据）

	行为发生频率第一	行为发生频率第二	行为发生频率第三	行为发生频率第四	行为发生频率第五	行为发生频率第六	行为发生频率第七	行为发生频率第八
整体	欣赏沿途风景（44.93%）	专心出行、不做其他事（41.45%）	戴耳机听音乐（38.55%）	观察沿途行人及事件（37.97%）	与他人网上聊天或者打电话（21.16%）	通过手机浏览网页或者新闻（13.33%）	刷手机短视频（6.67%）	其他（2.61%）
教师	专心出行、不做其他事（45.24%）	欣赏沿途风景（39.29%）	观察沿途行人及事件（37.97%）	戴耳机听音乐（17.86%）	与他人网上聊天或者打电话（14.29%）	通过手机浏览网页或者新闻（11.90%）	刷手机短视频（4.76%）	其他（3.57%）
学生	欣赏沿途风景（46.74%）	戴耳机听音乐（45.21%）	观察沿途行人及事件（41.00%）	专心出行、不做其他事（40.23%）	与他人网上聊天或者打电话（23.37%）	通过手机浏览网页或者新闻（13.79%）	刷手机短视频（7.28%）	其他（2.30%）

续 表

	行为发生频率第一	行为发生频率第二	行为发生频率第三	行为发生频率第四	行为发生频率第五	行为发生频率第六	行为发生频率第七	行为发生频率第八
男性	专心出行、不做其他事（46.82%）	戴耳机听音乐（40.46%）	欣赏沿途风景（39.88%）	观察沿途行人及事件（37.57%）	与他人网上聊天或者打电话（18.50%）	通过手机浏览网页或者新闻（15.03%）	刷手机短视频（5.78%）	其他（2.31%）
女性	欣赏沿途风景（50%）	观察沿途行人及事件（38.37%）	戴耳机听音乐（36.63%）	专心出行、不做其他事（36.05%）	与他人网上聊天或者打电话（23.84%）	通过手机浏览网页或者新闻（11.63%）	刷手机短视频（7.56%）	其他（2.91%）
一致性	较一致	不一致	不一致	不一致	一致	一致	一致	一致

利用卡方检验分析Q2_师/生身份对于Q20_沿途不同行为的差异关系（表4-3），可知：不同Q2样本对于Q20_3、Q20_7两项呈现出显著性（$p<0.05$），即师生身份的不同对于"观察沿途行人及事件"和"戴耳机听音乐"两项行为呈现出显著差异。其中，Q2对于Q20_3呈现出0.05水平显著性（chi=4.211，$p=0.040<0.05$），通过百分比对比差异可知，教职工选择0.0（是）的比例为71.43%，明显高于学生的选择比例58.91%。

表4-3 交叉（卡方）分析结果（表格来源：本书调研数据）

变量	名称	Q2_师/生身份 1.0	Q2_师/生身份 2.0	总计	χ^2	p
Q20_2专心出行、不做其他事	0.0	59.30%	54.76%	58.19%		
	1.0	40.70%	45.24%	41.81%	0.537	0.464
总计		258	84	342		
Q20_1欣赏沿途风景	0.0	53.49%	60.71%	55.26%		
	1.0	46.51%	39.29%	44.74%	1.338	0.247
总计		258	84	342		

续 表

变量	名称	Q2_师/生身份		总计	χ^2	p
		1.0	2.0			
Q20_3观察沿途行人及事件	0.0	58.91%	71.43%	61.99%		
	1.0	41.09%	28.57%	38.01%	4.211	0.040*
总计		258	84	342		
Q20_7戴耳机听音乐	0.0	55.04%	82.14%	61.70%		
	1.0	44.96%	17.86%	38.30%	19.699	0.000**
总计		258	84	342		
Q20_8与他人网上聊天或者打电话	0.0	76.74%	85.71%	78.95%		
	1.0	23.26%	14.29%	21.05%	3.068	0.080
总计		258	84	342		
Q20_9通过手机浏览网页或看新闻	0.0	87.21%	88.10%	87.43%		
	1.0	12.79%	11.90%	12.57%	0.045	0.832
总计		258	84	342		
Q20_10刷手机短视频等	0.0	92.64%	95.24%	93.27%		
	1.0	7.36%	4.76%	6.73%	0.684	0.408
总计		258	84	342		

* $p<0.05$ ** $p<0.01$

同时，利用卡方分析研究Q1_性别对Q20_不同行为的差异，发现Q1样本对于7项因变量均不会表现出显著性（$p>0.05$），即性别对出行途中的行为影响不具有显著性。因此，师/生身份的不同对于"专心出行、不做其他事""欣赏沿途风景""与他人网上聊天或者打电话""通过手机浏览网页或看新闻""刷手机短视频"共5项行为不会表现出显著差异，而对于"观察沿途行人及事件"和"戴耳机听音乐"这两项行为呈现出显著差异。因而在进行无人车服务和人车交互设计时，可针对不同用户适时调整服务内容和交互模式。

由此可知，在校园短距慢行交通场景中，人们与外界环境的连接程度还是较高的，且多通过视觉沟通的形式来完成个人与近场环境的交互。其中，教职工较多专注于出行本身，此外也会进行如欣赏沿途风景等互动度适中的行为活动，对外界环境、信息、关系变化的敏感度和连接需求整体偏弱。而学生在出行途中的连接属性相对较强，不仅会通过观察沿途行人与事件这种"人—境"注意力强交互的行为来保持个人与外界的连接，也会通过欣赏沿途风景这种注意力泛交互的行为来获取环境信息。此外，通过戴耳机听音乐来营造相对独立的体验氛围，也是学生群体在校园出行途中较为常见的行为，这一点与教职工人群有着显著差异（图4-9）。

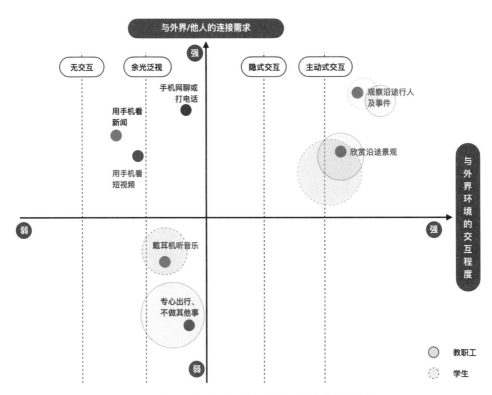

图4-9 校园出行途中人群行为的连接需求与交互度分析

本节主要基于高校校园人群慢行交通出行状况调研问卷的数据分析结果对影响校园师生出行活动的用户子场景特征进行定量研究。通过对校园慢行出行人群的学历程度、环境熟悉度、校园出行满意度、无人车服务使用意愿度、人群和外界的连接属性等因素进行分析，进一步明确校园慢行场景中的主要用户特征与需求。在下一节，本书将对校园慢行交通环境的出行任务子场景进行分析。

第五节 校园出行的任务场景分析

一、出行特征数据分析

（一）出行频率与出行距离

出行主体的日均出行次数是描述出行特征的重要指标，其定义需同时满足以下3个条件：有目的的出行活动、行走或运行在有名字的道路、步行单程用时在5分钟以上（何玉宏，2014）。由于校内交通多为高频多转换的中短距出行，因此笔者在调研中还特意对两次出行的间隔时间进行明确，即当间隔时间超过10分钟，计作两次出行。本次调研以一次出行（Trip）为一个单位，调查高校师生的日均校内出行频率。结果显示，约有38.3%（131人）的受访者的校内日均出行次数在4—5次，有35.09%（120人）的受访者的校内日均出行次数在2—3次，14.33%（49人）的受访者的校内日均出行次数在6—7次，8次及以上日均出行次数的人群占比为7.89%（27人），大部分师生的日均校内出行次数集中在2—5次之间。

而通过对教职工和学生群体的数据分别进行筛查可知，教职工的校内出行次数普遍低于学生群体，近一半的教职工校内出行次数在3次以内；学生群体在校园内具有更加活跃的出行行为，超过60%的学生的校内日均出行次数在4次及以上。

根据步行适合范围，500米常被用作区分短距与中短距出行的划分依据。一些文献将校园内500米之内的出行定义为校园短途出行，将超过500米的出行定义为校园长途出行（熊萍，2011）。考虑到本书的主要研究场景为城郊大中型高校校园，因此笔者在此次调研中将500米之内的校园出行定义为短途出行，将500—1 000米的出行定义为中短途出行，将1 000—1 500米的出行定义为中途出行，将1 500—2 000米的出行定义为中长途出行，2 000米以上的为校园长途出行。据收集到的校园人群平均单次出行距离的数据（图4-10），有43.27%的人校园平均单次出行距离在500—1 000米之间，有31.29%的人平均单次出行距离在1 000—1 500米之间。可以发现大部分师生的单次出行距离超过了500米，多为1 000米之内的中短途出行，其次为1 000—1 500米的中长途出行。将学生与教职工群体问卷数据分开筛查，其结果的占比分布与趋势线也同整体情况保持了一致性。

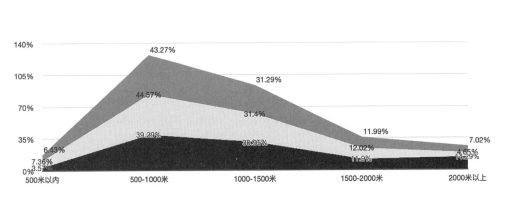

图4-10 校园单次出行距离占比分布

而不同受访群体（教职工或学生）的校园出行频率和校园单次平均出行距离是否存在显著差异关系，则需对其进行独立样本t检验（表4-4）。将Q2_受访人身份、Q13_校内出行频率、Q16_校内单次平均出行距离导入SPSS中，利用t检验分析Q2对于Q13和Q16两项的差异性。

结果表明，教职工与学生群体的校内出行频率没有呈现出显著差异性，但教职工与学生的校内平均单次出行距离呈现出差异性。学生的校内单次出行距离多分布在中短途和中长途之间，教职工在2 000米以上的校内长途出行方面则比学生群体更加频繁和积极。

表4-4 独立样本t检验分析结果（表格来源：本书调研数据）

	Q2_受访人身份（平均值 ± 标准差）		t	p
	1.0（n=258）	2.0（n=84）		
Q16_单次出行距离	2.25 ± 1.27	2.58 ± 1.47	−2.025	0.044*
Q13_出行频率	3.16 ± 1.07	2.94 ± 1.20	1.465	0.145
* $p<0.05$ ** $p<0.01$				

（二）出行方式构成

各类出行方式在校园整体出行量中的占比不仅可有效反映校园交通的出行方式构成，也可反映校园交通的特征、出行模式与不同层次的交通需求。校园交通出行方式构成分析结果表明，47.08%的人以步行出行为主，其次为步行+共享单车骑行（18.71%），选择电动车出行的人数占比位列第三，为11.99%，选择步行+个人自行车的人占比7.02%，位列第四。除此之外的其他出行方式则共占比15.2%。

由此可知，校内交通方式以步行为主（47.08%），以步行结合骑行（25.73%）和电动车（12.00%）的慢行交通组合方式为重要补充。可以判断，高校校园交通主要以安全性、便捷性、灵活性为重要出行需求。

为进一步明确哪些因素影响校园出行主体对于交通方式的选择以及各自的影响力为多少，笔者将Q1_性别、Q2_身份、Q3_年龄段、Q8_校园环境熟知度、Q9_目前校园是否有校车服务这5个因素作为自变量，将Q12_校内交通主要出行方式作为因变量进行线性回归分析，结果（表4-5）显示，该回归分析得到的模型R方值为0.114。对模型进行F检验时发现模型通过F检验（$F=8.613$，$p=0.000<0.05$），即Q2、Q8、Q9、Q1、Q3中至少一项会对Q12产生影响关系。此外，针对模型的多重共线性进行检验可以发现，模型中VIF值均小于5，意味着不存在共线性问题；且D-W值在数字2附近，说明模型不存在自相关性，样本数据之间并没有关联关系，模型较好。

由此可知，目前校内是否有短驳车服务以及受访人性别两个变量会对人群校内交通出行方式产生显著的负向影响关系。但师/生身份、对校园环境的熟悉度以及年龄并不会对校内交通出行方式选择产生影响。即性别、是否有短驳车服务两个因素都会影响受访者的校园出行方式选择。

表4-5 线性回归分析结果（表格来源：笔者根据调研数据生成）

	非标准化系数		标准化系数	t	p	VIF	R^2	调整R^2	F
	B	标准误	Beta						
常数	6.092	0.873	—	6.982	0.000**	—	0.114	0.1	$F(5,336)=8.613$, $p=0.000$
Q2_师/生身份	0.074	0.621	0.011	0.119	0.905	3.381			
Q8_校园环境熟知度	−0.074	0.163	−0.024	−0.452	0.652	1.045			
Q9_校园是否有校车服务	−1.629	0.31	−0.287	−5.251	0.000**	1.136			
Q1_性别	−0.604	0.303	−0.107	−1.992	0.047*	1.088			
Q3_年龄段	0.253	0.162	0.149	1.565	0.118	3.454			
因变量：Q12									
D-W值：1.712									
* $p<0.05$ ** $p<0.01$									

（三）出行时辰与单位出行时耗

出行时辰多指出行主体一天中出行活动发生的时刻，最小统计单位通常为一个小时。对出行时辰进行分析，不仅可以得到一个地区人群出行量的峰谷值，同时也可预估出行高峰时段的出行目的。问卷Q15_"您在每日以下哪个时段的校内出行量最大"的调研结果表明，11:00—13:00是多数受访者每日校园出行量最大的时段，人数占比31.58%。8:00—11:00是出行量次高峰，有29.45%的受访者的出行高峰发生在该时段。位列第三的出行高峰为17:00—19:00，人数占比21.59%。校内出行高峰值在13:00—17:00时段的受访者较少，仅为16.5%。此外还有0.88%的受访者的校园出行高峰在23:00—7:00时段。

在单位出行时耗方面，35.67%的受访者单位出行时耗在11—15分钟之间，占比第二的用时为5—10分钟（32.46%），还有10.82%的受访者其单位出行时耗在16—20分钟之间，16.08%的受访者单位出行时耗在20分钟以上，最后仅有4.97%的受访者单位出行时耗在5分钟以内。由此可知大部分受访者的校园出行都在15分钟以内，但仍有少部分师生面临着校内通勤时间过长的问题，需要高效的交通系统与出行服务来解决。

（四）出行目的与出行链

根据不同出行目的可将校园出行大致分为必要性出行、事务性出行、生活休闲出行和特殊出行（表4-6）。其中必要性出行主要是和工作学习相关的通勤出行（W），包括与上班、自习、上课有关的出行，此类出行的目的较为直接，即快速安全地到达目的地。事务性出行（M）包括校园事务与生活事务出行，多是为了办理某些手续或获得某些服务的出行行为。休闲类出行（L）主要包括一些目标是获得休闲娱乐活动的出行，时间迫切度一般，出行路径相对松散。紧急出行（E）多为某些突发事件发生时的出行行为。

表4-6 校园日常出行目的与出行活动分类

	必要性出行（W）	事务性出行（M）		休闲类出行（L）	紧急出行（E）
		校园事务（M-S）	生活事务（M-L）		
具体内容	上课、上班、自习	校园事务及手续办理	讲座、培训、活动等	吃饭、购物、洗澡、寄取快递等	散步、娱乐、运动、访友等	外出就医、紧急疏散等
占比	87.43%	23.98%	24.85%	59.65%	36.55%	2.34%

在"最常进行的三项校园出行活动"的多项选择中,以工作、学习为目的的出行占比87.43%,排名第一。吃饭、购物等生活事务类出行占比59.65%,排名第二。散步、娱乐、运动等休闲类出行占比36.55%,排名第三。此外,参加讲座培训、办理校园事务与手续分别以24.85%、23.98%位居第四位与第五位。

出行链(Trip Chain)以第一次目的性停留为起始、以回家为结束,也被称为出行活动链。出行链可直观显示出行主体的出行过程和活动的行进顺序(何玉宏,2014)。通过研究,笔者大致归纳了3条校园交通主要出行链,分别为与工作有关的出行链(W—C)、与生活有关的出行链(L—C)、与休闲有关的出行链(E—C)。每类出行链下面又包含着囊括不同内容和顺序的具体出行链细节。

调研数据显示(图4-11),最频繁的校园出行链为上课—生活出行—上课—生活出行—回寝,占比21.64%。位列第二的为上课—生活出行—回寝,占比17.25%。频繁度第三的为上课—生活出行—上课—文娱休闲—生活出行—回寝,占比12.28%,由此可知较频繁的出行链均与和工作有关的出行链(W—C)有关。而占比较少的3条出行链分别是文娱休闲出行—回寝(0.58%)、生活出行—文娱休闲—回寝(2.92%)、上课—生活出行—文娱休闲—回寝(5.26%)。

出行链序号	1	2	3	4	5	6	7	8	9	10
占比	21.64%	17.25%	12.28%	11.70%	9.94%	9.06%	5.56%	5.26%	2.92%	0.58%
出行链内容	上课—生活出行—上课—生活出行—回寝	上课—生活出行—回寝	上课—生活出行—上课—文娱休闲—生活出行—回寝	上课—生活出行—上课—回寝	上课—生活出行—上课—文娱休闲—生活出行—上课—回寝	上课—回寝	生活出行—回寝	上课—生活出行—文娱休闲—回寝	生活出行—文娱休闲—回寝	文娱休闲出行—回寝
出行链类别	工作出行链(W—C)	工作出行链(W—C)	工作出行链(W—C)	工作出行链(W—C)	工作出行链(W—C)	工作出行链(W—C)	生活出行链(L—C)	工作出行链(W—C)	生活出行链(L—C)	休闲出行链(E—C)

图4-11 校园慢行出行链内容与类别

由此可知,大部分校园出行主体的出行行为具有内容与目的方面的功能复合性,每一个校园出行链至少包含了3种出行目的,每一个出行OD(Origin Destination,指交通出行量,即出行的起点到目的地的交通出行量)中至少包含3个场所,具有需求和空间上的丰富性。

通过对校园高频出行链空间分布进行分析可知，在寝室/家、教室/办公室、生活服务场所这3个主要功能锚点之间，以及教室/办公室与生活服务场所两点之间的路径往返尤为频繁，在每条出行链中都至少出现1次，多者高达3次，说明大部分师生校园日常活动场景较为丰富和完善（图4-12）。在进行校园无人车服务体系的构建时，应在教室/办公室—生活服务场所之间规划更多的服务运力与路线。此外，在终点为寝室/家的出行链中，终点的上一站基本均为生活服务场所，可知生活服务场所是归家途中重要甚至必经的过境服务节点。因此可利用无人车对生活服务场所功能空间进行延伸，以生活服务场所为功能基站，在其周边投放服务便利亭无人车，拓展服务范围。无人车根据实时用户需求与服务能力进行路线调配，当生活服务场所的实时人员承载量过多时，无人车可搭载物品为远距离的师生提供服务，缓解人员拥塞，通过服务设计利用智能手段挖掘环境的空间能动性与功能流动性。

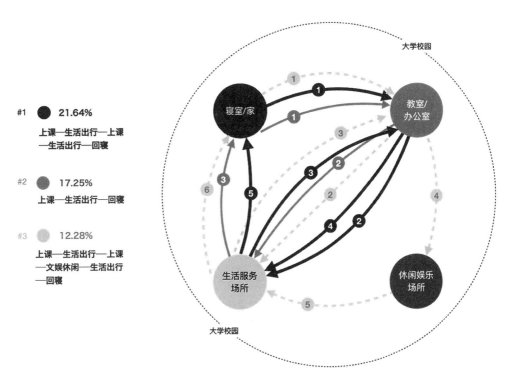

图4-12 发生频率前三的校园出行链的空间分布分析

（五）出行体验需求

第三章关于用户需求价值的分析中，从体验层面将用户体验与需求价值分为身体体验需求、心理体验需求、精神体验需求3个维度，每个需求维度中又包含不同的体验子维度和具体元素。根据UET场景分析框架和用户预研究，笔者发展出了10项涵盖3大体验需求的无人车主要功能类型和服务内容，对用户对不同功能与服务的关注度进行了调研。结果显示，关于校园无人车功能与服务，用户最强烈的3项需求依次为获悉无人车运行的安全状况（81.34%）、掌握无人车服务的运载效率（57.85%）、知晓服务费用（49.71%）。用户的乘坐感受（40.12%）、车内乘坐环境（33.72%）、车内其他乘客乘坐秩序（26.16%）则分别排在受访人群体验需求关注度的第四至六位。此外，无人车乘坐环境是否安静私密也是受访者较为关注的一个方面，需求关注度为13.66%。而车内提供的信息娱乐服务以及在线实时社交功能并不是当前阶段受访人群对于校园无人车服务的主要关注和需求所在。

通过前期研究，本书将校园无人车服务的用户需求依据体验感知度的高低和无人车服务用户体验的时间发展路径分为4个方面：环境氛围需求、出行状况需求、信息娱乐（Infortainment）需求、智能需求（图4-13）。环境氛围需求关注无人车的车内设备、空间、近场环境和陈设氛围，即乘坐是否舒适、温湿度是否适宜、材质颜色搭配是否和谐等身体感知层面。出行状况需求则需要无人车将当前车辆的运行状况、环境感知、决策、操作的关键过程和结果有效展示给乘客，并对可能发生的车辆关键行为进行提示，主要围绕在行车状态的信息展示与告知。信息娱乐需求则是当用户建立起对于行车安全的信任并充分释放个人注意力之后，在乘车途中通过无人车提供的信息娱乐服务来进行新闻浏览、观看影音视频和进行游戏、社交等注意力分散式的休闲性人车互动。智能需求的关注重点在于人们获取以上服务来满足其目的时的交互方式，而非具体内容，即通过人工智能系统对不同用户的显性和隐性需求进行主动（Proactive）感知、预测和响应，并以适当的交互模式呈现具有场景适应性的内容与乘客有效沟通，提升无人车对于环境的感知能力，同时也增强用户对于无人车的信任，辅助实现无人车用户体验的身体舒适度、心理安全感和精神愉悦感。需要强调的是，前3种无人车用户体验更多是从信息内容和服务类型方面不断发展，而智能需求则是辅助实现前3种用

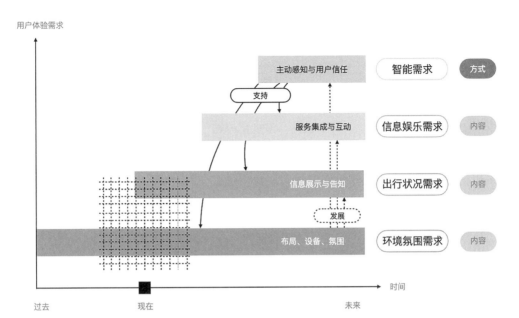

图4-13 校园无人车服务用户体验需求发展路径

户体验需求的重要途径。目前大部分落地的无人车出行服务的用户体验设计多集中在前两个方面，如无人车车舱设计和车内屏幕车载人机界面关于无人车运行状况的展示，关于信息娱乐需求和智能需求的无人车服务用户体验设计目前几乎还未有涉及，即使是无人驾驶出行服务行业先驱Waymo也只是宣称有计划在未来考虑在无人车内提供关于影音娱乐的增值信息娱乐服务。

  笔者通过对调研结果进行总结，印证了关于无人车用户体验发展路径的部分结论，大部分人在平日生活中没有机会亲身体验无人车，对于无人车服务的态度较为保守且不具备一定的功能想象力。现阶段大部分受访者对于无人车服务的主要需求多集中在对行车安全感知和环境氛围营造方面，对于无人车服务的需求还是以工具性运载为主，产品生命周期目前处于探索期的无人车服务理应对用户的心理安全感知需求进行功能回应与服务反馈。但同时，对于环境氛围的营造和出行信息的呈现又依赖于智能自然的方式实现，且随着无人车服务逐渐进入成长期与爆发期，用户对于信息娱乐和智能交互的需求也必将增强，因此智能需求也是校园无人车出行服务的重要需求之一。

二、出行行为数据分析

（一）基于空间范围的出行行为

下面依照UET场景分析框架中的任务场景结构，对校园出行行为进行分析。从出行范围来看，出行行为可以分为内循环与外循环，其中外循环又分为外循环出发交通和外循环到达交通。绝大部分大中型高校校园均为囊括了教学工作区、宿舍区、生活设施区等多种不同功能区的复合生活圈，因此除了居住在校外的教职工和部分学生之外，大部分学生的日常生活与出行活动都可在校园内完成。故从出行的空间范围来看，高校校园出行行为以生活居住在校园内的学生和部分教职工的内循环交通为主、以居住在校外的教职工和部分学生的外循环交通为辅。

（二）基于服务目的的出行行为

同样依照UET场景分析框架中的任务场景结构，根据服务的内容和类型可将无人车出行服务分为出行服务、信息服务、体验服务。在上一节的分析中，按照出行目的的不同，可将校园出行分为必要性出行、事务性出行、休闲类出行、紧急出行4种类型，其中事务性出行又包括校园事务性出行与生活事务性出行。同时，按照无人车服务用户体验的需求层次，可将服务分为环境服务、出行服务、信息娱乐服务、智能服务。而针对校园无人车的不同服务，目标人群有何种的关注范围和需求程度，笔者也在问卷调研中进行了数据收集（表4-7），从而更加明确人群在该场景中的出行行为特点。在关于"校园无人车服务哪些功能比较重要"的问题上，调研采用了李克特7分量表，1分为完全没必要，7分为非常重要，邀请受访者给每项无人车服务或功能进行重要性打分。调研结果显示："显示本次班车的运行信息"的重要性最高，平均得分为6.28；无人车提供的"物品运送服务"的人群需求度排名第二，平均分为5.22；在无人车上放送"校园生活服务信息"也是受访者认为十分重要的功能，平均得分为4.95，位列第三。

由此可知，大部分受访者认为最重要的3项校园无人车功能为显示当前运行信息、物品运送服务和推送校园生活服务信息（图4-14），即大部分校园出行都是围绕着必要性出行和生活事务性出行来展开的。

表4-7 校园无人车服务及功能的重要性得分排序（数据来源：本书调研数据）

选项	1分	2分	3分	4分	5分	6分	7分	平均分数	得分排序
显示本次班车的运行信息（例如预估抵达时间、停靠站点、运行路线等）	0.29%	0.29%	0.87%	8.12%	11.30%	18.55%	60.58%	6.28	1
其他可替代出行方式的相关信息	6.38%	5.51%	7.83%	22.03%	22.61%	13.62%	22.02%	4.78	5
校园事务办理及手续指南	6.38%	6.09%	10.14%	23.19%	15.07%	18.26%	20.87%	4.73	7
讲座或考试培训信息	11.30%	11.59%	12.46%	23.77%	15.65%	10.74%	14.49%	4.11	11
工作实习及招聘信息	11.59%	10.43%	11.59%	24.36%	17.68%	9.28%	15.07%	4.14	10
校园生活服务信息（如临时活动提醒、食堂新菜品介绍、超市促销、天气预报等）	4.93%	3.48%	6.67%	21.15%	26.38%	15.36%	22.03%	4.95	3
文体娱乐信息（如校内外体育赛事、校园运动馆预约、演出及社团活动等）	4.63%	6.09%	8.41%	24.35%	22.61%	14.20%	19.71%	4.76	6
观光休闲导览（如校史讲解、校园建筑导览、校园风光及景观欣赏、校内游园活动等）	10.57%	8.12%	10.43%	24.35%	20.58%	10.43%	15.65%	4.3	9
移动便利贩售亭（贩售食品饮料、文具书籍、生活用品等）	11.01%	4.93%	12.18%	21.45%	20.58%	12.46%	17.39%	4.43	8
快递收发寄取站	6.96%	5.79%	7.83%	18.84%	17.97%	13.91%	28.70%	4.92	4
物品运送服务	3.77%	5.80%	5.51%	16.52%	18.84%	17.10%	32.46%	5.22	2

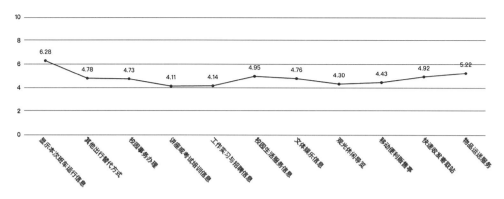

图 4-14　校园无人车服务及功能重要性得分折线图

（三）基于基本属性与无人车特性的出行行为

出行行为不同于其他人类行为，它并非一种完全出于自身目标驱动的目的性行为。对于绝大多数人而言，出行行为只是一种途径或方式，是为了支持人们从 A 点到 B 点进行其他行为而必须实行的一种工具性行为。出行不是人们的目的，更多是一种手段，或是人们核心目的性行为衍生下的次生行为。完成位移是出行行为的目标，但完成出行行为并不是人们的最终目的。因此，出行行为的根本属性即强烈的工具性。而在本书所讨论的慢行交通场景中，因 L4 级无人驾驶可实现场景内高质量的自动巡航驾驶，不仅可将人完全从驾驶行为中解放出来，还能通过有效的服务流程设计、人车交互与车载界面设计构建优质的双向沟通，建立用户对于无人车的信任，从而降低乘客对无人车行车安全的高关注度，让用户可以充分支配乘车时间，去进行其他更有意义或更放松的行为。这就要求无人车在面向车内乘车、车外等车、车外途经等不同场景时应提供给人群不同的信息与服务，进一步加深了基于无人车出行行为的功能性。而除了具有同场域和异场域的信息功能性之外，由于无人车具有运行灵活、调度智能、不间断工作等特点，基于无人车的出行行为还具有一定的跨场域服务功能性，例如在非出行高峰时段提供物品运送、快递寄取、物品零售等服务。

结合出行行为的诸多特点以及表 4-7 无人车功能重要性的用户评定结果进行分析可知，现阶段，基于无人车的校园出行行为仍具有强烈的工具性，围绕当前出行状况的

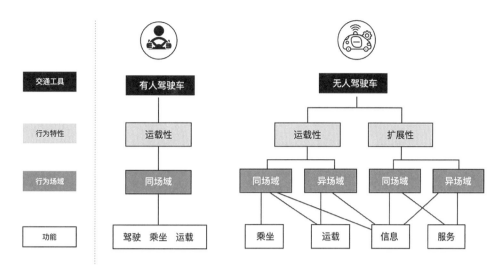

图 4-15　基于无人车服务的校园出行行为特点分析

信息展示仍是所有受访者认为的最重要的功能。同时，对比传统有人驾驶与无人驾驶，基于无人车的校园出行行为还具有较高的功能性，包括信息功能性和服务功能性。人们不仅希望在乘车途中获取更多有意义的信息，而且即使在非乘车时段也依然希望无人车可以提供给他们更多与交通有关的"大出行"服务（图4-15）。

本节基于调研问卷的数据结果对校园主要人群的出行任务子场景进行分析，得出了不同人群的主要出行任务特点以及相关影响因素。

第六节　校园慢行交通系统的问题总结与场景特征

本章通过实地调研、文献研究、案例分析的方法针对高校校园出行场景的空间特征与交通体系进行了分析，进一步发现并明确了城郊大型高校校园慢行交通所存在的基本问题。并基于UET场景分析框架和文献研究，设计调研问卷，对全国10余省市的24所大型高校校园的378名师生的慢行交通出行状况进行了定量数据分析。由此初步得出了高校校园慢行交通服务场景在环境、用户、任务3个方面的主要特征,从而为针对高校校园慢行出行的无人车服务构建与空间优化提供需求依据与设计方向。

一、慢行交通系统的现状问题

通过对多核心网络式校园与网格发展式校园的交通空间和出行系统进行分析可知,城郊大型高校校园的慢行交通系统存在以下几个问题(表4-8):

表4-8 目标校园的慢行交通系统问题特性总结

序号	问题类属		问题表现	问题程度	共享无人车服务适用性
1	系统鲁棒性		易受到机动车与其他慢行交通主体出行行为的干扰	●●●	●●●
2	系统包容性	出行包容性	与其他交通方式与出行流向在交通节点处的冲突隐患	●●○	●●●
		人群包容性	多个慢行交通利益相关者之间的出行行为引导与资源分配	●●○	●●○
3	系统连续性	动线连续性	慢行交通动线容易被行人或突发时间所中断	●●●	●●○
		景观体验连续性	景观节点形式单一、景观职能体现不足	●●○	●●○
4	系统均衡性		校园人群慢行交通出行需求与资源的时空失衡	●●○	●●●
5	系统有效性		慢行交通出行距离较远、时间较长、空间不足、体验较差	●●●	●●●

(一)系统鲁棒性欠缺

当前的校园慢行交通系统不仅极易受到机动车流的干扰,也时常受到来自其他慢行交通出行主体的侵扰,如大量无序停放的自行车侵占人行空间。因此应借助有效的出行方案设计，提升慢行交通的系统独立性与抗扰性。

（二）出行包容与人群包容性不足

此处的包容性主要分为出行包容性与人群包容性。以多核心网路式与网格发展式为代表的城郊大型高校校园的路网"毛细管"丰富、交通节点较多，由此也为多种交通工具与出行流线在交通节点的汇集和相遇造成了一定的安全隐患，而目前大多数校园对于该问题并没有提出解决方案。在人群包容性方面，由于该类校园并不过度依赖校外的设施与服务，而是打造校园内生功能设施服务师生生活，因此具有较为全面的服务运营与组织管理团队。其在为校园创造丰富齐全的生活生态圈的同时，也为校园慢行交通服务体系置入了更多利益相关方，而如何平衡包括学生、教职工、服务方、管理者、访客多方利益相关者在不同时段与场景下对于慢行交通资源的分配与利用，同样也是校园慢行交通系统可以关注的问题之一。

（三）系统连续性较低

校园系统连续性不足主要体现在交通动线与景观观赏职能两方面。交通动线方面，常被行人随意穿行、外来车辆借道、临时摊位或宣传点占据所打扰，破坏了其连贯性与独立性，降低了通行效率。景观观赏职能上，布局零散，缺乏系统规划整合，节点间未形成有机串联过渡，设计也未契合师生观赏需求与视角变化，植物搭配与景观小品设置失谐，无法充分发挥观赏作用，未能营造良好文化氛围与美感品质。

（四）系统均衡性有待加强

以多核心网络式与网格发展式为代表的城郊大型高校校园的对外沟通性与对外依赖性较低，多呈现"总体低密度、区域高密度"的空间组团形式。此外，由于师生的校内出行具有一定的钟摆效应，具有较强的时间规律性和位置功能趋向性，由此会造成出行需求与交通资源分布的时空不平衡。但目前多数高校的慢行交通系统不具备基于需求与时空特点的动态优化能力，因此无法保证校园慢行交通系统在全域内多时段的高效运行。

（五）交通有效性需要提升

虽然部分高校构建了颇具规模的校内慢行交通道路系统，但校园通勤距离过远、时间过长、慢行空间不足、慢行体验较差的现象依旧是大部分城郊大型高校校园亟待解决的问题。因此，如何在既有的街道路网、空间结构和一定的预算范围内为校园慢行出行主体提供更有效的出行方式，是提升校园慢行交通系统有效性的关键所在。

二、环境子场景特征

（一）出行场景空间特征

1. 集中于城市某一象限郊区的大面积独立校区

需要并适宜无人车慢行服务的校园多为位于城市某象限郊区的大型独立校区，往往为高校的新校区。因其属于重大教育基础设施选址，用地多为国有用地直接划拨。城市郊区的设施配套与生活服务网络的分布密度低于市区，服务种类和服务质量往往也需加强，因此城郊校园多发展内生性生活圈，通过在校内建立相对完善和丰富的功能设施与服务系统来满足师生的日常生活需求。所以城郊大型校园的内外沟通与联动程度适中，迫切需要无人车作为智能触点来搭建起覆盖全校的生活流动网络。同时，较大的校园面积也需要有效的出行工具来解决内部通勤。边界清晰、权属独立的封闭校园是可以将L4级无人车最快落地的理想适用场景，也可充分发挥无人车的技术优越性。

2. 局部高密度、总体低密度的校园空间

大部分城郊高校校园的人均面积普遍较大、总体容积率较低，但在一些核心功能空间也会出现时段性的人群拥塞，从而出现"局部高密度、总体低密度"的交通空间发展不均衡现象。因此需要智能动态的校园慢行交通系统对交通人流进行出行需求预测与时空性优化调配。

3. 以多核心网络式和网格发展式为重要交通空间形态

多核心网络式校园一般拥有多个功能组团，交通空间结构清晰、出行脉络全面，

通常由连续带状的校园交通网络将组团出行内循环与组团交通外循环进行联动。网格发展式校园主要依靠基于"模数"的校园路网对空间进行组织划分，单位空间尺度整齐简洁、功能分布匀称协调，以交叉口为代表的交通节点较多。

（二）校园出行状况特征

1. 慢行交通是主要出行方式

包括步行、自行车、步行与自行车结合、低速校园巴士等形式的慢行交通仍是高校校园内部的主要出行方式。

2. 低速校园巴士服务使用率较低

虽然随着校园面积的增长，低速校园巴士的使用率有所提高，但相较于全校出行人口总数，校园巴士服务的使用率仍然较低。究其原因，主要和站点少、运营时段与路线灵活性较差、车厢环境舒适度欠佳、排队等候时间过长等因素有关。

3. 校园整体出行秩序较好

大部分高校都建立了校园交通管理规则，且由于疫情后多所校园都实行了严格的访客进出管控制度，更加便于校方统一管理。对于诸多切实保障校园安全与可持续发展的交通管控规则，绝大部分师生也都愿意积极配合，因此校园整体交通运行是比较良好的。

（三）出行系统特征

1. "整体统摄局部、局部充实整体"的交通功能流线

多核心网络式校园与网格发展式校园的功能分区详细且分明，功能组团大动脉结合节点毛细微循环需要系统性的交通动线来进行快速交通带动与慢行交通补充。整体与局部相辅相成、统协分明的出行动线系统是我国大多数大型高校校园的交通功能流线特点与分布规律。

2. 慢行交通系统的提升潜力较大

步行与休闲环境的发展留白较大，为日后与慢行无人车服务的整合预留了较多环境端口界面与发展空间。然而，不良行驶、随意停靠、共享单车数量无序膨胀的骑行行

为对校园慢行秩序与用户出行感受造成了较大干扰，慢行空间被占道的现象也较为严重，这需要从服务体系设计的角度对校园出行主体进行需求预测、资源调配并引导交通行为。

3. 机动车道系统完善、结构松散

由于大部分大型高校校园均为新建的校区，以机动车为导向的校园规划通常都配备了较为完善的机动车交通网络，且路况较好、路径宽大，这都为日后运行多类型的无人车服务路线与规划行驶专道提供了较好的空间支持。

4. 静态交通空间资源较少

校内停车空间较为紧缺，尤其在重要交通节点与核心空间界面附近。此外，校园巴士停靠站点分布不匀、数量不足。这些现象都体现出了对于校园静态交通的重视有待加强。

三、用户子场景特征

（一）主要交通主体

1. 校园慢行交通的主要出行主体为学生与教职工

大部分学生年龄在18—32岁之间，超过64%的师生对于校园环境较为熟悉，但同时也有超过1/3的师生认为需要借助合适的形式加强同校园环境的交互。由于疫情后各高校执行严格的访客出入管理制度，使得外来访客数量骤减，因此外来访客不作为本书的研究主体。

2. 大部分师生对目前校园内部交通状况满意度一般，对慢行无人车服务期待度较高

超过38%的师生对目前自己校园的交通状况表示尚可，比感受为非常满意的群体人数多了20.3%，而不满意目前校园交通状况的人则占比22.2%。同时有超过六成的师生期待在校内可以使用慢行无人车服务，但也有一些已使用过传统校园巴士服务的师生对慢行无人车服务的使用意愿较低。因此要构建全新的无人车服务模式来降低用户的既有认知偏差，培育用户服务期待。

（二）人群出行特征

1. 校内单次出行距离呈现身份差异

教职工与学生的校内出行频率没有显著差异，但校内单次出行平均距离较为不同。学生在校内的单次出行距离多在中短途与中长途之间，即500—2 000米；而教职工在2 000米以上的校内长途出行方面则更加频繁。

2. 步行、步行+共享单车是目前校内出行的主要交通方式

步行、步行+共享单车、电动车是校园慢行交通常用出行方式的前三种，校园内部交通还是以安全、灵活、便捷为主要需求。此外，性别因素与目前校内是否提供校园巴士服务会对人们选择校内出行方式产生显著的负向影响作用。

3. 校园出行峰值出现在中午，每次出行时耗在11—15分钟之间

11：00—13：00是校园人群出行量最多的时辰，次高峰为8：00—11：00，即午餐午休和参加早课是驱使人们校内外出行的关键因素。同时，年龄、师/生身份、学历也对人的出行量高峰时辰分布有着负相关作用。此外，近七成人的校园单次出行时耗在5—15分钟之间，15分钟校园生活圈在实践中初步形成。

4. 以工作学习为主要出行目的、"教室—生活服务场所"为最频繁的出行路段

工作或学习是校园交通主体的主要出行目的，其次则为生活事务类出行（吃饭、购物等）和休闲类出行（散步、娱乐等）。以教室/办公室、生活服务场所、寝室/家作为位置锚点构成了校园主要出行链，其中教室/办公室与生活服务场所之间的路径往返最为频繁。

5. 行车安全感知是现阶段用户对于无人车出行服务的首要需求，智能自然则是无人车服务用户需求的长远目标

大部分受访者对于无人车行车安全、运载效率、服务费用等强功能性信息持有最高的被告知需求，此外还需要安全舒适的乘坐环境。对于产品生命周期目前处在探索期阶段的无人车慢行服务而言，挖掘用户需求并通过功能反馈是现阶段的首要任务。随着无人驾驶能力的逐渐提高，用户需求也会逐渐朝着信息娱乐与智能服务的层级不断演进。

（三）连接属性特征

1. 人群连接需求并不强烈

选择校内独自出行与结伴出行的人群比例约为1.03：1，且与性别、师/生身份因素无关。可知在慢行短距出行场景中，由于通勤时间短，大部分交通主体的人群连接需求并不旺盛。

2. 与空间环境的连接需求较高，学生群体呈现需求内部差异

在校园短距慢行交通场景内，人们与外界环境的整体连接度较高，且多通过视觉交互的方式与近场环境进行沟通。教职工大多更专注于出行，有时会泛赏沿途自然景观；部分学生会进行更多与周边环境强交互、高注意力的活动，如观察沿途建筑、行人及事件，部分学生则通过戴耳机听音乐来营造相对独立的个人体验氛围。

四、任务子场景特征

（一）以校园内循环为主、少量外循环为辅的出行任务

从出行空间范围来看，校园出行以居住在校内的师生的内循环交通为主、以居住在校外的师生的外循环交通为辅。

（二）以必要性出行和生活事务性出行为主要目的的出行服务

分析结果表明，人们认为最重要的3种校园无人车服务分别是运行信息显示、物品运送、校园生活服务信息推送。而根据4种目的类型对校园出行进行分类，可知人们对于无人车交通服务的需求多围绕必要性出行和生活事务性出行展开。

（三）出行行为具有时空上的趋同性与规律性

作为出行主体的师生在工作时间、出行OD点和出行路径上具有相似性，虽然教职工多倾向于错峰出行，但由于庞大的学生群体基数与统一的教学时刻安排，校内仍存在着固定且量大的出行高峰。校内出行高峰具有一定的时空规律性，且上课出行早高峰流量大于下课出行高峰流量。

（四）可支持同场域、异场域、跨场域的无人车出行服务

基于交通运载工具的根本属性，无人车具有跨场域的服务工具性。同时又由于无人车内人车驾驶任务的重新分配，解放了乘客的注意力并创造了新的车内行为类型，由此强调了无人车的场所空间性。此外，无人车又可为车内外人群提供同场域与异场域的信息和休闲服务，具有丰富的功能性。

小结

随着我国大型功能复合式校园数量的日益增多，其内部交通出行问题也逐渐受到更多关注。本章对该类校园的空间特点、出行系统、人群需求、出行行为等方面进行研究，通过文献阅读、对比分析、问卷调研等方法对校园慢行交通场景进行场景分析，最终得出校园慢行交通系统的问题总结、慢行交通场景特征和慢行出行需求（图4-16）。

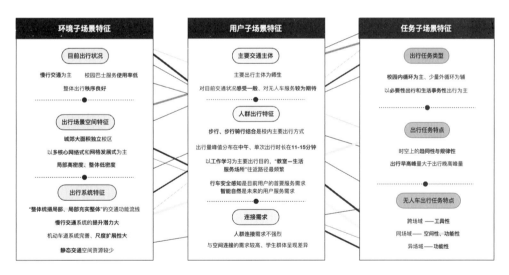

图4-16 面向无人车服务的校园慢行交通场景特征分析

第四章
城郊大型校园慢行交通场景研究

第五章 城郊大型住宅小区慢行交通场景研究

第一节 研究对象住区特征

一、居住区分级标准与定义

根据国家住建部2016年修订的《城市居住区规划设计规范：GB50180-93》（2002年版）规定，依据居住户数或居住人口数量可将居住区分为居住区、小区和组团3类。最新的《城市居住区规划设计标准：GB50180-2018》提出了"生活圈"概念，并用"生活圈"作为划分单位代替之前的"居住区、居住小区、居住组团"分类体系（张翼，2022）。新标将居住区分成了4个等级，分别为15分钟生活圈居住区、10分钟生活圈居住区、5分钟生活圈居住区和居住街坊，具体规格和标准如表5-1所示，而15分钟生活圈也被作为上海未来住区的建设目标（李萌，2017）。根据百度百科定义，住宅小区（Residence Community）也称作居住小区，是由城市道路和自然支线划分，不被城市交通干线所经过穿越的完整居住地段；同时住宅小区通常会拥有一套完整的可供居民日常生活需要的基层专业服务设备和管理组织。相关文献中，大型居住区常指总建筑面积大于50万平方米规模的居住区，而开发面积在100万平方米以上规模的社区，则被称为超大型居住区（陈晨，2014）。

表5-1 现行居住区分级标准及规模（数据来源：《城市居住区规划设计标准：GB50180-2018》）

术语	15分钟生活圈居住区（15-min pedestrian-scale neighborhood）	10分钟生活圈居住区（10-min pedestrian-scale neighborhood）	5分钟生活圈居住区（5-min pedestrian-scale neighborhood）	居住街坊（neighborhood block）
定义及特点	以居民步行15分钟可满足其物质与生活文化需求为原则划分的居住区范围；往往由城市干线或用地边界线所围合，配套设施完善	以居民步行10分钟可满足其物质与生活文化需求为原则划分的居住区范围；往往由城市干线、支路或用地边界线所围合，配套设施齐全	以居民步行5分钟可满足其物质与生活文化需求为原则划分的居住区范围；往往由支路及以上的城市道路或用地边界线所围合，配建社区服务设施	由支路等城市道路或用地边界线围合的住宅用地，是住宅建筑组合形成的居住基本单元，并配建便民服务设施
户数（户）	17 000—32 000	5 000—8 000	1 500—4 000	300—1 000
人口规模（人）	50 000—100 000	15 000—25 000	5 000—12 000	1 000—3 000

二、目标住区的主要特征

随着我国大城市及以上规模城市的人口和居住空间逐步呈现郊区化，郊区大型住区的规划建设数量不断增多。本章的主要研究对象是大城市及以上规模城市的城郊大型复合式住宅小区，其一般具有明确的空间范围界定，内外交通系统常常独立。主要研究对象的界定重点与以上基于步行时间的生活圈居住区划分并不完全一致，主要原因是封闭式住宅小区不被城市交通干道从中穿越，环境相对独立，内部交通运行通常由住区物业部门负责管理和运营，且小区内的交通状况简单、突发干扰因素较少，比较适合当下技术发展程度的无人车运行。而15分钟及10分钟生活圈居住区范围多包含了城市公共环境与街道，多有城市干线或支路从中穿越。根据我国目前对无人车在城市开放道路进行测试及运行的相关规定，获得上路资质的无人车公司需在符合所有条件的情况下方能在特定时段内在城市开放道路运行。因此选择在封闭区域的慢行交通场景中率先落地，是无人车快速产品化的最优路径。同时，由于采用公共交通出行方式的人群规模日益增长和住宅小区人车分流交通管理制度的日益普及，第一/最后一公里问题不断凸显，作为城市交通微循环基础单元的住宅小区，建立有效的内部出行网络也可进一步完善智慧城市交通系统，甚至有效分解城市干道的交通压力。

住宅小区相较于校园、工业园区等慢行交通场景，有其自身的特点与属性。第一，具有强烈的个体属性。住宅小区往往有明确的物理元素对其环境范围进行限定和明确，环境较为封闭，其内部空间和外部有着较为显性的区分，同时有小区物业等单位负责日常的运营与管理。第二，具有明显的居住属性。不同于校园、园区等职住融合的生活生态区，住宅小区往往具有明确且单一的居住属性，生产、医疗、教育等功能并不是主要属性，目前较多是作为配套进行补充。第三，居住人群具有多元化与复杂性。不同于校园的主要人群为师生，住宅小区居民可以覆盖多个年龄段、专业、教育程度和收入水平的人群，用户特征相对多元；但收入水平与社会资源分配能力较为相近，并受到相同社区文化的感染，其需求与行为也会呈现一定的趋同性。因此，应结合住宅小区的用户需求与行为特点，分析无人车慢行交通服务在这一类场景中的具体设计策略。

第二节 案例住区选择与研究结论的可推广性分析

本章将使用单一案例研究（Case Study）法，从空间环境、用户人群、出行行为3方面对位于上海市青浦区的万科天空之城·云之谷小区这一城郊TOD导向的大型住宅小区的慢行交通系统进行分析。相比多案例研究，个案研究可通过对某个案例的深入分析产生解释性的研究洞见（Babbie，Wagenaar，2007），往往还可发现被常规研究方法所忽视的特殊现象。而由单个案例研究得出的研究结论的普适性难免受到质疑。据李鸿在《财务管理研究》中所写，研究结论普适性本质是一个推理问题，案例研究应从逻辑推理角度遵循类比推理，即从一个对象得出的结论推及与其属性相似的其他对象上。两个对象的本质属性越多、相似性越强，结论的普适性就越强。

由UET慢行场景分析框架可知,环境、用户与任务是慢行交通场景的本质属性,本书第三章也对慢行交通核心场景要素进行了初步限定并建立了假设场景模型,下文将对案例住区的环境、用户和任务子场景进行验证性实证研究,验证和优化慢行场景模型的同时保证研究结论的可适用性。

一、选择案例住区所属辖区的原因分析

(一)上海市城市总体规划(2017—2035年)提出"重点建设五大新城"

随着我国长三角一体化进程的加速,上海市城市总体规划(2017—2035年)提出,要构建"多中心、网络化、组团式、集约型"的空间结构和"主城区—新城—新市镇—乡村"的市域城乡体系。协同4个主城片与中心城共同发挥全球城市功效,重点建设青浦、嘉定、松江、奉贤、南汇五大新城,朝着长三角城市群强辐射驱动力的综合性节点城市方向发展。规划重点强调了"新城建设",五大新区要朝着"产城融合、功能完备、职住平衡、生态宜居、交通便利"的定位发展成为综合性节点城市,成为驱动未来上海不断发展的新增长极。

五大新区的建设可进一步提升上海主城区的功能,助力部分城市功能向二级城市倾斜与转移,同时又可普惠带动新城区的产业与职能发展,吸纳全国优秀人才加入,促进主城区人口分流。因此,五大新区的建设发展既重要又迫切,而位于重要区域发展廊道上、自身发展基础较好的青浦、嘉定、松江则是新城区发展的三大核心区块。

(二)青浦区与主城区之间高效的交通贯通能力

青浦区位于沪湖廊道上,以创新研发、商务会展、国际社区、旅游休闲为主要功能,辖区内的虹桥商务区、国家会展中心、上海市西软件园、华为、中核、百联奥特莱斯不仅是区域内的重要商业地标,也为居住在附近的远郊居民提供了大量产业工作岗位。连接虹桥枢纽地带和整个青浦城区的崧泽大道及地铁17号线则加固了青浦区与主城区之间强大的交通贯通能力,为每天前往主城区上班的居民提供了高效的出行选择。此外，青浦区还拥有西上海最大的土地储备和大量待开发空间，可为大型住区的规划建设提供充足的土地资源。

分别以汽车城和大学城作为核心产业的嘉定区与松江区已经有10余年的开发历史，开发潜力已相对有限。以区域内轨道交通为例，地铁17、11、9号线分别贯穿了青浦、嘉定、松江3区（见图5-1），3条线路沿线都经过了代表性城市CBD，将新城区同城市核心地带进行连通。通过对3个新城核心地带距离最近的城市CBD区域轨道交通线路进行分析可知，青浦新城距离最近的虹桥商务区8站地铁，预计用时27分钟；距离下一个城市CBD中山公园共14站，预计用时50分钟。嘉定新城距离最近的城市CBD江苏路区域共13站，预计用时50分钟。松江新城距离徐家汇则需要13站，预计用时60分钟。在人群出行极度依赖大运量轨道交通的上海，青浦新城附近的主要居住区与城市核心地带之间的连通性是几大远郊区中相对最强的。

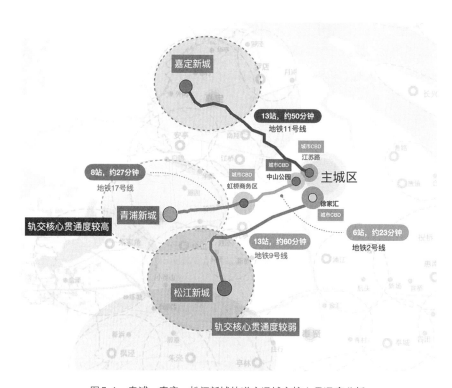

图5-1　青浦、嘉定、松江新城轨道交通城市核心贯通度分析

（三）青浦区"产城融合、国际社区"的开发定位

青浦区是基于下一个国际社区的规划高度去进行城市顶层设计与开发建设的，在吸引大型住区落位与人口入驻方面比嘉定区和松江区更有定位和政策优势。笔者在整理了嘉定与松江区2017年之后的新住宅小区数据后发现，两区内新住宅区居民的普遍生活半径在2.5千米以上，其中步行距离多在1—2千米之间。而青浦区的未来发展方向是产城融合与国际社区，构建居民5分钟生活圈既是诸多住宅小区的自身开发宗旨，同时又是全区的规划任务与指导原则。贯穿全区的地铁17号线连接了大型商业综合体、工业区和居住区，服务人群覆盖商住产多方。徐盈路地铁站的万科天空之城打造了全上海体量最大的TOD住宅小区；青浦新城站则充分利用各种资源，依照产业—商业—居住一体化的方向进行高强度地铁站开发，同时，毗邻国家虹桥商务区，周围具有多处中高端学校、医院、公园和商业体，优质的生活配套资源全面提升了居住品质，也契合青浦区产城融合、国际社区、公交发展导向的新城开发与运营理念。

因此，相比嘉定区和松江区，青浦区是更适合本书所研究的城郊大型住区的大区域落位，其辖区内的大型住区也更具研究代表性和前瞻性（图5-2）。本书将以上海市青浦区内近10年内建成的住宅小区作为样本案例的选择范围，在其中选取合适的案例住区。

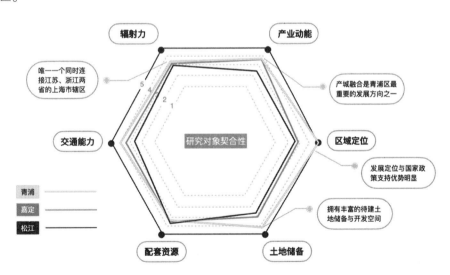

图5-2　青浦、嘉定、松江3区与本书研究对象契合度分析

二、选择案例住区的原因分析

在确定了研究样本的选择范围后，笔者本着代表性、前瞻性、适用性和需求迫切性的原则对青浦区内多个新建住宅小区进行全面评估，最终，确定上海万科天空之城为本书慢行交通场景的住宅小区样本研究案例。万科天空之城是上海市体量最大的TOD住宅小区，住宅建筑地铁上盖，架空层以下为上海申通地铁维修及工作车间，整个小区通过垂直方向上的空间探索来进行集约式住区营造和区域开发，最大化体现公共交通的使用效率。具体的选择因素总结如下：

（一）与本书主要研究对象的本质属性有较多相似性

在上一节的论述中，笔者将本章的研究对象确定为住宅小区或5分钟生活圈，即内部不被城市干道或支路穿越的完整封闭的居住区。案例住区面积较大、内部环境良好、环境封闭、入住率超过75%，与主要研究对象在环境、用户及任务等本质属性方面具有一致性，符合本书对于研究对象的限定。针对案例住区的研究结论对于本书所要研究的慢行场景具有可推广性。

（二）符合面向未来需求的集约式住宅小区开发理念

在"精明发展"与"集约发展"为城市主要发展策略的上海及其他一、二线城市中，如何在建设用地"紧约束"和居民日益增长的公共空间需求的相互掣肘中探索出面向未来新需求的城郊住区开发新模式，是新城在规划建设时必须要考虑的问题。据上海市人民政府2020年发布的规划资料显示，案例住区通过竖向空间延伸以及产、居、商多职能融合的轨道交通站深度开发模式，让住宅小区朝着集约化、紧凑化、功能复合化的方向不断发展，为我国大城市城郊大型住区的发展提供了方向与模型借鉴。

（三）郊区TOD模式是未来城市探索空间重构和职能升级的最佳场景

区别于平面方向延伸拓展的传统住区发展思路，位于上海市郊区的案例住区基于地铁站点进行纵深构建，将小区居民的生活半径缩小到5分钟生活圈内，地铁站从上至下共囊括住宅、办公、住宅车库、地铁车站、地铁停车场等5个功能区，地上层直通社区商业体，充分开发公共交通站点的使用效率和商业价值。虽然上海拥有全球第一的地铁运营里程数，我国很多城市也都陆续建立起了庞大的城市地铁网络，但我国各大城市在轨道交通站上盖物业的开发率却普遍较低，上海仅为11.2%，而香港高达50.5%。以上海万科天空之城为代表的城郊住区TOD发展模式将是未来城市扩张的主流方式（王丽潇，2022）。以该小区为样本案例，研究超大城市郊区居民的时空行为与出行需求，提升居民生活与服务质量、优化城市空间结构，具有重要的学术意义与现实价值。

（四）人群对于内部出行服务的需求度较高

由于该小区上盖于地铁17号线徐盈路站，小区主要出入口距地铁站均在200米之内，因此居民主要出行工具多为地铁。案例住区占地面积较大，空间形态为东西狭长结构，而地铁站位于小区东北侧，若从小区西南端步行至地铁站，较长的内部出行距离也会造成一定的出行负担，尤其是在工作日早高峰时段。此外，通过实地观察发现小区的常住居民包括青年男女、年轻家庭、老人孩子等多类人群，不同人群均对内部出行服务有着较高需求。

（五）内部环境及街道状况良好，适宜无人车的运行

该小区第一期住宅建设完工于2018年，第二期住宅建设完工于2019年底。小区内部的慢行系统十分完善，尤其是二期住宅区内的主要场域都铺设了塑胶跑道、硬质铺装人行道和木栈道，路况平坦没有高差。无障碍设施完善，小区内垂直方向上的出行位移都配有坡道或直达电梯，为无人车在小区内的运行提供了良好的环境条件。

综上，因其具有场景代表性、用户普遍性、规划前瞻性与设计探索性，因此确定万科天空之城·云之谷小区为本章的案例住区。

三、案例住区——上海万科天空之城·云之谷小区背景简析

（一）住区背景概述

上海万科天空之城项目位于上海市青浦区徐泾镇崧泽大道与徐盈路交叉口附近（图5-3），上盖轨道交通17号线徐盈路站，是由上海万科与上海申通地铁资产集团合作开发的首个社区型TOD"城市共同体"项目。项目总建筑面积约60万平方米，囊括了住宅、生活服务、商业、商务办公、公共空间、车站等业态。其中住宅建筑面积约24万平方米，商业10万平方米，办公9万平方米，幼儿园6 000平方米。在居住部分，天空之城的住宅项目共分为5期，截至2021年，第一至第三期已经交付业主使用。据万科天空之城物业管理处的数据，2018年交付的第一期与2020年交付的第二期住宅的入住率已经分别达到了86%及70%；第四期住宅正在进行内部装修，第五期住宅正在进行建筑主体搭建。该项目以构建"微缩紧凑型"城市原型作为项目目标，以"高于综合体，优于国际社区的融合社区TOD"作为建设原则，基于上海未来城市发展新方向进行探索开发。

图5-3 万科天空之城样本案例区位图

（二）公共空间系统

整个项目具有丰富的公共空间系统，通过"一网、三轴、五道、十一园"来疏导环境内的人群流向，将不同用户最快引至最近的需求点。一网，即该项目是基于网格化小区的理念在落实慢行系统，并以200米为一个单位设置景观节点。三轴，是指贯穿整个项目内的3条主题轴线，分别为生活轴、知识轴、生态轴。五道，沟通项目内不同功能分区及地块的主要道路系统有5条，它们构成了小区内动线网络的核心架构。十一园，则是指分布在内部环境中的11个景观节点，包括站前广场、服务功能、形象绿化和休闲娱乐4种不同类型。

（三）立体空间系统

由TOD深度开发模式带来的一大显著特征就是万科天空之城在立体空间上的高度延展性。项目的办公区域和第四期住宅坐落在9米高的架空层上（图5-4），架空层内不仅可用以停车，还可扩大居民的步行范围和社交体系，人群可以借由通达度较高的地下空间快速到达项目内的目标点。在不同高差的各平台之间，也有坡道、台阶、直梯、扶梯等转换方式扩大居民的慢行可达性，确保整个出行链的灵活与顺畅。

（四）慢行空间系统

慢行交通系统是万科天空之城项目的设计规划重点之一。在具体建设方面，第一，对用户人群进行时空路径分析，在用户出发和归家动线上结合不同需求从而设置不同功能的业态点，来实现单位路径内的任务整合。第二，让多个业态群落实现场景共享，通过合理的慢行路线将各个场景进行有效串联，提高路线效率。第三，将小区内慢行场景的环境及道路进行人性化尺度的设计，并结合灯光、植物、水景、风雨连廊、休闲座椅等元素来调节整个慢行出行的动线节奏，全面提升慢行体验。第四，通过多样化的表现形式来建设立体交通系统，天桥、坡道、直梯、扶梯等出行载体不仅提高了纵向景观的丰富性，也通过灵活的换乘提升了内部整体出行效率。这为进一步研究无人车在其中的运行与服务设计提供了创新且前沿的服务场景。

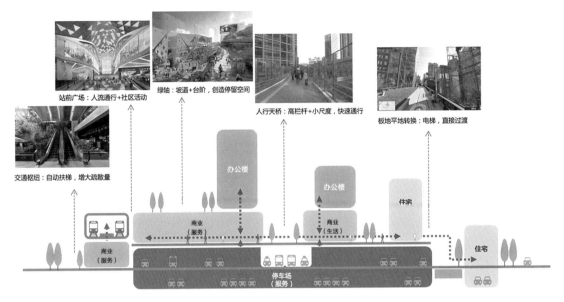

图5-4 万科天空之城项目剖面分析（图片来源：万科VANKE）

第三节 住区出行的环境场景分析

作为本书的案例住区，云之谷小区占地面积共19.3万平方米，建筑面积逾12万平方米，共有26栋住宅楼，住户共计1 208户。根据笔者对小区物业管理部的采访数据，目前居民入住率已超七成。云之谷小区以网格化结构为空间形态布局方式，在内部慢行系统中，每200米左右设置一个功能性、服务性或景观性节点，全面平衡功能分布、调节慢行节奏、优化出行体验。

一、慢行交通系统分析

该小区实行严格的人车分流制度，车流从崧泽大道主出入口进入后在西门车库入口直接进入地下两层的停车场。在小区内部，一共布设了以硬质石材铺装的人行主

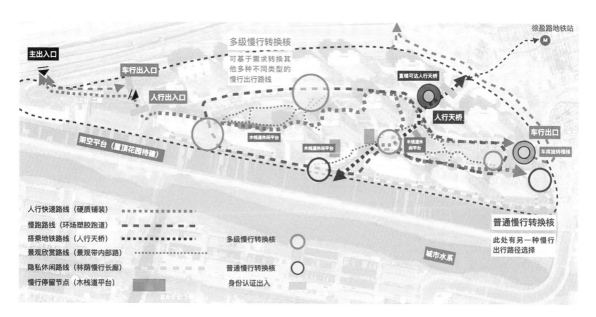

图5-5 云之谷小区慢行交通系统分析

要路线、环场塑胶跑道构成的慢跑路线、由架空人行天桥构建但直梯可达的地铁搭乘快速路线、分布在景观带和景观节点内的景观欣赏路线，以及位于整个住宅小区最南侧、由墙面和楼栋围合而成的林荫私密休闲路线共5种慢行路线（图5-5）。同时，还铺设了多块面积较大并具一定高差的木栈道平台作为整个慢行系统的休闲短停平台。

（一）多类型慢行交通路径

通过现场观察发现，5种慢行路线尺度人性化，而且在小区内多个出行与功能节点处还设有可转换不同路线的慢行转换核；有3个及以上出行路径选择的为多极慢行转换核，提供两种慢行路线的汇合点则为普通慢行转换核，可以令居住人群在不同使用场景与需求下自由选择适合的慢行路线。笔者利用影子观察法（Shadowing，根据场景和用户特点以不太被用户所强烈感知到的方式观察用户的行为过程）和访谈法，对住区内不同类型的慢行路线进行了调研，表5-2为基于调研结果的慢行交通路径特征分析。

表5-2 案例住区的慢行交通路径特征分析（数据来源：本书调研数据）

慢行路线类型	空间特征	用户需求	主要使用人群	高峰使用时段
人行主要路线	石材硬质铺装路面，宽度3—4.2米	快速到达、内部工作通勤	外卖、快递、第三方服务、物业管理人员；访客；快速归家或出发的居民	全天多工作时段，其中中午和傍晚为服务人员使用高峰期
慢跑路线	环场围绕的塑胶跑道，宽度1.9—2.7米	慢跑、锻炼、健身	以中青年住区居民为主，少量老年人	工作日晨间与晚间，节假日下午至晚间
地铁搭乘快速路线	人行天桥长约400米，天桥总面积4340平方米。有直达电梯连接内外部出行	地铁出行、外部通勤、活动、休憩	公共交通出行的住区居民	早高峰前一小时和晚高峰后一小时，部分周末中午及晚上
景观欣赏路线	位于景观带、景观节点、景观核内部或周边，平均路宽0.9—1.2米	赏景、游园、休憩、社交、遛狗、健身	老人独自或携幼童，部分中青年居民携幼童	节假日，工作日白天以老人与幼童为主
私密休闲路线	位于南侧楼栋和小区南墙之间，平均宽度约1.8米	散步、静思、交谈、遛狗	个体出行主体、夫妻居民、家庭居民	晨间和晚间，节假日

分析可知，小区慢行系统不同类型路线之间在用户需求、核心使用人群、高峰使用时段等方面存在着差异。

第一，大部分物业管理人员、第三方服务人员与访客都会选择人行主要路线（图5-6）。调研结果表明由于抵达时间的刚性限制、派单调度的紧密、推车工具的运行需求以及对小区环境熟悉度的欠缺，超过80%的外访服务人员多选择宽敞且识别性较高的人行主要路线。此外，当住户有快速归家或出发的交通需求时，也会选择可达性最高、通达度最强的人行主要路线。

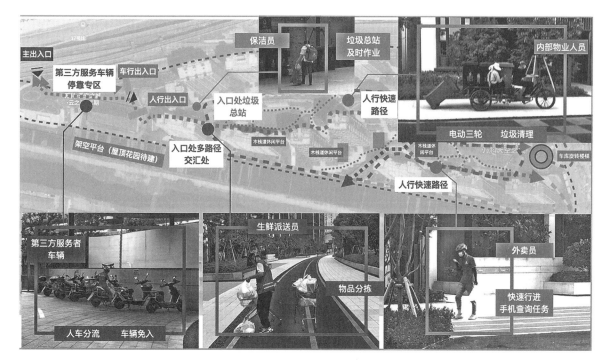

图 5-6　小区服务及工作人员的路径选择

第二，环绕住宅小区全域的塑胶跑道为居民的慢跑锻炼规划了既定路线，每栋建筑的主出入口都可迅速触达（图5-7）。慢跑路线的使用高峰多在19:30—21:00之间，以中青年居民为主，此外也有一定数量的中老年在晨间和下午进行散步与快走锻炼。地铁搭乘路线则是住区内居民可通过直梯从小区内部直达抬高层的人行天桥，从而向北直接导入徐盈路地铁站的步行路线。该路线有较为明显的早晚高峰，早高峰的总人流要明显多于晚高峰。

第三，工作日期间的景观欣赏路线使用人群的规律性较为显著，大部分为看护幼童的中老年居民的家庭出行组合，节假日则会出现亲子或家庭三代的出行组合（图5-8）。在时段上，景观观赏路线白天的使用人群多于晚间。

第四，私密休闲路线由于所处位置的隐蔽性与相对独立性，有较多出行个体选择在此区域散步、静思或遛狗，或在此处慢走交谈，社交距离普遍较近，并较少有3人以上的出行群体行走该路线。

第五章
城郊大型住宅小区慢行交通场景研究

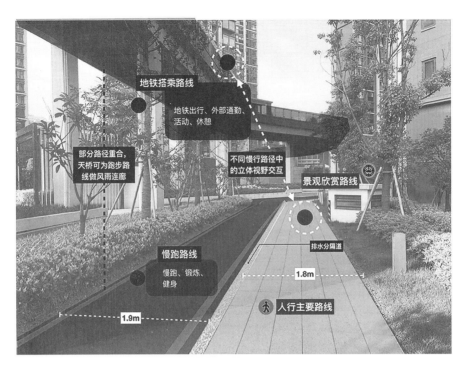

图5-7 小区多类型慢行路线分析

图5-8 小区多类型慢行路线环境与人群行为分析

（二）慢行活动参与度

通过人群在慢行空间内的行为类型可评价人与该环境的交互程度（徐磊青，等，2017）。针对人群在不同慢行路线与不同位置上所进行的活动与行为，本书进行了实地研究与定量数据采集。笔者将小区内所有慢行交通路线按照功能类别和具体位置分为21个路段（图5-9），分别在两个天气晴朗的工作日和周末共4天中的18:30—19:30时段内，对小区21个路段的人群慢行活动进行实地观察与采访调研，并对收集到的数据分类计算，得出了不同慢行路段的人群慢行活动平均参与值（图5-10）。

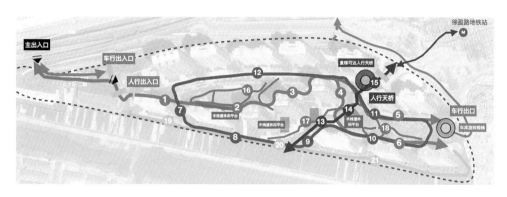

图5-9　多类型慢行路线的21个不同路段点位分布

如图5-10所示，颜色代表人群的慢行活动参与程度（具体人数），颜色越深代表人数越多。由此可发现，小区内人群慢行活动参与度不仅在不同慢行路线方面差异较大，而且在同类型路径的内部数据中也出现了分化。

第一，在人行快速路线和慢跑路线中有较多进行快速寻路的人群。在实际调研中，笔者发现有较多外送员频繁出现在该小区内，午餐与晚餐时段尤多。以笔者于5月某工作日18:30—19:30时段收集到的数据为例，外送人员进出小区的人数占比高达总进出人数的45%。结合业主年龄构成、生活习惯、社区特点，发现该小区对于外部生活服务具有极强的依赖性。此外还发现，在进行时效性极强的工作快速寻路时，大部分外部服务人员都优先选择视线通达度高、导向明确、认知任务简单的人行快速路线，但同时也有部分人群选择慢跑路线。

路径	人行快速路线						慢跑路线						地铁出行路线			景观欣赏路线			私密休闲路线		
路径号码	1	2	3	4	5	6	7	8	9	10	11	12	13	14	15	16	17	18	19	20	21
活动人数																					
内部工作通勤	7	6	5	3	5	2	5	3	1	0	0	0	1	0	0	0	0	0	1	0	0
快速寻路	40	35	33	31	17	13	26	20	20	14	11	18	0	1	1	0	0	2	0	0	0
慢跑	1	1	2	0	1	0	7	7	7	6	6	7	0	0	0	1	0	0	0	0	0
体育锻炼	9	10	10	9	11	8	11	10	7	6	11	9	1	1	1	0	1	1	0	0	1
归家经过	11	11	10	10	5	3	2	2	1	1	2	2	7	7	7	0	1	1	0	0	0
外出经过	12	11	11	6	6	2	4	3	3	3	2	2	8	8	8	0	0	0	3	3	3
散步	5	5	4	6	5	3	8	9	9	9	9	9	1	1	1	8	8	8	5	5	6
交谈	0	0	2	0	0	0	0	0	3	0	2	0	0	0	0	8	6	0	3	0	0
吃东西	0	0	0	0	0	0	0	0	0	0	0	0	0	0	0	1	0	0	0	2	0
看手机	10	10	9	5	5	5	3	3	3	1	1	1	5	5	5	4	4	5	2	0	0
观赏景观	0	0	0	0	0	0	0	0	0	0	0	4	2	0	0	9	9	4	4	2	2
静思	0	0	0	0	0	0	0	0	0	0	0	0	0	0	0	4	4	4	0	0	2
遛狗	3	2	3	3	1	0	0	0	1	0	0	0	0	0	0	3	3	3	3	3	0
观察他人	0	0	0	0	0	1	0	0	0	0	0	0	0	0	0	2	0	0	0	0	0
看护儿童	3	3	4	4	2	0	4	4	6	6	4	0	0	0	1	9	9	6	7	9	9
携童漫步	2	2	1	0	0	0	0	2	0	0	1	1	0	1	2	9	9	5	7	8	8

图 5-10 多类型慢行路线的人群活动参与度分析

第二，在进行归家内部通勤和外出外部通勤时，大部分人群会选择人行快速路线和地铁出行路线，且在这两类路线紧邻出入口的路段人群分布更加密集。地铁出行路线除了用于居民外出/归家的地铁衔接通道，也有小部分人士在此路线上看手机。结合实际观察的情况可知，人群多是在向地铁站行进方向的外向步行途中查看手机，猜测是在进行交通信息搜寻、时间处理与行程规划等任务。

第三，散步、看手机、慢跑、看护儿童、携童漫步是小区内部参与度最高的慢行活动，尤其是在较为安全隐蔽、植物软性覆盖率较高的景观欣赏路线和私密休闲路线的部分路段，看护儿童与休闲散步的人群参与度则更高。在景观观赏路线靠近休闲广场的路段，交谈活动参与人数也较多。由此可知，休闲生活类活动是住宅小区慢行交通活动的主要类型，环境氛围与安全感知是影响人们进行慢行休闲活动位置选择的重要因素。

第四，物业管理与第三方工作人员也是住区内慢行交通出行的一类重要群体。笔者在调研中发现，住区物业管理人员会频繁地在不同楼栋之间穿行工作，有时还会返回物业办公室或出入口取送工具、接送人员及物资，但其中却存在着大量重复路线与折返现象。随着物业管理工作的精细化，物业管理方也开始向居民提供更多类型的邻里场景生活增值服务，不过考虑到系统工作效率，不同服务场景之间的融合度还需加强。

（三）节点慢行活动感知度

虽然万科天空之城是集多类业态为一体的城市综合体，但大部分非居住职能都分布在云之谷小区之外的商场及写字楼内。目前云之谷小区内部环境具有相对独立性，外部的复合商业与交通服务也并不能直达小区内部。住宅小区的主要职能还是居住，小区内部节点也是与居住关系最为密切的景观或功能节点。而根据节点的用途属性，云之谷内的节点可分为景观视觉节点、功能服务节点、休闲生活节点和交通转换节点。

人群活动感知是评价某一区域或路线慢行品质的重要因素，活动独立性、活动体验感、活动丰富度、行为安全感、路段活力度和行为联通度是评价慢行环境感知水平的重要指标。笔者针对小区内5种类型26个功能节点（图5-11），通过现场采访和问卷调研，获得了小区居住人群对于不同节点的环境感知评价（图5-12）。本节将受访人

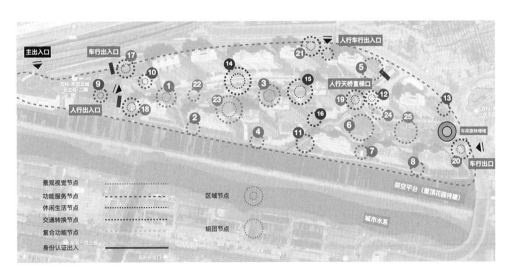

图5-11 不同类型功能节点位置分布

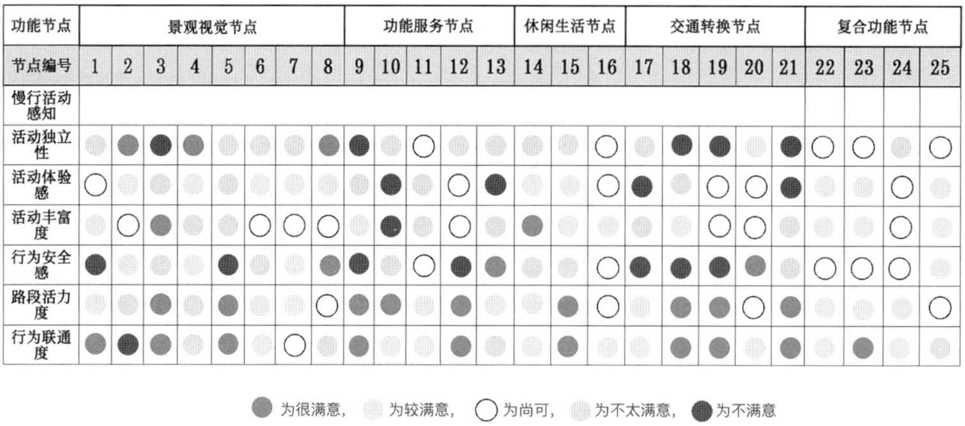

功能节点	景观视觉节点								功能服务节点					休闲生活节点			交通转换节点					复合功能节点			
节点编号	1	2	3	4	5	6	7	8	9	10	11	12	13	14	15	16	17	18	19	20	21	22	23	24	25
慢行活动感知																									
活动独立性																									
活动体验感																									
活动丰富度																									
行为安全感																									
路段活力																									
行为联通度																									

● 为很满意，　为较满意，　○ 为尚可，　为不太满意，　● 为不满意

图5-12　不同类型功能节点的人群慢行活动感知度评价

群对于多类节点的感知水平分为不同等级，包括满意、较满意、尚可、不太满意、不满意5个层级。

根据感知度评价结果可知，从对外交通连通度来看，靠近交通出入口、物业服务中心、住区景观中心的功能节点的人群感知满意值较高；而远离对外出入口的交通节点感知水平则普遍较低，可见住区内部的慢行交通优势与资源分布较为不均。但在体验感和安全感方面，交通出行通达度较好的节点得分较低，内部通勤距离较远的节点则得分较高，说明在开放通达与隐私安全之间要通过有效手段进行平衡。通过对比发现，距离主要交通出入口较近但尚具有一段步行距离（50—100米），囊括景观绿化、交通转换、休闲娱乐、生活服务等至少两种功能的复合节点的人群平均感知水平较高。因此在保证内外转接通达度的同时，也需考虑人群隐私、独立与安全的心理感知需求。

综上，小区内不同类型与层级的功能节点可在不同使用场景中面向不同需求提供相应功能，在进行无人车慢行交通服务体系构建与人车交互设计时，环境内的功能节点不仅可作为上下无人车乘坐站点的参考点位，也应结合每个点位的功能提供符合场景特点的服务路线、服务内容与人车交互方式。

第四节 住区出行的用户场景分析

一、研究方法与研究视角

(一)方法简述

目前,针对大城市及以上规模城市郊区大型住宅小区的居民出行行为研究较多是从居民个体角度进行分析,只有少部分研究围绕家庭成员内部分工与合作方面来展开(Bradley, Vovsha, 2005)。以家庭为出行分析基本单位、以家庭内部不同成员的多主体视角为研究结构的人群出行特性研究的总量较少。基于个体单位的出行特征与服务需求研究,着重于个人属性与出行状况的个体差异性,但个体活动深受周边环境和资源的时空组合与搭配利用的影响(Vovsha, Petersen, et al., 2004),这些变化因素会显著影响个体行为。费孝通在《乡土中国》中提出"家本位"主义是形成中国基层社会关系与构筑微元社会结构最普适的原则与依据。住宅小区作为城市化社会中的"聚居村落",是人群密集性与家庭集聚性较高的功能场景,仅从个体视角对居民出行行为进行分析未能全面评估社区群体文化对于社区居民个体的潜在影响力与同化性,也忽略了不同家庭结构与家庭关系对于个体行为的影响性。因此,以家庭为单位的人群出行行为分析,可以从内部关系互动与资源流动的角度建立新的研究视角(塔娜,等,2017)。

家庭生命周期(Family Life Cycle)最初源自发展学理论,其概念由美国人类学家P. C. 格列克(P. C. Glick)于1947年首次提出。格列克认为家庭生命周期主要分为形成、扩展、稳定、收缩、空巢和解体6个基础阶段(于潇,等,2021)。家庭生命周期是一个家庭从诞生、发展到消亡的完整动态过程,并具有一定的运动发展规律与周期性特征。吴帆从家庭代表性与普遍性角度提出了家庭生命周期的时序结构,分别为形成至扩展、扩展至稳定、稳定至空巢3个周期(吴帆,2012)。因云之谷小区业主年龄普遍分布在30—45岁之间,本书为了分析不同家庭生命周期时序结构下目标小区的家庭人群出行特点以及居民可能与无人车服务形成的互动关系，将小区家庭生命周期进一步分为成长期（单身、新婚）、发展期（满巢1、满巢2）与收缩期（空巢）3个时序阶段（表5-3）。

表5-3 家庭生命周期时序结构

格列克阶段划分	吴帆时序结构划分		本书时序阶段划分	
生命周期阶段	生命周期阶段	标志事件	生命周期阶段	状态类型
形成	形成至扩展	形成—初婚	成长期	单身：工作到初婚
扩展		扩展—初育		新婚：初婚到初育前
稳定	扩展至稳定	稳定—最后一个孩子诞生	发展期	满巢1：第一个孩子学龄前
收缩				满巢2：第一个孩子上小学及中学
空巢	稳定至空巢	空巢—最后一个孩子离家	收缩期	空巢：孩子离家上大学或工作
解体				

企划情境是时间地理学中的一个概念（李彦熙，等，2021），以家庭企划为研究视角对案例小区居民进行出行行为与日常活动的家庭成员合作和分工情况分析，不仅可以探索个体行为模式在不同场景下的特点与规律，也可以更加明确居民的慢行出行服务需求与影响因素，从而提供更具针对性的无人车慢行交通服务构建与设计策略。

（二）样本案例数据采集

本书基于家庭生命周期时序结构的既有理论和相关文献对云之谷小区的调研样本数据进行分类，将其分为大致3个周期共计5种类型（桂晶晶，等，2014）的家庭结构，分别为处于成长期的单身型、新婚型，处于发展期的满巢1型、满巢2型，以及处于收缩期的空巢型家庭。笔者通过面对面访谈、电话采访、在线问卷对小区居民用户特性与出行状况进行调研，共收集到178户家庭样本和313份个人用户调研问卷的一手数据。其中问卷抽样率为48%，其数据能够较为真实地反映社区人群的社会经济特点、出行状况与服务需求。根据数据可知，云之谷小区的家庭结构以已婚型、单身型和满巢1型为主，占比分别为43.96%、19.78%和19.78%。满巢2型家庭与空巢家庭占比较少，分别为9.89%与6.59%。

在居住结构方面，"与伴侣共同居住"是占比最多的家庭居住结构，为46.24%；其次为"与伴侣、孩子共同居住"和"自己独居"，占比均为16.13%。占比数量第三的为"与伴侣、父母长辈、孩子共同居住"，为9.68%。受访居民的年龄在25—70岁之间（M=39.87，SD=1.42），占比最多的年龄区间为31—40岁（57.14%），其次分别为25—30岁（28.57%）与41—50岁（10.99%）。可以发现云之谷住宅小区的居民以40岁以下的中青年为主，业主年龄整体偏年轻，家庭结构大多处于家庭生命周期的成长期与发展初期，家庭居住结构以伴侣同居、伴侣孩子同居、个人独居为主，家庭代际结构简单，以夫妻或亲子三点稳定型家庭为主，家庭组成轻量化、代际沟通冲突较少、社区整体氛围较为年轻。

基于家庭生命周期理论的研究视角，笔者通过案例分析来深入探究不同家庭成员在真实具体生活情境下通过与各种资源的互动而形成的出行活动和行为特点。在研究方法方面，笔者基于时间地理学中的时空路径分析，通过深度访谈、影子观察法、一周活动自我报告、GPS活动轨迹等研究工具对每个案例家庭所有家庭成员一周内的出行与日常活动进行可视化表达。时空路径可以充分体现每个研究主体活动的时空分布情况，明确揭示每个主体在一天内所有活动的时序性（李彦熙，等，2021）、不同出行活动的重要性与优先性、多个出行主体在同一时段的行为差异与空间关系，以及多个出行主体在不同时空和资源组合配置基础上的行为规律、分工合作关系、交互模式等，从而进一步得出不同类型家庭的整体出行需求和内部出行需求分化。

（三）以典型家庭为基本研究单位

本节关于用户场景的研究重点之一为城郊住宅小区内不同类型家庭中各成员因家庭事务分工及协作方式的不同以及受多种资源的支持与限制影响的不同，而导致的家庭与个体的出行特征与需求差异。因此，笔者以家庭所处生命周期为划分依据，以样本小区的具体家庭类型占比情况为案例家庭选择基础，以居住结构、家庭结构、孩子数量及年龄、家庭主要劳动力单位地理位置、私家车及交通工具资源持有情况为评估因素，从178户家庭数据库中选取了3个典型案例家庭（单身型、新婚型、满巢1型）

并对其进行深度分析,这3个案例家庭都较能反映出上海市城郊TOD导向住区的家庭出行特征(表5-4)。

表5-4 本书调查家庭与案例家庭的基本属性(数据来源:本书调研数据)

变量	内容	调查数据 家庭占比%	案例家庭 家庭1		家庭2		家庭3	
			女主人	母亲	男主人	女主人	男主人	女主人
婚姻状况	未婚	19.15%	●					
	已婚	80.85%			●		●	
孩子情况	暂无	62.77%	●		●			
	学龄前	24.85%						●
	小学至中学	12.38%						
工作情况	双职工	76.61%			●		●	
通勤出行方式	地铁	55.53%		●	●	●		
	自驾车	32.13%	●				●	●
	其他	12.34%						
私家车情况	无	22.34%			●			
	一辆	64.89%	●					
	两辆及以上	12.77%					●	
其他交通工具	无	70.21%			●			
	有	29.79%	自行车				电动车	
工作地区位	浦东新区	25.32%			浦东新区内环			
	青浦区	11.39%					青浦区外环外	

续 表

变量	内容	调查数据 家庭占比%	案例家庭				
			家庭1		家庭2		家庭3	
			女主人	母亲	男主人	女主人	男主人	女主人
工作地区位	徐汇区	12.66%						
	长宁区	12.66%						长宁区内环
	杨浦区	5.06%				杨浦区内环		
	其他	32.91%	普陀区内环					
住区选择导向	环境导向型	N/A		●				
	公共服务导向型	N/A				●		
	工作地导向型	N/A					●	

二、3个典型家庭的基本属性

3个家庭中有两个家庭拥有至少一辆私家车，唯一没有私家车的家庭2因女主人的工作自主性与灵活性较高，常搭乘公共交通出行。同时，家庭1拥有一辆电动车、家庭3拥有两辆私家车，交通工具资源较为多样。家庭1为单身女业主与母亲同住，女业主工作较忙，自驾通勤，负责家里收入来源、家庭物资采购与长辈接送；母亲退休在家，时间灵活且尚有劳动能力，承担了家务操持与业主外公外婆照料看护的任务，母女依据彼此能力优势合理分配家庭任务。家庭2为一对夫妇，男主人通勤规律、工作地点较远，每天依靠地铁出行；女主人的工作灵活自由、与男主人错峰时间来打理家务，有时会购买钟点工家政服务，通过平衡时间与购买服务进行家庭分工。家庭3为一家三口，孩子4岁，在家附近的幼儿园就学，由于处于学龄前，对父母的依赖性较大；男女主人各拥有一辆私人汽车，两人均自驾通勤；男主人工作地点较近，距家3千米之内，孩子就读的幼儿园位于男主人通勤路径之内，在交通工具资源、地理位置资源上的优势可以进一步分担和缓解双职工家庭3的育儿任务与家务压力。

三、单身型家庭1：传统亲子关系型家庭的慢行出行

（一）环境导向型的住区选择

家庭1为未婚女业主与母亲居住。根据住区选择倾向模型，对住宅区的选择主要分为环境导向型、公共服务导向型和工作地导向型（张杰，等，2016）。女业主家距离自己的工作地点与外婆家均在15千米以上，家与两个高频度参访地之间没有直达公共交通；另结合后期对女业主及其母亲的采访，得知女业主选择居住该小区是看重小区的物业管理水平与居住环境品质。因此家庭1对于住宅小区的选择是较为典型的环境导向型。

（二）成员一周时空路径与家庭企划分析

女业主与母亲共同居住在该小区。女业主工作日7:30开车前往位于普陀区的单位上班，8:40到达，全程19千米用时50分钟。退休在家的母亲则负责母女二人的生活起居与女业主外公外婆的看护照料。女业主外婆家在闵行区，距离女业主家15千米，自身尚有生活自理能力；外公由于旧疾复发，最近在距自家5千米的医院住院治疗，日常有其他子女陪护。女业主母亲每周有4天去外婆家处理家务并去医院探望外公。周六上午女业主会驾车和母亲一起在周边购物场所购买生活物资，下午则会与朋友聚会、社交，晚饭后归家。周日母女二人驾车前往外婆家并去医院探望外公，之后返家。母亲准备晚饭，饭后二人在住区内休闲散步。二人具体的一周时空路径如图5-13所示。

基于二人一周的时空路径，笔者在ArcGIS软件中生成了她们一周的GPS轨迹（图5-14）。由分析可知，该家庭成员在工作日的必要性出行与周末的非必要性出行活动轨迹呈现出部分重合，家庭生活重心主要围绕家中老人的养护及照料而展开。女业主负责经济来源与高体力型生活任务（如周末去购物场所进行大批物资采买），每周末会有一天与朋友进行休闲社交；母亲负责料理家务、照顾亲人和其他普通生活任务。

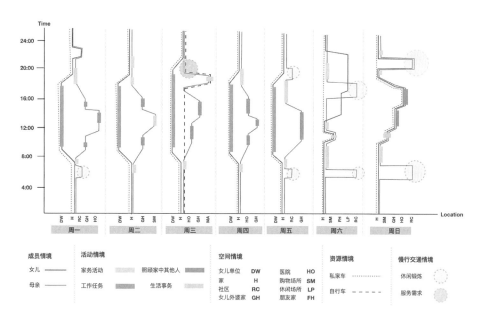

图5-13 单身型家庭成员一周时空路径

图5-14 单身型家庭成员一周GPS轨迹

第五章
城郊大型住宅小区慢行交通场景研究

虽然女业主单位与外婆家均距家较远，但自驾可有效节省时间。女业主母亲则通过灵活时间、长途公交和短途自行车来辅助完成家庭分工任务。

（三）住区内慢行交通行为与需求分析

在小区慢行交通情境中，女业主的主要行为是休闲散步与放松，同时其对于邻里社交的期待度较高，对区内慢行交通服务的主要需求以非通勤出行类的信息和活动导览功能为主。其母亲对于周边商业信息与生活服务信息的敏感度较高，经常骑着私人自行车前往附近菜场买菜，但由于小区人车分流，自行车需停放在门口统一地点，从停车点至家这段归家路程中的物品携带与运输也对年逾六旬的母亲造成了一定的体力负担，因此母亲对无人车短驳出行或物品运送的需求较高。通过对家庭1成员的时空路径分析可知该家庭是较为典型的传统亲子关系下的郊区家庭分工与协作模式，正值青壮年的孩子与退休母亲基于各自的资源优势来进行家庭任务分工，并由此决定了各自在小区慢行交通场景下的行为特点与需求倾向（图5-15）。

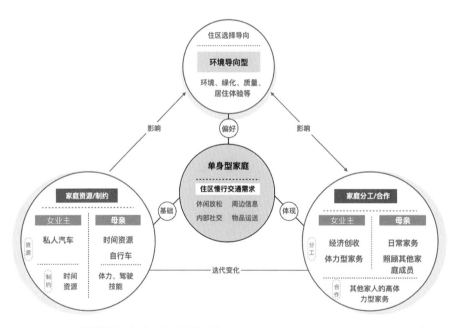

图5-15 基于家庭企划情境视角的单身型家庭住宅区慢行交通需求分析（图片来源：笔者自绘；迭代自李彦熙，2021）

前瞻出行
设计赋能基于无人车的新型慢行交通

在对住区内部社交期待度方面，有61.11%的如女业主一样的单身业主表示期待，远高于其他几种类型的家庭，说明虽然随着社会保障制度不断完善和自由主义生命价值理念的普及，超大城市的独身人士越来越多，但其对于熟人与半熟人社交仍有较高需求。此外，年轻业主受限于工作和精力等原因，往往对于住区周边生活与服务资讯的挖掘程度有限。但有超过54%的中青年业主对于住区周边的工作生活服务资讯有着较高需求度，对于社区生活服务圈层中存在的"信息茧房"现象也具有较强的突破意识，希望通过接受更全面的信息或参与内部互动社交来丰富自己的邻里生活，从而提升社区生活品质（图5-16）。离退休可自顾型老年人群体对于住区周边环境的探索欲与熟知程度要普遍高于同住区内的年轻业主，对所居住区域周边的多种经济型服务信息有较强的敏感性。

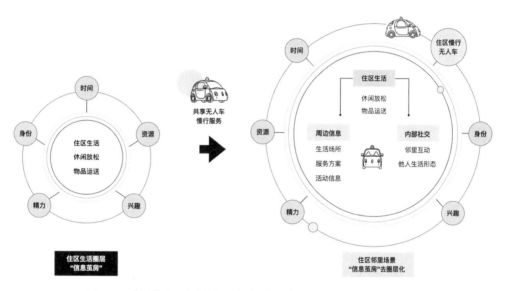

图5-16　住区共享无人车慢行服务对于邻里生活场景的信息去壁垒化作用

四、已婚型家庭2：公共交通与社会服务依赖型家庭的慢行出行

（一）公共服务导向型的住区选择

家庭2成员为双职工夫妇。男主人在浦东新区内环工作，需每日乘坐地铁通勤；女

主人在高校工作，工作时间与地点具有弹性，时间灵活，每周有3个工作日需搭乘地铁前往位于杨浦区内环的工作地，但可避开早晚高峰时段。家庭2没有私家车，但依靠周边发达的公共交通也可解决二人长距离出行通勤问题。此外，女主人会定期雇佣服务人员上门料理家务。在对住宅区的选择类型方面，家庭2是较为典型的公共服务导向型。

（二）住区慢行交通行为与需求分析

利用上一小节所采用的方法，针对家庭2男女主人与常雇家政人员的一周时空路径和一周GPS轨迹进行追踪，将其在住区内外的出行活动轨迹进行可视化分析，可以发现，男女主人在小区内的慢行出行多以工作日碎片化的放松休闲和周末较规律的健身锻炼为主。男主人的工作时间规律性较强，工作日时段在小区进行慢行活动的频率较低且较随机。女主人由于同时承担个人工作任务和大部分家庭事务，因此在小区内的慢行出行也以工作日的碎片化休闲和周末的健身锻炼为主。经过调研可知，由于每日通勤距离较长，男主人对于无人车提供的住区内接驳的功能较为看重。除了代步功能，女主人对公共交通换乘信息提示、周边休闲活动通知等信息的文娱功能较为关注。且相比单身型家庭，已婚型家庭对于住区内部社交拓展的需求度则大大降低，对于和其他邻居的社交期待度平均值（Mean=3.33）甚至低于整体样本数值（Mean=3.59）。

以家庭2为代表的大城市已婚双职工家庭体现了城市年轻家庭对于社会公共服务的高需求度与高依赖度。正如人群出行代际偏好选择研究表明，Generation Y（Y一代：1981—1995）和Generation Z（Z一代：1996—2012）相较于Generation X（X一代：1965—1980）和Baby Boomers（婴儿潮：1946—1964）群体，前两者在出行时更偏好于使用公共交通服务（Shakibaei Shahin, et al, 2014）。而在中国特大与超大城市的长途出行中，居民更倾向于选择轨道交通出行（栾鑫，等，2018）。我国大城市丰富的公共交通资源也为城市远郊小区吸引年轻人入住提供了强有力的出行支持。此外，随着女性在职场领域的深度参与，家庭男女双职工在家务分工上逐渐呈现男女地位的平等性和趋同性（图5-17）。

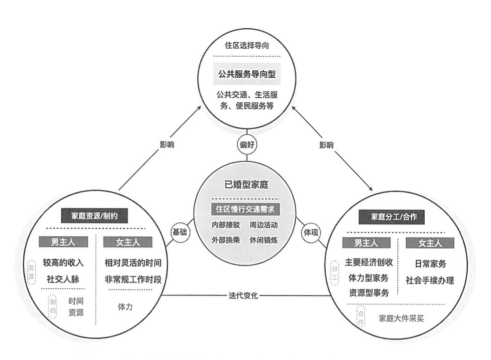

图5-17 基于家庭企划情境视角下的已婚型家庭住宅区慢行交通需求分析

因此，基于无人车的住区慢行出行服务体系可作为城市整体智慧交通网络的重要节点，以无人车作为服务载体与需求采集器，将城市或区域的服务和信息通过住区无人车这一动态载体有效传递给居民；并以出行需求预测替代交通管理，对采用公共交通出行的个体与家庭进行奖励，以慢行交通作为城市出行的两端，培育公交优先、智慧出行的未来交通原住民。

五、满巢1型家庭3：职住平衡型家庭的慢行出行

（一）工作地导向型的住区选择

案例家庭3是双职工一家三口家庭。男主人在距家两千米的产业园工作，是青浦徐泾实行职住平衡发展模式后吸引过来生活的工作居住者。其工作时间较为规律，工作日9:00—17:30为标准工作时间。女主人在长宁区虹桥路工作，每周大概会有一两次

晚间加班。男女主人各拥有一辆汽车用于平日通勤；同时该家庭还拥有一辆电动自行车用于男主人就近购物和接送孩子。二人育有一名4岁男童，就读于距家3.5千米的幼儿园，平日主要由男主人接送和日常照顾。得益于职住平衡的区域发展模式，家庭3的通勤总时长大大缩短。工作岗位与生活配套设施在地同步进入，不仅可有效减少人群通勤距离与时间，还可保证城市郊区的时空有序性。在对住宅区的选择类型方面，家庭3是较为典型的工作地导向型。

（二）成员一周时空路径与家庭企划分析

利用相同方法，针对家庭3主要成员的一周时空路径和一周GPS轨迹进行追踪，将其在小区内外的出行轨迹进行可视化分析可知，家庭3成员的整体活动轨迹具有时空与个体差异性。男主人工作日的时空活动路径范围较小，多集中在以家为圆心的3千米以内；周末的活动范围较大，出行距离在8—10千米之间。女主人工作日的出行轨迹较长，每日通勤往返40千米左右，而周末的活动范围较小、活动频率也较低。同时因持有丰富且多元的交通工具以及通勤距离短，男主人可较好地平衡育儿、家务与工作。男女主人基于各自的出行情况展开家庭分工与协作，由此也决定了不同家庭成员在住区内的慢行交通出行模式与特征。

而在住区内家庭慢行出行情境中，家庭3的诸多活动与出行是以孩子为中心而展开的。由于学龄前儿童对于环境的交互程度远高于学龄后儿童与成人，因此该家庭对于慢行环境品质有一定的要求。首先，对于住区内的儿童游乐设施的关注度与使用率较高。游乐设施的使用人群较少会使玩伴稀少、氛围不足而影响孩子的玩乐兴趣，造成一定的孤独感；而使用人群过多又有可能因争抢设备而引发潜在冲突，挫伤孩子的朋辈交往积极性。因此，无人车可以作为移动信息触点，实时更新和传递游乐广场设备的使用情况与实时人数，家长则可以根据需求调整携子游玩的时间与地点，通过让孩子参与进高质量的社交游玩，锻炼孩子并缓解家长的抚育压力。此外，家庭3对于社区活动也有着较强需求，以无人车为载体开展的多主题活动也是男女主人会重点关注的功能和服务。

因此，相对于无人车提供的出行代步与物品运送服务，家庭3成员则更加关注无人车作为移动信息站的数据收集与展示功能,并通过对信息功能的有效利用,合理安排住区内部的慢行出行活动(图5-18)。

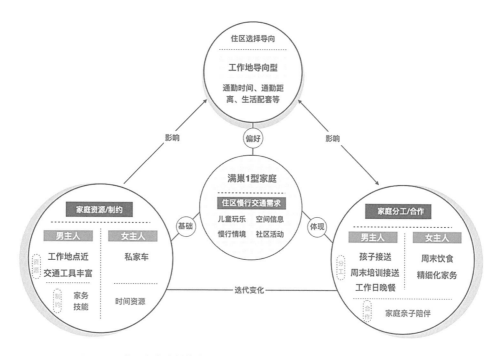

图5-18 基于家庭企划情境视角下的满巢1型家庭住宅区慢行交通需求分析

六、住区慢行活动特征与需求对比

通过对云之谷小区的居住人群进行以家庭为单元的住区慢行出行分析,发现以单身型、已婚型、满巢1型为代表的主要家庭类型由于家庭所处生命周期阶段的不同,其活动特征和慢行需求也具有差异性(表5-5)。

年轻业主独居或与父母同住的单身型家庭的核心成员多以追求高品质生活为主。家庭任务较为简单,在与长辈同住的情况下多由长辈代劳,年轻人的行动自由度较高。因此家庭成员对于住区内部的邻里交往、休闲服务、物品运送、周边信息等生活质量增值型的服务需求较为强烈。

表5-5 不同类型家庭对于住区无人车慢行服务的不同需求（表格来源：本书调研数据）

家庭类型	家庭主要需求	家庭任务特点	对住区无人车慢行服务的主要需求
单身型家庭	较高的生活品质	家庭任务较为简单或由长辈代劳；年轻人的行动自由度较高	邻里社交、休闲服务、物品运送、周边信息等生活质量提升型服务
已婚型家庭	未来工作和生活的规划与目前阶段之间的过渡与平衡	家庭任务量适中；对社会公共服务与生活服务的依赖度较高	内部出行代步、外部公交换乘信息、周边活动讯息等任务辅助型服务
满巢1型家庭	育儿任务与双方工作之间的平衡协调	家务类型和数量较多；需要多类资源辅助	安全舒适的儿童玩乐空间、丰富的社区活动等氛围培育型服务信息

已婚型家庭因要为日后工作发展与育儿计划做好充足准备，所以会比单身型家庭更加关注既有的社会公共服务与生活服务，以交通、教育、生活为主。但同时又因暂时没有抚育任务的牵制，相比满巢型家庭拥有更多出行自由与休闲需求，因此已婚型家庭关于住区内的慢行需求多集中在减轻出行劳动量的内部接驳、外部公交换乘信息提示、周边活动讯息展示等方面。

孩子年龄处在学龄前的满巢1型家庭的生活重心基本围绕着育儿任务与双方工作而展开。由于幼童对父母时间、精力、出行的制约较多，因此该类家庭的父母大多需要其他资源来辅助完成育儿任务，例如适合长中短距的交通工具、离家近的工作地点、适宜的儿童玩乐场所等。因此满巢1型家庭的住区慢行需求主要集中在安全的慢行环境、舒适的儿童玩乐空间和丰富的社区活动方面。

第五节 住区出行的任务场景分析

一、基于 Logistic 回归模型的研究方法

住区慢行服务场景中的主要任务即是出行活动，出行活动受用户需求驱动，而出

行需求又具多样性与分化性，不同用户对于不同的无人车服务呈现出不同的重要性认同度与服务选用度。在住区慢行交通语境下，无人车服务应具备的两个重要特性即是过渡性与共享性。本章的研究对象为城郊大型住宅小区，内部慢行出行日均耗时多在10—15分钟之间；除去自驾车，大部分住区出发交通都需在住区外与城市公共交通系统进行接驳或换乘，从而更强调内出行与外交通之间转换性和过渡性。此外，由于本书讨论的是可供多名位用户同时共用的共享住区无人车，多位用户需在同一个公共场域内通过与无人车的交互来获取各自所需的功能服务，因此共享性也是住区无人车服务的重要特性之一。基于服务的过渡性与共享性，笔者将"与外部交通换乘信息展示"与"车内其他乘客乘坐秩序引导"作为调研"服务重要性用户认知度"的两个主要面向，并根据其调研结果来对重要服务的内容与形式进行优化，从而为后期的服务构建与交互设计提供有效的策略指导。

笔者针对不同社会经济属性与出行特点的小区居民对无人车不同服务的重要性认知度进行了调研，并使用Logistic回归模型进行数据分析（图5-19）。Logistic回归分

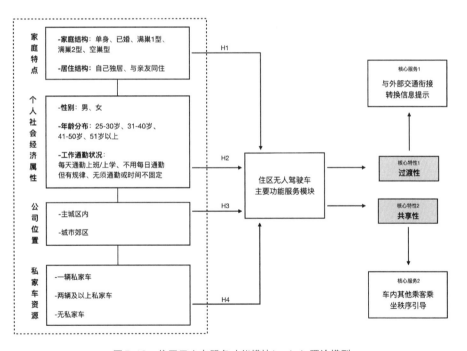

图5-19　住区无人车服务功能模块Logistic理论模型

第五章
城郊大型住宅小区慢行交通场景研究

析模型常用于数据挖掘与前瞻预测，可有效探索并发现引起某些现象发生的因素，并评估其引发某现象的概率。调研以"请结合自身需求，为不同的住区无人车功能进行重要度评估"为题，采用李克特5分量表，邀请受访者对不同的功能服务进行矩阵量表评级。

结果显示，关于核心功能"无人车安全行驶状况"的重要性用户认可度较高，这也是无人车服务体系设计的基本前提。而"与外部交通换乘信息展示"和"车内其他乘客乘坐秩序引导"也是受访者较为关注的功能服务，同时这也是设计可介入无人车慢行交通服务体系的关键拓展空间。因此本书设计建立以家庭特点、个人经济社会特征、公司位置、私家车资源为自变量，以外部交通换乘信息显示、其他乘客乘坐秩序为因变量的多元有序Logistic回归模型，并在SPSS中进行模型构建和运行，探索不同人群特点与用户需求对不同出行服务需求度的影响关系，并据此面向不同对象调整无人车慢行服务内容与形式。

拟构建的理论模型从家庭特点、个人社会经济属性、公司位置和私家车资源4个方面对无人车功能服务模式进行量化。家庭特点包括家庭结构与居住结构两个变量；个人经济社会特征包括性别、年龄区间、工作通勤状态3个变量。公司位置分为城市核心区与郊区；私家车资源则包括无、一辆、两辆及以上3个变量。

二、与外部交通换乘信息显示的服务功能

由于住区无人车功能服务模块Logistic理论模型因变量的设置为李克特5分量表形式（非常重要、比较重要、一般、不太重要、非常不重要），因此需首先判断是否满足构建多元有序Logistic回归的条件。

表5-6　模型拟合信息

模　　型	-2对数似然	卡　　方	自由度	显著性
仅截距	223.042			
最终	216.063	6.979	14	0.936
关联函数：分对数				

由表5-6中的模型拟合信息可知，显著性$p>0.05$，这说明回归方程中所有变量都是无效的。因此本研究应构建多元无序Logistic回归，分析结果如表5-7所示：

表5-7 模型拟合信息

模型	模型拟合条件	似然比检验		
	−2 对数似然	卡方	自由度	显著性
仅截距	242.900			
最终	157.074	85.827	56	0.006

而由模型拟合信息表可知，显著性$p<0.05$，说明含有自变量的模型和不含自变量的模型存在显著性差异，模型有意义。

表5-8 拟合优度

	卡方	自由度	显著性
皮尔逊	174.306	204	0.935
偏差	132.166	204	1.000

如表5-8所示，拟合优度结果显示$p>0.05$，说明拟合状况良好。

具体的参数检验结果如表5-9所示，其中以5分量表中的"非常不重要"为参考变量，结合家庭信息、个人社会经济属性、公司位置、私家车资源中的多个变量，来分析这些变量对于不同受访者针对住区无人车的"与外部交通换乘信息显示"功能的重要性评价的影响作用与程度。首先将选择"不太重要"与"非常不重要"选项的人群参数变量进行对比分析。

表5-9 "不太重要"与"非常不重要"选项的参数检验结果

与外部交通换乘信息展示[a]		B	标准错误	瓦尔德	自由度	显著性	Exp(B)	Exp(B)的95%置信区间 下限	Exp(B)的95%置信区间 上限
不太重要	截距	64.580	330.296	.038	1	.845			
	[家庭结构：单身]	-34.892	755.099	.002	1	.963	7.025E-16	.000	[b]
	[家庭结构：已婚]	21.112	697.338	.001	1	.976	1475050355.496	.000	[b]
	[家庭结构：满巢1]	51.689	705.977	.005	1	.942	28060072782975893000000.000	.000	[b]
	[家庭结构：满巢2]	47.645	673.223	.005	1	.944	4921207530794864000000.000		.
	[家庭结构：满巢3]	0[c]		.	0	.	.	.	.
	[居住结构：独居]	43.600	514.090	.007	1	.932	8614877933200092200.000	.000	[b]
	[居住结构：与亲友同住]	0[c]		.	0	.	.	.	.
	[性别：男]	-10.496	170.166	.004	1	.951	2.764E-5	3.948E-150	1.935E+140
	[性别：女]	0[c]		.	0	.	.	.	.
	[年龄：25—30岁]	-48.601	742.479	.004	1	.948	7.810E-22	.000	[b]
	[年龄：31—40岁]	-90.547	718.925	.016	1	.900	4.740E-40	.000	[b]
	[年龄：41—50岁]	-53.006	405.408	.017	1	.896	9.543E-24	.000	[b]
	[年龄：51岁以上]	0[c]		.	0	.	.	.	.
	[每天通勤上班/上学]	-20.587	156.651	.017	1	.895	1.146E-9	5.225E-143	2.514E+124
	[无须每日通勤但有规律]	-11.575	407.431	.001	1	.977	9.399E-6	.000	[b]
	[无须每日通勤或无规律]	0[c]		.	0	.	.	.	.
	[公司位置：主城区内]	-23.103	129.375	.032	1	.858	9.256E-11	6.960E-121	1.231E+100
	[公司位置：城郊]	0[c]		.	0	.	.	.	.
	[拥有一辆私家车]	-22.052	173.884	.016	1	.899	2.648E-10	2.587E-158	2.710E+133
	[拥有两辆及以上私家车]	.509	495.498	.000	1	.999	1.664	.000	[b]
	[无私家车]	0[c]		.	0	.	.	.	.

由以上参数检验结果可知，所有变量都不会影响受访者针对无人车"与外部交通换乘信息展示"功能做出的"不太重要"与"非常不重要"的程度评定选择。利用同样的方法，依次将选择"一般"与"非常不重要"、"比较重要"与"非常不重要"、"非常重要"与"非常不重要"选项的人群参数变量进行对比分析（具体的参数检验结果见附录C），整理得到以下研究结论。

公司位置、私家车持有情况、年龄因素会显著影响人们对于无人车"与外部交通换乘信息展示"这一功能服务的重要性认可度（图5-20）。公司位于市郊、没有私家车的人比公司位于市区、拥有至少一辆私家车的人更加关注这一服务；年龄在41—50岁之间的人群则对这一功能尤其不感兴趣。因此在进行住区共享无人车服务构建和设计时，应通过自然人机交互或主动响应模式来辅助无人车进行特征抓取与对象识别，根据不同用户的需求特点来呈现更具针对性的服务类型和功能内容。

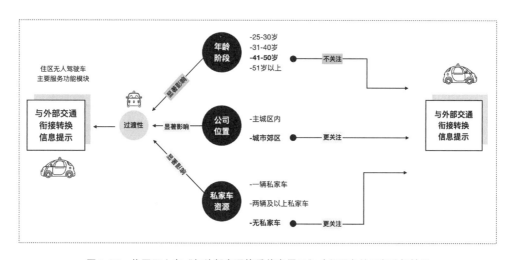

图5-20　住区无人车"与外部交通换乘信息展示"功能服务的回归分析结果

三、无人车内用户乘坐秩序引导功能

利用同样的研究流程与方法继续分析住区无人车服务的"共享性"在不同用户群体中的重要度认知评价，即研究不同变量对于"车内其他乘客乘坐秩序引导"这一服务的重要度评定的影响作用。囿于篇幅所限，推导过程不再做具体展示。最终可以发现，受访者对于"车内其他乘客乘坐秩序引导"服务的重要度评价会受到年龄、公司位置、私家车资源的影响。

由此可知，住宅小区无人车"与外部交通换乘信息展示"和"车内其他乘客乘坐秩序引导"两个核心服务的重要度的用户评定受到年龄、公司位置、私家车资源拥有程度的影响。年龄在51岁以上的人群比年龄分布在25—40岁之间的住区居民更加关注无人车内的用户乘坐秩序，因此可以通过隐式人机交互为中老年乘客提供更具针对性的乘坐引导。年龄在41—50岁之间的住区居民普遍不太看重无人车与外部交通换乘信息的实时展示功能；同时，工作地点在城市核心区且家里拥有一辆私家车的人群也不太关注该功能。因此，在为该类用户群体提供住宅小区无人车慢行出行服务时，应避免进行外部公交换乘信息的无差别推送，以防造成无效服务信息冗余，而应对其进行用户意图预测与使用情境主动感知，从而提供个性化精准服务（图5-21）。

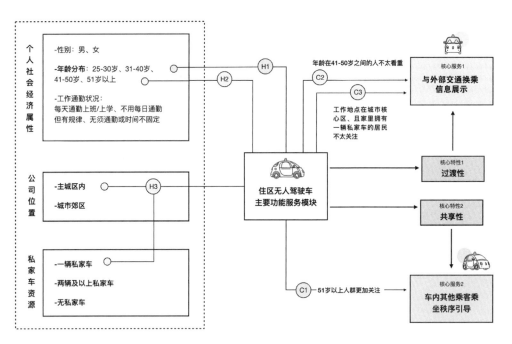

图5-21　住区无人车主要功能服务模块Logistic模型

第六节　住区慢行交通系统的问题总结与场景特征

一、慢行交通系统的现状问题

笔者以位于上海市青浦区徐泾镇的万科天空之城云之谷小区作为城郊大型TOD导向型住宅小区的典型案例，对住区的慢行交通系统与功能节点进行了深入分析，发现此类慢行环境的交通系统存在以下问题（表5-10）：

表5-10　目标住区的慢行交通系统问题特性总结

序号	问题类属		问题表现	严重程度	共享无人车服务适用性
1	慢行资源时空均衡性	空间维度	不同位置的交通资源利弊差异性过大	●●●	●●●
		时间维度	人群在不同时段的服务需求数量与内容较为不同	●●●	●●●
2	场景连带性	动线连续性	对住区内多类型的慢行活动与慢行场景的迁移带动融合力较差	●●●	●●●
3	内外沟通性		住区内部沟通与内外部信息传递	●●○	●●●

（一）慢行资源分布时空均衡性欠佳

在此类住区中，由于面积较大、建设年代较新，内部交通系统多为人车分流。而居住在主要出入口附近与远离出入口的居民在内部出行距离方面的差异较大，会影响到用户对不同路线与节点的环境心理感受，这在本章第三节中关于不同类型路线与功能节点处的人群慢行活动感知度测评的结果即可说明。此外，在时间维度上，不同时段下人群对于慢行服务资源的需求差异也较大，但目前住区交通系统并没有根据人群特点、出行规律与需求变化来调整慢行资源在不同时段的服务内容与呈现形式，因此可借助无人车来优化慢行交通资源在全场域内的时空配置。

（二）对住区生活场景的连带性不足

构建融合多种类服务的复合型住宅区、打造满足居住人群基本生活需求的15分钟乃至10分钟生活圈是该类住区的规划目标与建设方向。但随着住区服务类型的增加，不同生活场景之间却出现了连接断续，作为与人群高度互动且兼具移动性的慢行交通系统应发挥融合连带作用，为住区内各种活动之间提供迁移引擎与过渡场景，从而构成未来邻里场景的完整服务闭环。

（三）内外沟通提升度有待加强

住宅区是城市人群生活结构的基本单元，在为居民创造相对独立的居住空间时，也要发挥其组织机制特点来促进城市区域功能在住区内的渗透，甚至扩大住区外部环境对于住区人群的服务效用。但通过调研发现，目前大部分新建的城郊大型住区的慢行系统在融合内外部信息与生活服务方面的表现力一般。单身型家庭、已婚型家庭等处在家庭生命周期较早阶段的家庭用户对于住区周边的信息、活动、服务的获取需求尤为旺盛，但目前大部分住区的慢行交通系统并没有重点关注该方面的功能，生活"信息茧房"效应普遍存在。大部分居民对内缺乏邻里沟通，对外缺乏有效的生活便民信息，住区周边的城市区域活力度也有待提升。

二、环境子场景特征

（一）多位于大城市及以上规模城市的郊区

上海作为超大城市和高密度城市的典型代表，其五大新城的蓬勃发展有效疏解了城市中心区的职能压力，越来越多的大型新建住宅区呈现郊区化发展。此类住区也多采用TOD导向的开发模式，通过多种城市公共交通廊道的连接为居民提供多样化的城市功能，完善住区的服务类型。此外，这一模式也促使住区慢行交通活动的用户场景日益丰富和包容，为基于无人车的住区生活服务体系的建立提供可能性。

因此，超大型城市的近郊区、远郊区、城市扩张地带或城市主城区边缘是该类住区的主要落位特点。占地面积多在18万平方米以上、户数在1 200户以上，并具有明确的空间围合是其用地规模的主要特征。此外，该类慢行交通场景与城市公共交通的连通度较高，距离最近的轨道交通站点多在1.5千米之内。

（二）住区功能节点多样化

由于超大型城市郊区的大型住区具有功能复合性与生活场景包容性，使得住区内的活动种类较为多样，呈现在空间形态上的表征之一即是具有多类型的功能节点。这不仅需要充分挖掘各节点在不同时空下的发展模式与衍化空间，也需要综合用户特点和使用习惯来疏解功能节点在使用高峰期的潜在争端，而基于共享无人车的慢行交通服务体系则可对此类潜在问题进行动态优化与适用范围的扩大。

因此，该类慢行场景多具有类型丰富的服务设施与住区功能节点。具体来看，其内生功能配套完善度适中、多分布在首层或建筑基座部分，在用地范围内集中或分散布置，功能配套与对外的贯通度适中。

三、用户子场景特征

（一）出行特征与需求具有家庭类型与年龄差异

单身型住户不仅对于日常休闲、物品运送等住区共享无人车服务较为关注，同时对于住区周边场所与服务信息获取、住区邻里互动方面也有较高需求，更强调住区公共服务与资源的互动通达度，关注日常品质出行。已婚型年轻家庭则对城市公共或第三方服务有较高的依赖，更加关注无人车的通勤代步功能，同时也更加强调住区公共服务的工具性与效能性，关注个体便捷出行。住区慢行无人车可作为信息与服务的融合载体，在提升居民个体移动性的同时，构建面向丰富邻里生活的服务新场景。此外在调研中也发现，青年群体对于共享无人车服务的期待度与使用意愿普遍高于中老年人群。

（二）幼童的住区慢行活动需求是家庭关注的主要方向

该类住宅小区的学龄前幼儿较多，因此相关设计应考虑幼儿活动特征。幼儿与环境的交互程度较高，在住区内为孩子创造安全舒适的慢行活动空间是幼儿家长的主要诉求，其对于住区公共服务也更强调帮辅性与宜童性、关注家庭协同出行。因此根据住区内设施、场所、资源的使用情况来安排幼儿慢行活动的内容、形式与时间是家长关注的重点之一。住区共享无人车可以作为空间设备管理系统收集并向用户发布住区游乐资源的使用实况，也可以作为数字服务触点，为有需求的家庭创造多主题的住区游乐活动。

四、任务子场景特征

（一）资源持有度会显著影响用户对于出行旅程的信心感知

大部分住区出发交通都需要与城市公共交通服务进行换乘，因此住区慢行交通服务具有显著的"过渡性"，在服务期间为乘客提供下一行程的公共交通转换信息可帮助其做好行程规划与时间安排，从而增强用户对于未来出行旅程的心理掌控感。而本章第六节的研究结果表明用户个人对于资源的持有情况会影响其对未来出行的心理确信度。单位地点在郊区、没有私家车的用户比单位地点在市区、拥有至少一辆私家车的用户更加关注住区无人车与外部交通换乘信息的展示功能，也更加关注个人出行的通畅性。而拥有相对优越的地理位置资源（单位在城区）和交通工具资源（拥有私家车）的人群则对即将到来的出行旅程持有相对从容的态度。

（二）中老年群体更加关注无人车共享场景下服务使用的行为秩序

51岁以上的人群比年龄在25—40岁之间的用户更加关注在使用无人车服务时车内乘客的使用秩序，更加关注无人车的共享性在公共服务场域与私人使用场域之间的协调和平衡，即更加强调无人车的服务公平性与服务抗扰性。目前大部分公共交通服务较少会基于不同人车交互空间范围在功能内容上进行区别设计，由此可以通过隐式人机交互设计为用户提供更具针对性的无人车乘坐引导功能，以及与公共服务场域相融合的私域个性化服务。住区慢行交通场景特征分析总结具体可见图5-22。

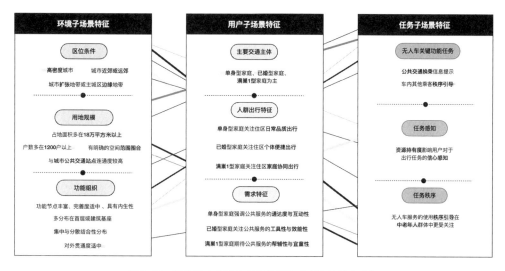

图5-22 面向无人车服务的住区慢行交通场景特征分析

小结

爱尔兰的一项研究表明,居住在慢行交通良好的住宅小区比住在依赖汽车出行的住宅小区的居民多拥有70%以上的"社会资本"。良好的慢行环境不仅有利于居民的身体健康、增强住区认同感与居民连接感,还能提升住户对于空间环境的利用率,放大环境对居者的积极作用。中国的社会关系是建立在包含亲缘和地缘等亲疏关系的差序格局之上的(费孝通,1998),而聚焦到社会微元结构可以发现,中国人的行为准则与活动价值多是基于"家本位"思想展开。因此,以家庭为单位,对不同类型家庭成员的慢行交通行为和需求进行分析,是更适合住区交通场景的研究视角与分析思路。

本章是对我国大城市及以上规模城市的城郊大型住宅小区慢行交通状况进行的实

证研究，挑选了具有需求代表性和规划前瞻性的案例住区进行分析。本章前两节简述了案例住区的选择依据和慢行交通概况；然后分别在第三至第五节对住区慢行出行的环境、用户和任务场景进行研究，并在第六节对前五小节得出的研究结论进行总结。本章的研究结论对同类型的住区慢行场景具有一定的借鉴意义。

第六章 职住平衡式园区慢行交通场景研究

第一节 职住平衡式园区慢行交通发展现状

一、城市园区的发展进程与主要模式

参考百度百科定义，园区是指由政府统一指定规划的特定区域，该区域内一般会组织某种特定行业和相似形态的企业，或仅针对某一家单位来进行统一集中管理。从入驻企业类别与数量来看，园区又可分为集群式行业产业园和单体企业产业园。集群式行业产业园区包括工业园区、自贸园区和产业园区，如苏州工业园区、上海漕河泾产业园区等，其中入驻汇集了多家相同性质的行业单位。仅为某家企业或机构所独有的单体企业园区则具有相对更高的自我管辖权与决策权，如美国硅谷谷歌园区、华为东莞松山湖园区、新加坡维壹科技园区。

放眼我国城市园区的发展进程，自1978年以来，城市产业工业园区陆续在各大城市不断涌现，而随着园区数量的与日俱增，园区的空间形态与规划理念也经历着结构性变化（张馨月，2020）。第一代园区以元素叠加型为主，产业形态多以加工、组装等劳动密集型产业为主，产业结构相对离散，缺乏明确主题。与城市空间关系没有形成聚合连接性，园区内部空间形态单一。第二代园区以集体主导型为主，此类园区多由国家或政府牵头建立，产业形态逐渐向资金密集型转变，产业结构也逐步向科技化过渡。其与城市空间关系依旧缺乏联动性，但有少量城市功能和服务开始渗透；园区内部功能开始增多，出现了员工食堂、办公楼等设施。第三代园区以市场创新型为主。

此类园区多由地产开发单位联合企业协同开发，产业形态也向知识密集型与文化创意型全面升级，园区的产业结构也更强调整合行业的全链路发展，园区内部的自然环境与生活环境都有了显著提高，园区与城市之间在空间形态和服务职能方面都有了更深层联动，并开始呈现出互补。第四代园区以产城融合、职住平衡型为主导。此类园区一般由政府、地产建设商、专业运营商、服务提供商、相关企业等多个利益相关方共同开发完成。该类园区的规模大、涵盖的功能全、服务的人口多。园区内的产业结构向可持续创新型全面升级，园区与城市不仅在空间和功能上深度融合，甚至园区还为城市提供了强大的职能补充与功能升级。该类型产业园区是融合了多种生活功能与业态的城市新型生活圈，使用人群也突破了产业职员单一群体，逐步向以在其中工作的产业职员为中心的家庭连带群体、多样化外来访客群体、全方面服务管理群体等多利益相关方过渡。伴随着产城融合、职住平衡式园区的不断涌现，新型运营和管理模式都有待建立，其内部慢行交通服务网络建设也存在着一些待解之处（表6-1）。

表6-1 我国城市园区发展进程（部分原始数据参考自张馨月，2020）

发展阶段	特　点	产业特征	建筑及空间形态	与城市的关系
第一代园区	元素叠加型，以劳动密集型产业为主	加工、组装、化工生产等	单一建筑厂房，内部环境结构简单	缺乏联系，分离性较大
第二代园区	集体主导型，以资金密集型为主	以电子产品代加工为主的生产	以生产空间为主，伴随少量员工食堂、办公楼等	缺乏联系，开始有少量城市服务渗透
第三代园区	市场创新型，以知识密集型为主	文化创意、科学技术、软件等产业链发展	具有环境较好的生活、休闲等建筑与空间设施	在空间与功能上开始互动、互补
第四代园区	产城融合、职住平衡型	由产业链发展向产业生态型发展过渡	包含生产、工作、居住、休闲等多种生活设施和空间	深度融合，辅助城市进行职能升级与功能再造

二、职住平衡/产城融合视角下的园区慢行交通服务发展现状

"产城融合"概念最早可追溯至霍华德（E. Howard）"田园城市"理念中提到的"职住相近"（Howard, 1992），即在一定的区域内提供与就业人口同等数额的工作机会，进一步减少人群的通勤距离与通勤时间。20世纪60年代末，凯恩（J. F. Kain）从种族公平角度对美国大城市中出现的就业与居住人口分布空间失序问题提出了"空间错位"假说（Spatial Mismatch Hypothesis）（Kain, 1968）。2004年，周江评介绍了美国自20世纪60年代以来的关于城市弱势人口职住问题的研究成果（周江评，2004），将"空间不匹配"研究假设引入国内，引发学界对城市产城融合、职住平衡这一现象从产业、经济、性别、家庭等多个视角进行学术探讨。

纵观我国城市园区的发展历程，自20世纪70年代以来，城市建设规模不断扩大，同时为了引流城市中心区人口、遏制城市无序蔓延，产业园区逐渐从城市内核心区向城市郊区及城市外围转移（李志刚，等，2006）。园区郊区化是城市促进空间良性发展与资源合理优化的重要发展策略。产业园区的建设规模不断增大，能容纳更多数量的工作空间与办公人口；园区所囊括的功能类型也逐渐超出了产业与办公的范畴，朝着包含产业、办公、居住、生活的复合生态圈不断演进，园区与城市日益成为一个有机体。正如国家发展改革委在《2020年新型城镇化建设和城乡融合发展重点任务》中所言，要将城市的"工业锈带"转换为"生活秀带"、创新空间、居住空间、产业引擎和文旅服务资源地（洪倩雯，2020），通过重塑城市园区来实现新时代的城市更新。

为美国硅谷提供产业集群发展模式构想的著名学者弗雷里克·特曼（Frederick Terman）将产业园区定义为"技术专家社区"（Community of Scholars）。而为产业职业人群及其关系连带人群打造集生产、工作、生活、休闲等多功能于一体的生活社区，并探索在这种新型"职业人群社区"中根据用户需求来构建服务供给与环境建设的设计方法，就是职住平衡式城市园区发展进程中的重点之一。复合式园区内大部分的功

能融合和人群移动都依赖交通来连接，因此如何构建园区内高效便捷的慢行交通系统，满足多种人群的慢行需求并提升出行体验也成为新型园区建设过程中亟需解决的问题。因此，拥有生产、生活、商务、休闲等多职能的城郊大型职住平衡式园区是本书所要研究的第三类无人车慢行交通服务落地的典型场景类型。

同前两章中的校园和住宅小区一样，该类园区是相对封闭的独立空间，其中的交通设施与出行活动便于集中管理，交通突发状况与干扰因素也远少于城市开放道路，是适合目前技术发展阶段的无人车落地的应用场景。且园区整体路网尺度较大、道路网络层级丰富，大部分核心区域都设置了非机动车专用道；为了出行安全与协同管理，大部分园区的整体交通也多以人车分流或人车分区为主，保证了内部出行交通主体的区域同质性，这些空间因素与规则制度都为无人车的应用提供了有力保障。随着城郊园区入驻人群数量和用户类型的增多，构建高效的园区内部慢行交通服务体系也是包括园区管理者、职工、职工家人、外来访客等在内的多类用户的共同需求。

慢行交通不仅是城市绿色交通的重要组成部分，更是园区交通网络的主导方式。构建园区慢行交通环境和服务体系，以满足园区内不同人群的出行需求，提升园区内用户的慢行出行体验，是城郊大型职住平衡式园区建设绿色交通和未来出行的主要发展方向。

三、职住融合式园区慢行交通服务案例分析

随着城市园区的功能集成化和职住融合化（洪倩雯，2020），职住融合式园区内部的出行模式将以慢行交通为主。目前国内外同类型园区也在践行慢行出行服务，基于代表性和差异性原则，本书分别对美国硅谷谷歌（Google）总部园区、华为东莞松山湖园区、新加坡纬壹科技园（One-North）的慢行交通解决方案进行案例分析。这3个园区面积广大，均位于或紧邻特大城市或超高密度城市；园区本身集合了产业、居住及观光多种职能，内部人群类型多样，并分别以自行车、小火车和无人车为交通工具助力慢行出行。

（一）美国硅谷谷歌园区
——基于共享自行车的园区慢行交通服务体系

坐落于美国加利福尼亚州硅谷山景城的谷歌园区就通过丰富完善的自行车专道和自行车服务来解决员工在园区的通勤出行问题。

自1999年谷歌将总部搬至山景城园区以来，每天有近3万名职工在谷歌园区内工作，有超过10%的员工每天依靠自行车通勤。谷歌从2007年就开始打造其以自行车为核心的园区内部交通文化，首先在园区内的主要建筑物周围投放了共计100辆Huffy自行车便于员工通勤；而后在2011年正式投放了1 300辆极具谷歌品牌元素的Gbike。Gbike通过红、黄、蓝、绿、白5个品牌色来进行视觉识别，前部还配置了车篮和车铃，车身的链条结构可以有效防止水溅。Gbike随意停放在谷歌园区的任何地方，进入园区的任何人都可以自由使用，有效节约了园区内各功能组团之间的沟通和转换成本。

为了维持Gbike的全天候高效运转，谷歌不仅设置了园区自行车管理中心，随时提供自行车维修与更新服务；同时还为Gbike设置了自行车专用慢行道、自行车骑行地图与标识系统、配有维修工具的自行车安全停放区以及有储物箱和毛巾的淋浴室等，同时又在谷歌地图中专门内嵌了骑行路线的规划服务，为园区内的自行车出行提供完善的空间支持与多类型的服务延伸。除了供单人使用的共享自行车，谷歌还提供了用于多人协同骑行的Conference Bike（会议自行车）。该车最多可供7人同时骑行，谷歌员工可以通过会议预约系统来预订车辆，共同驾驶会议自行车去参加会议或在骑行过程中进行讨论（图6-1）。外来观光者也可通过会议自行车进行集体参访与游园，有效提升出行趣味性。除了共享自行车，谷歌还在园区内投放了低速园区巴士用于解决内部出行问题。

但由于共享自行车无限制的使用规则，使得Gbike的损坏率与丢失率竟高达每周数百辆。目前，谷歌已经陆续开始在Gbike上安装GPS定位系统，并考虑借鉴中国共享单车手机开锁的模式来进行管理，甚至还组建了30人和5辆卡车的运营团队专门进行Gbike车辆管理，但高昂的运营成本促使谷歌也在持续探索更具可持续性的园区慢行交通服务发展模式。

图6-1 美国硅谷谷歌园区内的Gbike、骑行专道、骑行标识系统、安全停放区与"会议自行车"

（二）华为东莞松山湖园区
——基于区间小火车的园区慢行交通服务体系

华为东莞松山湖园区占地约126.7万平方米，面积广大，并以欧式庄园为规划风格建立了12个园区建筑群落，每个区域以欧洲不同的城市名称进行命名。每天穿梭在12个建筑群落之间、服务数万名员工的区间小火车是华为园区内部重要的慢行交通工具。华为园区小火车是全球首部针对高科技工业园区定制的超级电容储能式轻轨列车，除了使用清洁环保能源，小火车的照明系统也全部使用LED环保灯，可节省30%的能源消耗。小火车按照固定线路、固定站点并在固定时刻为人群提供接驳服务，园区员工、被邀访客、物管方都可以乘坐小火车在园区内进行通勤、游园与日常管理。

华为园区小火车的车厢内部按照"中道边座"的方式进行空间布局，同时在每节车厢出入口顶部设有线路站点地图与车载信息屏幕，并结合语音报站来为乘坐者进行实时方位报送（图6-2）。

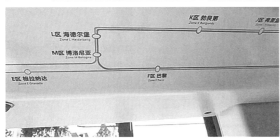

图6-2 华为东莞松山湖园区小火车外部与内部

除了主要的通勤与参观功能之外，园区小火车也承担着安防巡逻的功能，火车上布设的摄像头将监控视频通过5G网络实时传输给园区管理中心，对火车沿线的环境、人群、车流等状况进行实时监测。

但园区小火车的成本过高，除了不菲的车体建设费用，多条长距离铁轨铺设与多个站点站台的建造成本也十分高昂。同时由于小火车的灵活性和辐射范围有限，无法满足多样化和个性化的出行需求，而且对环境的监测管控范围也多局限于铁轨沿线；此外，如若某节车厢遭遇故障或晚点，其往往影响全车甚至后车。因此在人与环境互动度高、用户类型较为丰富的园区慢行环境中，园区小火车并不是最适合的出行工具。

（三）新加坡纬壹科技园区
——基于无人车测试与接驳的园区慢行交通服务体系

新加坡纬壹科技园区由新加坡政府于2001年投资150亿新币建设而成，位于新加坡西南部的裕廊工业园区内，总占地面积约为2平方千米，主要囊括了生命医学、信息技术、数字传媒等三大代表产业。其周围临近高校、科研机构、高新企业，具有浓厚的科技文化氛围。规划之初，新加坡政府就提出要将新加坡纬壹科技园区打造成为集工作、生活、玩乐、学习于一体的活力社区型科技园区。园区内围绕着三大产业分布了众多链内企业与公司，并基于"一个建筑带动一个创新生活圈"的规划理念在园区内建设了包括办公、公共服务、医疗、教育、商业、居住、娱乐等多功能的园区建筑群落，为工作、居住在其中的人群提供足不出园的全链路生活服务。

在解决园区内部慢行交通的问题上，纬壹科技园主要采用园区循环巴士（Shuttle Bus）来协助人员出行。由于新加坡一直都是全球无人驾驶技术发展的先行试验场，自动驾驶的社会氛围十分浓厚，在关于如何解决纬壹科技园内的慢行交通问题方面，新加坡政府也充分利用这一优势，构建基于无人车"以试带行"的园区慢行出行发展策略：在园区内建立一个无人车测试开放平台，面向产学研各界征集无人车的概念性验证试验与测试，为无人车的长期发展积累数据与场景基础；同时，在非测试时段内，要面向园区工作人员提供免费的无人车接驳服务。

新加坡与麻省理工学院联合成立的无人车研究组织（Singapore MIT Alliance for

Research, Technology, SMART）是最早向纬壹科技园提出无人车试验申请的组织。园区内封闭、安全、低速、无干扰的道路环境与规整的街道形态，为无人车的运行测试提供了绝佳的场地支持。同时，SMART无人车在非测试时段也为园区内的人群提供慢行出行的接驳服务。

虽然新加坡纬壹科技园区兼具试验测试与出行接驳功能的无人车慢行交通服务体系颇具开创性，既解决了部分通勤出行问题又开拓了全新的商业模式，但处于测试阶段的无人车在安全性、效率性及体验舒适性方面仍存在着较大提升空间，无法全面承担园区内部慢行交通的核心任务（图6-3）。

图6-3　新加坡纬壹科技园区内的无人车（图片来源：SMART）

（四）案例对比分析结论

3个园区的慢行解决方案在系统效率、交通灵活性和出行体验方面分别存在着一些局限性（表6-2）。美国山景城谷歌园区的共享自行车不仅在出行效率方面有待提升，同时为自行车专设的安全停放格栅、维护管理站点也造成了新的空间占用与资源浪费。华为东莞松山湖园区小火车的出行灵活性不强，不适合产城融合模式下的园区多类型用户的可持续移动出行。新加坡纬壹园区的内部出行主要还是依赖循环巴士，作为功能补充的测试无人车在安全性与用户体验方面都有待提升，与商业化落地的消费者级别无人车出行服务的品质还存在较大差距。职住平衡、产城融合将成为未来城市园区发展的主要模式，无人车由于自身的性能优势可有效解决园区内的出行需求问题、优化出行体验并提升整体交通效率，但针对无人车在该类慢行场景下的服务发展模式，产学研各界还未开始系统性探索。本章将从空间环境、人群特征、出行需求等方面对园区无人车慢行交通服务的场景特征和设计策略进行研究分析。

表6-2　国内外先进园区慢行交通发展模式对比分析

园区名称	园区类型	园区慢行交通主要模式	主要慢行出行方式	主要慢行环境空间	当前慢行模式的主要局限性
美国硅谷山景城谷歌园区	市场集群式	散点式	以共享自行车为主要方式	设有骑行专道、停放区域、管理中心	出行效率与人员运载量较低
华为东莞松山湖园区	市场创新式	集中式	以区间小火车为主要方式	在固定线路上设有多个火车站点站台	出行灵活性差、建造成本高，不适合职住平衡型园区的出行场景
新加坡纬壹园区	职住平衡式	循环式	以区间循环巴士为主，搭配少量测试无人车	在外来干扰因素较少的内部机动车道上行驶	用户体验舒适度较低、服务可达性低，运营时间过短

第二节　采用行动研究的合理性分析

一、方法合理性与结论适用性

行动研究（Action Research）是设计研究领域运用率较高的一种应用型研究方

法，研究者在设计实践过程中与结束后不断迭代设计方案，最终得出有价值的学术反思（Muratovski，2010）。在行动研究的整个探索过程中，研究者在真实的设计场景中通过与其他研究参与者进行深度互动与协同创造，由此得到数据和反馈；这不仅可以优化既有的研究产出，还可以生成更多具有未来指导性的专业知识（Almquist，Lupton，2010）。行动研究参与者既可以是研究者的团队同事或导师，也可以是设计方案的用户或其他利益相关方。行动研究首先需要在"问题阶段"对研究问题进行提炼，然后通过在"行动阶段"中多轮"方案—行动—反思"的循环反复，最终得出设计反思与结论。

本书关注的是关于无人驾驶这一前沿技术在大城市新型慢行交通场景内出行服务体系的设计研究，研究背景、落地场景与现实生活之间具有深度关联和交互性。因此在行动研究的设计实践中，基于潜在用户的真实反馈来不断验证与优化研究成果，可令最终的研究产出更具可行性与有效性。

城市产业工业园区是具有代表性的新型慢行交通场景之一，相较于校园与住区，园区的环境构成更加复杂、与外界的交互程度更高、人员构成更为多元、个体服务需求分异更加明显、对服务场景的更新速度和服务质量的要求度也更高，因此更需要基于实践和迭代的行动研究来完善对该类慢行场景的分析。本章的实践用例是典型的职住平衡式园区，针对真实场景的深入设计实践会比对多案例的分析更能挖掘场景的本质特征，还可在协同设计中完善设计角度与研究范围，主动发现研究中的关键点与用户核心需求。

本书所涉及的校园、住区、园区依据各自的场景特点，分别选择适合的研究框架和研究方法进行实证分析。校园人群构成较为一致，更关注服务成本，因此第四章采用基于大量样本调研数据的统计分析作为主要研究方法，可以有效了解校园慢行交通的整体概况与人群需求。住区生活以家庭出行和活动为主，更强调服务品质，因此第五章以对不同类型家庭进行深入案例研究为主要方法。园区更关注服务效能，需要在实践与反馈中洞察设计机会，本章挑选职住平衡式典型代表园区作为设计实践用例，对用例园区展开无人车慢行交通服务体系设计行动研究，同时基于前两章得出的部分研究结论，对职住平衡式园区的慢行场景进行分析，得出需要关注并可以采用的场景特征、解决路径与设计方法。

本章选择进行设计实践行动研究的用例园区在慢行空间环境、人群特点与需求类型、慢行出行行为特征等方面与本书所要讨论的城郊大型职住平衡式园区具有高度一致性，是该类园区的典型代表。针对用例园区的研究结论可通过类比推理推及至该类型城市大型职住平衡式园区。因此，针对本章用例园区的研究结论在同类园区进行慢行交通服务体系构建设计和研究时，同样具有可适用性。

二、行动研究的实践用例概况

泰山新闻出版小镇（后文简称为"新闻小镇"）位于山东省泰安市高新区泰山脚下、天颐湖畔。2017年按照国家关于建设"特色小镇"的重要批示精神和文化建设战略部署，在山东省委宣传部和省新闻出版局的指导以及泰安市委市政府的推动下，由山东大安发展集团有限公司和山东华岳文化出版科技产业园有限公司建设开发与运营。其所在城市泰安是位于山东省中部的地级市，截至2019年末，泰安市城区拥有常住人口563.5万人，其中城区常住人口350万人。依据国家城市等级标准（2014版）划分，属于大城市（城区常住人口在500万—1 000万人之间）。

新闻小镇以新闻出版特色产业为支撑，是全国首个服务于新闻出版行业的特色小镇。新闻小镇以编辑、出版、印刷、发行、仓储、物流及文化创意为主要产业，以政府推动、企业主导、市场营销、产研结合为运营模式，以"三生共进"（生产、生活、生态）与"四位一体"（产业、文化、旅游、社区配套）为规划建设原则，是一个以新闻出版为主要产业，包含创意设计、出版发行、教育培训、文博会展、休闲旅游、艺术交流、众创空间、商业配套、生活服务等综合业态的多功能产业园区，是产城融合、职住平衡式园区的典型代表。

除了复合的产业结构，新闻小镇内也涵盖教育、医疗、商业、文娱、休闲等多方面的公共设施和功能分区（图6-4）。小镇总规划用地约6.53平方千米、总占地面积近5.33平方千米，共分南北两区。其中，小镇南区用地面积约4.45平方千米，主要由工业区、商业区、配套生活区和医疗教育区4部分组成，具体包括新闻出版职业技术学

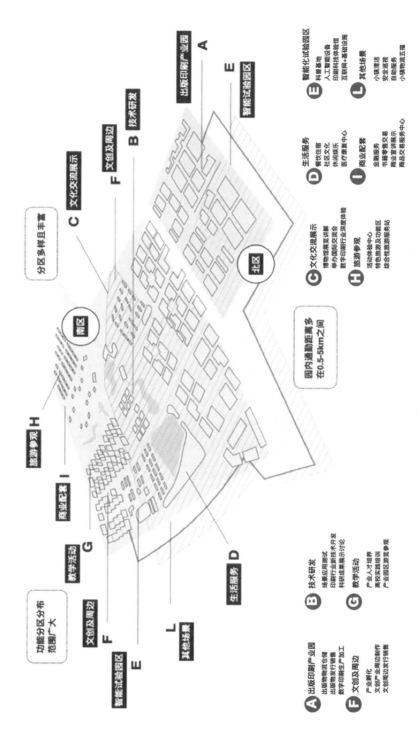

图6-4 新闻小镇功能分析图

第六章
职住平衡式园区慢行交通场景研究

院、新闻出版培训基地、创业孵化基地、印刷基地、出版发行区、商业服务区、医疗康复中心及国际学校区；小镇北区用地面积约0.67平方千米，以数字出版印刷产业园为主，建有办公区、孵化区、仓储区和展示区。

新闻小镇因其"城市新旧动能转换重点园区"的发展定位，不仅吸引了多家相关企业签约进驻，而且在创造高活力度产业环境的同时，也因丰富的复合功能吸引了诸多工作、居住与到访人群，因此园区内人群较为多样化。

第三节 园区出行的环境场景分析

一、交通环境选择度与整合度

本节将采用空间句法（Space Syntax）对园区出行环境进行场景研究。空间句法理论基于数理方法对空间进行分割和区分，根据可视性和集成性构建空间拓扑网络（Hillier, 2010），可有效反映出建筑与环境、人群出行与活动空间之间复杂的模式关系。本节通过分析道路系统选择度（Choice）和整合度（Integration），了解园区不同交通区域的整体通达性、相互整合性和目标选择度，从而为无人车路线与运行机制设计、无人车站点布设、服务配套分布等无人车服务体系的触点构建提供环境场景角度的依据。

将园区交通路网图导入Depth Map软件中对园区交通环境的选择度和整合度进行分析。选择度是计算空间系统中某元素作为两节点间最短拓扑距离的频率或次数，即某个空间被其他最短路径穿行的可能性，用以考察空间单元作为出行最短路径所具备的优势。选择度代表一个空间元素被选择穿行的潜力，选择度越高的道路吸引穿越交通的潜力越高，更有可能被人流穿行。依据Depth Map生成的园区交通环境选择度分析图（图6-5）可知，在全域范围内，靠近中心区位的两横两纵道路的选择度较高，最容易被人群穿行；虽然此处人流量较大，但靠近东侧纵路和靠近南侧横路的

图6-5 园区交通环境选择度分析（图片来源：笔者使用Depth Map绘制）

人群停留机会却并不高，可知此处的人群主要以"首次用户"的一过性穿行交通为主（图6-6），因此应在靠近中心区位选择度较高的几条道路上，适当布设一定密度的无人车站点，为该类人群提供更多自明性较强的园区无人车出行服务界面与触点，并在道路沿街面规划常用的服务配套。而在园区西北和东南区域等选择度较低的区域，可适当减少无人车的通行路线与站点数量。

整合度表示空间系统中某元素与其他元素之间的集聚或离散程度，其中又可分为全局整合度和局部整合度。整合度越高的空间在整个系统中的可达性越高、中心性越强、越容易集聚人流，反之则较分散。用同样的工具和方法生成园区的全域集成度分布图可知，园区总体呈现出一定的边界效应，以园区中心为中点的纵横两条

图6-6 基于空间选择度的园区穿行交通分析

前瞻出行
设计赋能基于无人车的新型慢行交通

主路的整合度相对最高、聚集性最强，同时也具有最高的区域和商业活力，说明该区域的停留人群较多，较多人以此区域作为到达交通目的地，故应适当在此区域内增多无人车服务路线的数量与途经频率，并布设多类多量的生活服务配套。相反，在园区周边与角落位置等整合度较低的道路上，则应适当减少无人车服务路线与服务配套数量。

二、交通环境特征与问题

园区环境主要包括道路系统、服务设施、建筑与休闲空间等。其中道路系统是运行无人车的重要物质载体，也是与无人车交互频繁的环境空间，承载了大量交通服务场景。目前园区内有部分道路、设施与建筑已建成并开放使用，此外还有诸多待开发空间与远期发展用地。在既已建成的园区内主干道路中，多数为通过绿化带进行方向隔离的双向8车道，每向3条机动车道与1条非机动车道，并有人行道毗邻非机动车道。每类道路之间有明确且固定的界限，对不同类型交通主体的行为进行限定。

这种面向传统有人驾驶汽车的道路形态是目前常规道路的主流格局组织形式之一，可有效进行人车流运输与区域链接。但如若在该园区内运行L4级共享无人驾驶车，区域内的道路系统则可基于无人车的功能特异性来进行无人驾驶化改造；也可基于服务体系设计的视角对未开发空间进行规划，形成智能交通服务驱动的空间动态自组织，提高环境空间利用率、优化人车运输与通行效率，创造更多舒适的慢行空间，提升园区内的环境风貌与生活体验。

除却形态与分隔较为固定之外，园区内的道路还存在着十字路口空间占用率较高而人车利用率较低、慢行空间不足、慢行出行体验连续性和多样性有待加强的问题。同时，园区内预留的大量停车空间，也呈现出在使用时段方面的潮汐性（表6-3）。以上环境现状是目前以传统汽车为本位的交通系统的主要特点，以此种类型的空间环境来运行L4级共享无人车并不能充分发挥无人驾驶在空间环境、系统效率、服务体验等方面所具备的优势和反向提升作用，因此可根据无人驾驶技术特点与服务体系的方法优势对园区交通系统的核心部分进行优化，下一节将对此进行论述。

表6-3 园区交通系统现状特点总结

交通系统	维度	内容	特点
动态交通	道路形态	主干道分级明确,不同类型的交通主体行为与活动区域相互独立	占用面积较大,空间利用率有待提升
	交通行为分类	两类:机动车、非机动车	潮汐现象明显,灵活性不足
	路权分配	双向3+1车道,有效保证车流的输送	以机动车为本位,强调机动车流运送的总体流量
	交叉路口	设置有宽敞充足的转弯半径与等待空间	交通服务重要触点的设计集约化程度有待提升
	慢行空间	位于道路两侧,处于道路系统的非核心地位	整体空间较小,慢行连续性和多样性稍显不足
静态交通	停车空间	预留空间较大,多位于地面非核心区或地下	相对独立,受干扰程度低,与常规出行的活动场景连带度较低

三、重塑道路系统与街道空间

无人驾驶将会从多方面影响并改变道路系统(戴晶辰,等,2021)。佛罗里达州立大学蒂姆·查品(Tim Chapin)教授认为,随着无人驾驶的不断普及,城市环境空间形态应朝着更加集约与人文主义的方向发展。通车道、落客和上下车道、交通设施、人行空间、停车空间等环境要素都会逐渐朝向自动驾驶化演进(Chapin, 2016)。美国交通官员城市协会(NACTO)于2018年发布的报告 *Blueprint for autonomous urbanism* 认为,自动驾驶会让城市交通空间发生诸多变化,如街道尺寸会变窄、人行道会变宽等。结合上节所说的园区交通系统现状,本节将从道路体系和街道空间两方面对园区无人车服务场景的环境设计展开基于设计实践的行动研究。

(一)建立"四位一体"的无人车道路系统

结合新闻小镇园区目前的交通情况,将园区道路系统规划主要划分为园区主干道、次干道、慢行专道和休闲道4个子系统,综合构建"四位一体"的园区无人车道路网络系统(表6-4、图6-7)。

表6-4 新闻小镇园区无人车道路网络建设引导

道路	依托道路	功能定位	街道类型	路权归属	宽度（m）
主干道	城市路网	园区内生产生活出行运输的主要动线	综合性街道	人车混行	12—14
次干道	园区内部道路体系	园区大组团内的主要交通动线	生活服务街道	人车混行	6—10
慢行专道		园区内尺度最小的无人车行驶道路	交通性街道	园区无人车、步行、骑行	3—6
休闲道	内部景观步道	园区健身休闲专用道路	景观休闲街道	步行专用	1.5—5

图6-7 新闻小镇园区无人车道路网络体系设计

1. 主干道

主干道为园区内机动车与非机动车服务生产和生活通勤出行的主要道路，构成了"四横三纵"的路网系统。依据2016年《上海街道设计导则》对城市街道的5种分类，园区主干道的街道功能与界面形态的复合程度较高，主要为兼具交通性、商业性与生活服务性的综合性街道。园区主干道主要依托于城市路网，同时也是园区内无人车运行最密集的街道空间。应布设多个无人车智能站点与动态即需路缘空间，作为连接城市外部交通与园区内部交通的换乘界面。

2. 次干道

次干道是对主干道的补充。其将园区地块内的交通需求引导至主干道上，是园区交通核心动线与重点区域交通之间的连接通道，通过无人车进一步扩充园区交通干线的服务与联动范围。在此类道路中，由于主干道的交通分流，令次干道上的过境机动车较少，慢行特征较为显著，同时还多布有一些中小规模局域性生活配套，因此生活服务型街道是园区次干道的主要类型。

3. 慢行专道

慢行专道是园区组团内部的无人车行驶专道，也是无人车在园区内所能行驶的尺度最小的街道类型。其主要初始功能是为场所内的慢行交通主体提供出行空间，如若运营共享无人车，则可充分挖掘组团内部的生活性与社交性。不同组团内的慢行专道包含一定数量的内部无人车专线，可供小范围人群快捷出行，打通组团内循环，同时也可有效贯通组团内外动线。

4. 休闲道

休闲道则是以景观与休闲健身为主导，满足人群中长距离的步行休闲与健身需求，完全禁止其他交通工具。但由于精巧的车身尺寸和不间断工作的性能，无人车可在人流较少的部分时段，在休闲道中执行某些任务，如夜晚时段的自主安防巡逻。

（二）构建集约且动态的街道空间

1. 缩小主干道车道宽度

新闻小镇园区外的城市道路湖东路东西向横穿园区，湖东路以南为园区南区，以居住和生活配套区为主。湖东路作为城市次干道，同时也是园区内的重要车行主干道，目前拥有2+2+1的双向机动车4车道，道路宽度约28米，单向道路宽12米，机动车道宽10米，慢行车道宽2米，双向车道间设有4米宽的植物隔离带。根据《美国通行能力手册》规定，道路的通行能力 N 与道路平均车速 V 及最小车头间距 L 有关（王维礼，等，2021），其计算公式为：

$$N=1\,000V/L$$
$$L=L(c)+L(s)+L(r) \qquad (6.1)$$

其中 $L(c)$ 为两车之间的前车身长，$L(s)$ 为两车行驶状态下的安全距离，$L(r)$ 为从司机发现前车制动至自身制动开始时间区间内该车行驶的距离，$L(r)=v\times t$，t 为反应时间。因为无人车是基于车联网与高速通信系统而进行智能感知、决策和控制，其决策和操作行为具有高度前瞻性与主动性，因此其反应时间 t 几乎趋近于0。拟定 v 在60—120 km/h范围内，并按国家标准《机动车运行安全技术条件》的平均值对以上参数进行取值，小型及大型无人车的最小车头间距平均值分别是有人驾驶车平均数的29%以及38%，无人车为主导通行方式的道路通行能力将比目前提升约3.4倍（薛冰冰，等，2020）。

因此在园区内构建无人车慢行交通服务体系并对园区道路系统进行优化改造，首先可缩小机动车道路宽度（Chapin, 2016），将已建成的双向4车道的机动车道宽度分别缩小1米，在临近人行道路缘一面设置3米宽的无人车上下车停靠区，便于具有较强机动性与灵活性的无人车停靠落客，同时可将原1米宽的人行道拓宽至2米，增加步行空间（图6-8）。

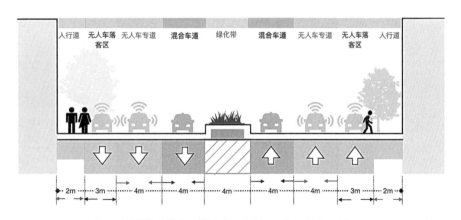

图6-8　园区主干道路优化后横截面设计（图片来源：笔者自绘，迭代自 Chapin, 2016）

而对于园区内既有规划的非机动车道、宅间道路、休闲步道等慢行交通道路,可保留其休闲职能,不将其纳入无人车行驶范围,也不对现有道路进行无人车适应化改造。

2. 建立多级多阶的双向机动车道路形态组织

根据上节对园区交通环境选择度和整合度的分析结果,园区无人车慢行交通服务系统一共可以提供4种不同路径与收费标准的无人车服务路线(图6-9、图6-10)。

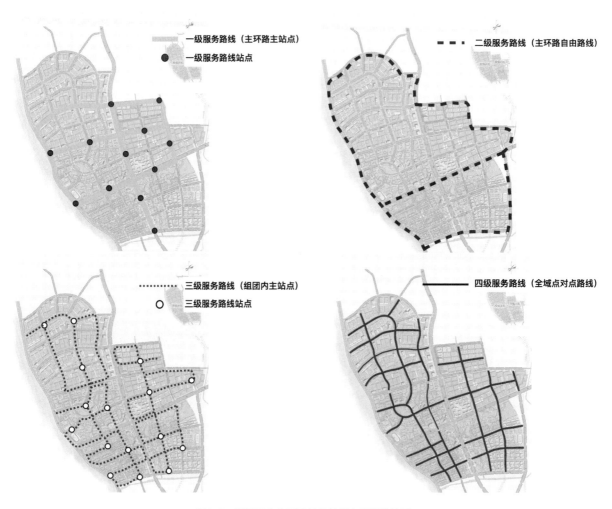

图6-9 园区无人车不同层级的服务运行路线图

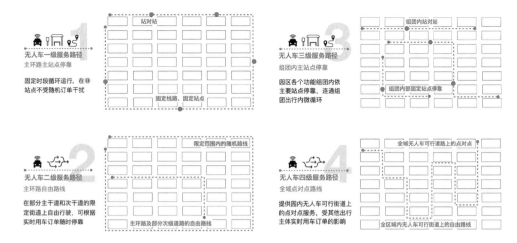

图6-10　园区无人车4种层级的服务路线及其特点

级服务为主环路主站点路线，无人车只在由园区内主干车道组成的主环路上运行，环路上设置有多个停靠站点，无人车仅在固定站点依据用户需求停靠，是4种路线中运行效率最高的一种。一级服务路线主要分布在园区中心点东西和南北两侧的两横两纵主干道上，可为集成度较高的该区域提供便捷高效的到达交通服务。二级服务为主环路自由路线，该路线的无人车运行路段依然是园区内机动车道主环路，但可根据用户预约情况与实时需求自由停靠。二级服务路线比一级服务更具灵活性，但行程容易被其他用户的动态用车需求所影响，其出行效率稍低于一级服务路线。

三级服务为组团内部路线，新闻小镇内含有多个功能分区与职能组团，当用户想要在组团内进行区域出行时可选择该路线。三级服务的无人车运行路线仅在区域内部，并按照沿线的固定站点和即时用户需求进行停靠，是不同组团内部的高效微循环出行服务。由于园区西北部的选择度明显低于西南区域，因此在三级服务线路站点的分布密度上前者也明显低于后者。四级服务为全域点对点路线，无人车可在园区内所有机动车可运行路段行驶，不受固定站点的限制，并可根据用户的网上预约与即时下单进行即需停靠，最大限度提升了用户在园区内的慢行出行可达范围，提高了用户在慢行场景中的可移动性。在实践设计中，此类服务的费用较高，行程路线与时间易受到其他用户订单的影响，大部分情况下多作为其他三级服务的补充。

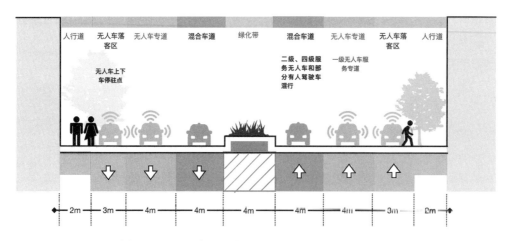

图6-11 园区无人车慢行交通主干道初步设计（近期）（图片来源：笔者自绘，参考Chapin, 2016）

参考蒂姆·查品关于无人驾驶城市街道的设计构想，在园区主干道初步优化设计方案（图6-11）中，将单向车道中的一条车道作为无人车一级服务专属车道，保证共享性与公共性最高的一级线路的运行效率。另一条为混行车道，供二级和四级服务无人车及部分有人驾驶车运行。同时在靠近无人车一级服务专道的路缘一侧设置3米宽的停靠空间，用于所有车辆的停靠与乘客上下车。

在园区主干道优化的远期深化设计方案（图6-12）中，随着无人车技术的提升和传统汽车的减少，园区内交通将以无人车为主要载体，交通主体的操控精准性全面提升，因此可去除路面中间的景观隔离带，不同向车流在智能系统的感知与控制下可进行自动判别与巡航。届时的机动车道则主要分为无人车频繁停靠的用户向和无人车运行连续性较高的快速向。在用户向，机动车道路从中至边的道路形态依次为4米宽的无人车一级服务路线专道、3米宽的停靠专区、4米宽的常规行车道、1米宽的过渡区和2米宽的慢行道，人行道宽也被扩为2米。在快速向，从中至边的道路形态依次为4米宽的无人车一级服务路线专道、两条3米宽的常规行车道、2米宽的过渡区和2米宽的慢行道，快速向的人行道宽也为2米。在用户向一侧，运量最大的无人车一级服务路线不仅拥有宽阔的行驶专道，其旁也设置了停靠专区可供多名用户上下车使用。同时由于无人车队可精准识别乘客行为并主动避让，因此可基于实时人流与需求进行车辆间距动态调整，为行人提供安全充足的过街空间，目

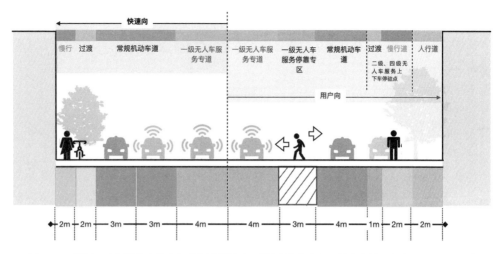

图6-12 园区无人车慢行交通主干道深化设计（远期）（图片来源：笔者自绘，参考Chapin, 2016）

的地方向为快速向的用户也可在此下车，穿越机动车道即可抵达快速向的停靠区域。常规行驶道供无人车二级、四级服务路线及少量传统机动车共行，每辆车的平均运行空间相较于一级服务路线专道较小，以此来鼓励人群优先选择无人车出行服务。

随着无人驾驶的全面落地，远期方案设计中园区内的每一条机动车道路都可进行双向调控。道路可根据不同时段、需求和场景，优化交通流的运行方向、道路形态组织、路权分配形式等，确保交通资源与空间资源的优化组合与配置。

多级多阶双向机动车道路形态组织不仅是园区内不同交通主体在不同场景下细分需求的空间外化体现，同时也作为重要的环境因素影响着用户的园区慢行出行状况，下一节将针对园区慢行交通的用户子场景进行分析。

第四节　园区出行的用户场景分析

对使用人群进行用户分析是园区无人车慢行交通服务场景研究的重要内容。笔者采用利益相关者地图、典型用户画像、用户旅程等设计与研究方法对园区的目标使用人群进行分析，进一步确定无人车慢行服务的主要用户类型与用户特点，据此提升服务的丰富度和适用性。

一、园区利益相关者

在第五章中，笔者依据所处"家庭生命周期"的不同阶段将案例住区家庭分为3个主要类型，通过调研发现处于不同阶段的家庭在住区慢行活动特点与服务需求方面也呈现出一定的差异性。同理，若将产品或服务的使用过程视为一个时序阶段，处在不同使用阶段的用户对于产品或服务的品质评价也会有所区别（Fenko, 2010; Karapanos, 2007）。不同人群对于园区无人车服务使用经验的丰富和熟练程度，也可以成为划分服务利益相关者类型与群体特点的重要依据之一。

利益相关者地图（Stakeholder Map）是研究服务体系设计中角色和关系的一种方法（Surma-aho, Björklund, et al., 2022）。通过利益相关者地图可有效发现与系统有关联的显性与隐性影响人员，以及人员对于系统和其他相关者的影响程度与作用方式，从而全面理解服务体系的多个设计元素，挖掘出对服务体系有关键影响作用的核心人物。

借助利益相关者地图，笔者对园区无人车慢行交通服务体系的相关方进行了列举与分析，按照人员与无人车服务的交互程度分为直接交互相关方与间接交互相关方两大类。按照对园区无人车服务的依赖度与影响度的高低将所有人员分为主要利益相关方、次要利益相关方、三级利益相关方。不同属性与重要程度的利益相关方之间存在着多种形式的交互行为，如管理限制、情感关怀、服务提供、物质交换、沟通洽谈、金钱流动等，这些行为通过不同发生频率与作用强度的流（Flow）来进行双向或多向作用，从而构建起园区无人车慢行交通服务体系的利益相关者地图（图6-13）。

分析可知，园区无人车服务体系的主要利益相关方为园区工作人员与其家属，他们构成了园区人群的主体。同时由于园区具有商务休闲职能，商务访客与随机访客

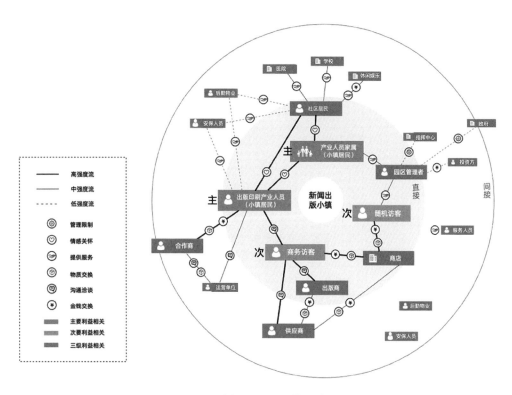

图6-13 园区无人车慢行交通服务体系利益相关者地图

也是较为重要的服务用户,其构成了次要利益相关者群体。此外,园区管理者、生活配套服务商、合作方的活动内容对主要人群的生活影响较大,因此该群体是三级利益相关者中的直接交互者。同时分析直接交互矩阵内的利益相关方,发现它们之间也是通过不同强度、内容与形式的流进行互动。通过利益相关方地图,本节确定了核心利益相关方的具体对象及其相互关系,接下来则要对建立这些关系的动机进行分析。

  笔者邀请了17位园区利益相关方共同参与行动研究。首先对17位用户进行深度采访,并根据采访结果对其进行分类分组;再组织同类型的利益相关者进行小组讨论,进一步明确该类人群对于园区共享无人车慢行服务的主要需求和行为动机(表6-4),得出无人车服务针对不同利益相关方所应具备的核心特质。

表6-4　多位行动研究共同参与者的用户需求分析

利益相关者类型	人数	服务需求	行为动机	所需核心服务特质
产业人员	7	便利化、简单化的通勤出行	更好地辅助工作，提升工作效能	工具性
产业人员家属	3	保证舒适感与个性化的出行服务	更好地提升生活品质，为生活提供功能性与情绪价值	体验性
商务访客	1	出行服务具有引导性、可用性、融合性	精准高效、迅速定位地开展工作，同时具有一定的体验要求	引导性
随机访客	2	出行服务具有引导性、可用性、融合性、高体验性	寻求体验性、娱乐性与情绪价值	猎奇性
第三方服务方	4	便利化、简单化的交通出行	快速完成工作任务、时间优先原则	工具性

通过对产业人员、产业人员家属、商务访客、随机访客、第三方服务方5个核心利益相关方在园区内的行为动机进行矩阵分析，明确其相互之间的关系和参与服务时的动机与需求，可发现产业人员—产业人员家属、产业人员—服务方、产业人员家属—服务方、商务访客—服务方、随机访客—服务方、产业人员—商务访客这几对重要的人群交互关系；而每一类利益相关方集群内部的沟通度普遍较高，因此在进行出行服务构建时应区分单独出行与集体出行场景的不同。

二、园区典型用户画像

通过对以上几对人群交互关系的分析，新闻小镇园区主要典型用户可确定为园区产业人员（职工）及家属、商务访客、随机访客和第三方服务方，并根据典型用户画像（Persona）对几种主要用户进行类型分析。

用户画像是通过人格化的方式对真实服务对象进行虚拟人物式的用户类型分析，从而辅助新系统进行服务规划与功能设计。该方法尤适用于处于探索期的新兴产品或服务设计，对于至今没有大面积落地、接触人群较为有限的L4级无人车慢行交通服务，用户画像可通过对人群和需求的定性分析构建具体的服务场景并得到设计策略。笔者挑选的17位行动研究参与者涵盖了园区物业管理方、园区工作人员、园区工作人员家属、园区建材供应合作方等多个利益方，大致可以分为以下4种类型（图6-14）。对其进行的深度访谈的结果可确立园区无人驾驶慢行交通服务体系用户群体的普遍性与个体差异，洞察其基本需求，发现服务设计创新点（图6-15）。

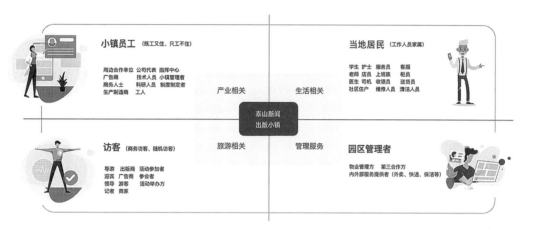

图6-14　园区无人车慢行交通服务体系典型用户分类

商务访客

- 强目标性、强实效性、强信息对接
- 一过性、造访型

王一

- ♂ 男
- Age 33岁
- 未婚
- 广告公司业务代表
- 生活在济南

王一是山东的一名广告公司员工，由于工作的需要，他经常出差到新闻出版印刷小镇和当地的出版商洽谈商务合作的事情。

由于经常出差而且任务繁重，王一需要频繁的预定来回的车票以及住宿，并且在旅途中继续未完成的工作。

有些时候王一需要接见一些比较重要的客户，所以他必须充分准备、排练和预演，充分熟悉了解会议流程和项目目标。

出行特点

- 频繁出差，工作繁忙
- 有明确的日程出行规划，注重效率
- 会在出行前查好出行信息
- 有明确的园区出行目的地、参访人，出行时间限制较强

痛点

- 现有出行方式存在不准时情况
- 公共交通出行拥挤严重
- 无法很好地进行移动办公
- 交通换乘等待浪费时间

需求

- 更精准的交通情况查询
- 能减少繁琐的、重复的订票环节
- 能预约选择适合办公的交通出行环境
- 时间提醒/日程/会议提醒
- 参访地与参访人信息对接服务

潜在机会

- 更好的辅助移动办公的出行体验
- 多段乘车体验无缝对接
- 办公场所和出行场景信息互传

随机访客

- 中强目标
- 成长潜力性
- 造访型

李娜

- ♂ 女
- Age 24岁
- 单身
- 传媒专业在读
- 生活在北京

李娜是一名北京传媒专业的学生，她平时虽然课业繁忙，但是一有空便会到周围各个著名景点、博物馆入人文景区等地参观游览。她认为"读万卷书不如行万里路"，旅行能让她接触的新的世界以及认识很多有趣的人。

李娜是一个有计划有准备的人，旅行前，她会利用零散的时间来搜集旅行攻略和相关出行信息，并制定自己的完整的旅行计划。

李娜还会收集在旅途中遇到的有趣的、有意义的纪念品，以及给朋友购买旅行小礼品。在旅途中，她还会拍照、记手帐来留住美好的瞬间。

出行特点

- 喜欢尝鲜，体验新型交通工具
- 喜欢记录沿途的风景
- 享受在旅途中结交不同的有趣的人
- 出行前会准备攻略及规划
- 多为集群出行、个体出行较少

痛点

- 现有出行方式缺少乐趣
- 现有交通方式功能单一
- 容易迷路，导航不准
- 不喜欢跟团，但又害怕错过亮点

需求

- 更丰富的车载娱乐功能
- 新颖的创新功能
- 能结识更多同行伙伴
- 景点打卡留念
- 有一定的旅行收获
- 多场景的合理链接

潜在机会

- 丰富的车载娱乐体验
- 无人车可以成为贴心出行伴侣
- 无人车导览讲解
- 实时情况分析与需求预测

前瞻出行
设计赋能基于无人车的新型慢行交通

图6-15 4种类型的园区典型用户画像分析

（一）产业人员及家属

该类人群是职住平衡式园区的主要居住与长期使用人群，其工作地、居住地及日常生活范围多分布于园区内，对园区设施与服务的依赖性较强。其中该类人群又可细分为产业人员、家属长辈、孩子3类。产业人员在工作日时段的出行路线较为规律，多以点至点的线型路径为主，上班出行时的需求也以高效便捷舒适为核心诉求；工作日时段的上班高峰较为集中，出行路线有趋同性。而下班高峰时段相对分散，归家路径也有个体差异。同时由于园区功能的高复合性，家庭成员的多数生活需求可在园区内得到有效满足。家属长辈在家中多承担照顾幼童的任务，园区出行时较为重视出行的舒适性与幼童的安全性；幼儿的出行多为结伴出行，出行同伴多以家中长辈和朋辈伙伴为主。

（二）商务访客

该类人群是园区的强目标造访型用户。由于园区具有丰富的产业与生活休闲服务资源，是当地重要的商务访问接待场所之一，因此商务访客群体也是较为典型的类型用户之一。该类用户的造访行为具有时段一过性与较强目的性，多为个体或集群的工作参访与随行住宿。同时该类用户多具有明确的参访地、参访人与参访时间，对于出行效率需求较高，因此需要简便高效易用的出行服务。此外，园区面积广大、功能分区较多，因此被参访人往往也会兼具一定的引导与接待任务。基于共享无人车的慢行交通服务可针对商务访客的用户特征与出行需求，并结合园区的环境特点与被参访人的资源和权限，为商务访客提供多场景多时段的园区慢行出行与导览服务。

（三）随机访客

园区具有丰富的旅游与观光资源，因此也会吸引一定的休闲访客群体，该类人群同时也是园区兼具中强目的性与成长潜在性的造访型用户。该类群体多围绕游览、访友与参观等生活休闲需求在园区内活动。其园内出行目的较为统一，对出行效率较为包容，出行路径具有较大弹性；对园内环境与新兴服务具有较高的探索性和猎奇心理，通常希望可以获取兼具普适性和个性化的信息与服务。随机访客大部分以2—6人的集群为主要出行单位，独自出行较少，因此要考虑集群出行的无人车乘坐空间和秩序分配及服务内容与个体出行场景的设计区别。

根据调研，随机访客在园内的平均停留时间为0.5—3天，包含饮食、游玩、休闲、居住等多个服务场景，因此也要考虑不同场景之间的时序逻辑与转接条件。针对该类用户的无人车服务重点在于囊括多场景、面向多需求和兼顾个群性。相比商务访客群体，随机访客多为来自本市或周边地区的自发性人群，对于园区参访既具有一过性又具有发展潜力，而其对于园区的长期参访意愿与用户黏性则与园区内的服务体验感受呈正相关。

（四）第三方服务方

第三方服务方也是园区内无人车服务的重要使用人群，该群体对于无人车慢行服务的需求多为工作需求。无人车的工具属性也需通过高效精准的服务构建来传递给第三方服务方，从而简化其工作流程、提升工作效率、优化整体系统设计。

在非用户出行高峰时段，无人车可根据智能预测结果进行职能转变：可转换为辅助服务后台管理团队及服务方的工作辅助用具，对园区安防、巡逻、物品运输等标准化和重复性较高的工作进行流程优化或任务接管，同时也可转化为服务前台承载服务，例如物品贩售、精细化分拣与送达、多用途智能场景舱等，辅助或代替服务人员向用户提供多场景慢行服务。园区涵盖衣食住行产业商业等多种设施和功能，服务类型完善，无人车可作为服务传递和承载工具。此外一些外部服务提供方无须进入园区，可借助无人车来完成服务的最后一公里传递。因此在进行服务设计时应考虑针对短期甚至一次性服务方对于无人车服务的需求特点与具体场景。

对产业人员及其家属、商务访客、随机访客、第三方服务方四类园区无人车服务的典型用户群体进行用户画像分析，可以得到不同类型的用户出行目的、出行强度、出行规律、出行旅程细节、园区路径等方面的特征信息，明确不同类型用户出行行为的驱动因素、态度形成与底层需求，从而明确共享无人车慢行交通服务体系建构在用户场景方面的特征和规律。

三、关键类型用户旅程分析

在图6-16的典型用户画像分析中，产业居民及家属、商务访客、随机访客是重要的前端服务用户，是园区无人车服务的关键类型用户和主要接受对象。第三方服务方是该系统的服务提供参与方而不是服务最终接受者，因此本节不将其作为关键类型用户来进行用户旅程地图（User Journey Map）的场景需求分析。针对服务体验的研究常用到服务蓝图（Service Blueprint）与用户旅程地图这两种可视化信息图表研究工具。服务蓝图多是以服务提供者的视角来展示服务过程与服务质量，通过用户可视线将整个分析架构分为服务前台与服务后台。通过展示每一阶段为用户提供的前台服务及对应的后台支持和人员调配，来全面展示服务、优化体验、提升效率，是对从用户服务界面辐射到服务后台运行机制的梳理。用户旅程地图可有效了解用户是如何围绕着某个或多个目标去展开相关行为的，同时也展示了被研究对象与系统接触点的交互状态和旅程，从用户视角叙述服务体验，强调用户服务界面上的服务内容与过程。

（一）职工视角的无人车服务蓝图

将包含园区职工及其家属的家庭作为一个分析单元，通过无人车慢行交通服务蓝图（图6-16）来分析家庭成员一天中对于无人车服务的使用情况。

通过分析可知，不同成员对于无人车的预期使用范围均超出了园区通勤和出行代步的基本功能，无人车作为一个数字触点所提供的餐食预定、智慧家居照看、办公支持、客户接待辅助、车载交互、儿童看护等服务覆盖了园区常住人群日常生活的多个方面，人群对于无人车服务的预期需求也超越了出行范畴，逐渐朝着社区生活服务的范围和方向发展。

（二）访客视角的无人车服务用户旅程地图

园区访客的用户旅程多围绕游览与参访需求而展开，整个参访旅程分为行程前、行程中、游览中及行程后4个时序阶段（图6-17）。在不同阶段中，用户基于当下的核心目标通过与无人车服务接触点进行交互完成一系列行为，最终通过完成一个个阶段性目标来实现游园参访的整体目的。

通过对主要使用人群进行用户分析可知园区无人车慢行交通服务体系拥有多方利益相关者，主要可分为产业居民及家属、商务访客、随机访客、第三服务方4类典型用户。这4类典型用户构成了园区无人车慢行服务的主要用户群体，他们基于不同的行为动机与自身特点，借助无人车服务完成园内出行。同时，不同人群对于无人车出行服务的功能需求侧重也不尽相同，园区职工强调出行的便捷与对自身工作任务的辅助，其他居住人群则看重出行服务的舒适度和针对性，而访客游客则关注无人车出行服务的易用性与多场景衔接性。包括园区职工及其家属、游客访客在内的关键类型用户对于园区无人车服务的需求已超出交通范畴，他们对于无人车的需求正朝着满足自主移动性、时间增值性和场景主动性的复合需求方向不断演化，园区无人车的定位也应从交通载具朝着社区生活服务移动站的方向持续发展。

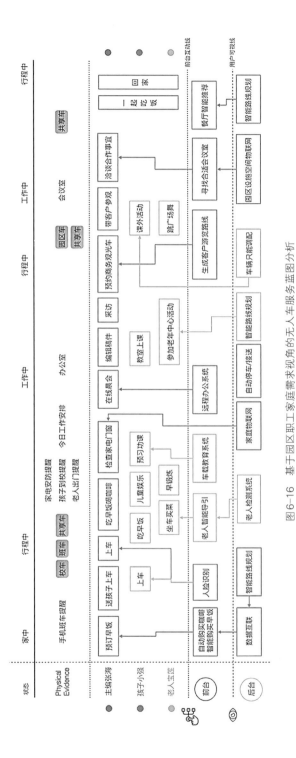

图6-16 基于园区职工家庭需求视角的无人车服务蓝图分析

第六章
职住平衡式园区慢行交通场景研究

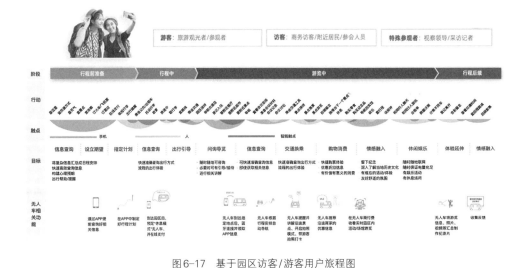

图 6-17 基于园区访客/游客用户旅程图

第五节 园区出行的任务场景分析

　　主要人群在慢行环境中的行为构成了其在该类慢行场景中的主要任务。职住平衡式园区内的人群行为可大致分为职业行为、生活行为、职业性公共服务行为与居住性公共服务行为（林沁茹，2019），不同类型的行为在融合性、时间性及空间性上具有不同特征。出行服务系统的功能多是基于人群行为而设计开发，但基于园区行为功能维度的分类逻辑无法为服务系统的功能选择提供决策依据。同时，人群出行行为由需求驱动，需求决定了产品的功能范围与服务价值，因此，本节将对园区主要交通主体的关键需求进行分析，并以此作为核心服务选择与开发的主要依据。

一、主要慢行出行主体需求汇总

　　用户在园区交通场景下的任务即为慢行出行，用户行为是围绕某个或多个需求而展开的，因此对于出行行为的研究需要结合该场景下不同用户的需求进行分析。

根据上文对于园区环境和使用人群的分析结果，笔者对于园区职工、常住人员、访客游客这3类主要人群进行无人车园区慢行交通需求汇总，得到以下14类重要需求（图6-18）。

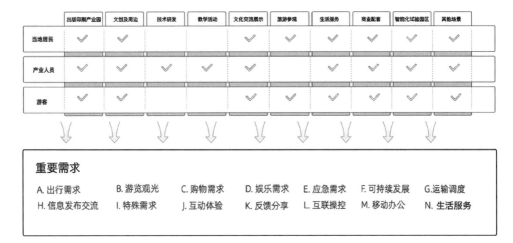

图6-18 园区无人车主要慢行交通主体的重要需求汇总

这些需求除了出行代步与调度运输是基于交通功能而展开，其余需求则超出了交通概念范围，是利用无人车作为智能载体、立足园区的服务场景而发展出来的社区慢行生活圈内的多样服务需求。

二、基于 Kano 模型的服务需求分析

（一）Kano需求模型简述

针对众多用户需求，如何从中挑选出有实践与研究意义的需求并为之后的服务设计提供方向引导，则需借助有效的研究方法和工具来解决。

Kano模型是日本学者狩野纪昭（Noriaki Kano）提出的针对用户需求进行优化分析与分类筛选的研究工具。该模型通过二维横纵坐标并基于服务的用户期待值满意度与用户主观满意度将用户服务需求分为5种属性：魅力属性（Attractive Requirement, A）、

必备属性（Must-be Requirement, M）、期望属性（One-dimensional Requirement, O）、反向属性（Reverse Requirement, R）与无差异属性（Indifferent Requirement, I）(Kano, 2001)。通过针对每种服务需求的调查问卷和调研评价属性归类，计算出每种需求的提供满意程度系数better与不提供不满意程度系数worse，将其对应到由better值与worse值为坐标轴的调查结果图中，为研究者进行优先需求筛选提供可视化的分析依据（Randy, 2007）。

其中Kano模型的第四象限为必备属性的功能特性，是最基本的用户需求，若没有满足该需求则会造成用户主观感受的失望，应在服务体系构建中作为首要功能进行考虑。第一象限中期望属性的缺失会令用户产生负面情绪，而用户对于第二象限魅力属性的缺失则不太敏感，因此应优先发展第一象限的期望属性，而后为第二象限魅力属性。第三象限的无差异属性不作为核心依据进行服务功能与需求的时序开发。

（二）基于Kano模型的无人车服务需求调研分析

在2019年进行的一项相关子课题研究中，笔者针对某慢行环境中的无人车服务进行了基于Kano模型的用户需求分析（Shi, Zheng, 2020）。参考其研究方法和研究路径，笔者通过在线问卷与用户采访对园区多名利益相关者进行了无人车功能需求调研，问卷抽样率为46%。在上一节得出的园区用户对于无人车服务的14类重点需求的基础上，挑选11类主要需求并形成相对应的服务功能，在调研中利用Kano模型，邀请受访者对此11类服务功能进行用户满意度与需求度的李克特5分量表测评，对测评数据进行统计并生成不同功能内容的评价分数，然后根据Kano模型better-worse系数的计算公式：

$$Better=(A+O)/(A+O+M+I) \quad (6.2)$$

$$Worse=-(O+M)/(A+O+M+I) \quad (6.3)$$

得出每一个功能需求的better-worse系数（表6-5）。

表6-5 基于Kano模型的园区无人车慢行服务用户需求调研结果（数据来源：本书调研数据）

序号	服务	O	A	I	M	R	Q	Worse	Better	样本总数
1	慢行出行	12	48	30	3	3	22	−0.161 3	0.419 5	110
2	信息沟通交互	25	34	32	3	3	21	−0.297 9	0.627 7	110
3	车载休闲娱乐	12	47	34	5	4	16	−0.173 5	0.600 0	110
4	购物消费	16	44	33	2	5	18	−0.189 5	0.631 6	110
5	参访导览讲解	13	48	35	1	3	18	−0.144 3	0.628 9	110
6	访客接送	11	43	40	3	4	19	−0.114 3	0.556 7	110
7	移动任务	13	41	44	1	4	15	−0.141 4	0.545 5	110
8	休闲散步	10	41	43	3	1	20	−0.134 0	0.525 8	110
9	安保巡逻	7	38	49	3	2	19	−0.103 1	0.463 9	110
10	主题活动	8	35	49	2	7	17	−0.106 4	0.457 4	110
11	物品递送	8	30	53	4	7	16	−0.126 3	0.400 0	110

将Kano模型计算得出的需求调查结果呈现在Kano归类象限中，发现慢行出行是处在第四象限的必备属性，与笔者的预测结果相一致。即基于无人车的慢行出行是整个服务体系的核心设计内容，应围绕提升出行服务体验来进行多方面的分析与设计。在第一象限期望属性（图6-19）中，一共有3个服务内容，分别为信息沟通交互、车载休闲娱乐、购物消费。其中信息沟通交互功能的worse系数绝对值为0.287，其他3项的worse系数绝对值在0.16—0.17之间，前者远大于后3项系数绝对值，表明用户对于不提供良好的人车信息交互功能非常敏感，若没有提供此功能，用户的负面情绪与失望值将会很大。第二象限魅力属性中有参访导览讲解、移动任务、访客接送、休闲散步4项内容。其中参访导览讲解的better绝对值为0.629，说明大部分用户较为认可该

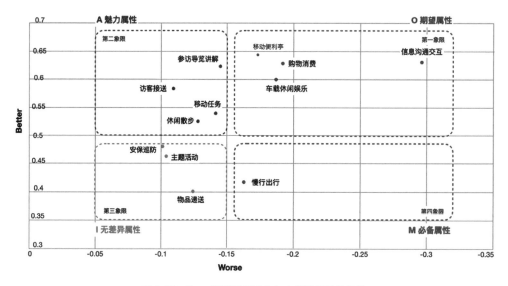

图6-19 Kano模型园区无人车功能服务属性归类

功能的提供。安保巡逻、主题活动、物品递送则处于无差异属性象限中（Shi, Zheng, 2020）。

最终根据上文的用户需求汇总和基于Kano模型的需求分析结果，构建起以职住平衡式园区的交通出行与运输调度为核心主轴，以移动任务、信息沟通交互、车载休闲娱乐、购物消费与参访导览讲解为重要组成方面的园区慢行交通主要出行主体的多样需求矩阵。在该矩阵中，无人车出行服务是核心功能，为用户提供园区内部的通勤与代步出行服务。同时，出行服务作为基础功能，为其他服务提供了场景支持与实现背景，不仅可为用户提供同在性时空场域下的时间增值复合服务，例如移动办公、信息沟通反馈、消费购物等；也可为用户提供遥在性时空场域下的基于无人车的人车共在性智能服务（覃京燕，等，2018），例如服务预约、时段需求感知与预测、遥性空间信息探测等。

通过对园区主要使用人群进行基于Kano模型的服务需求与功能分析，可知主要用户对前瞻性无人车慢行服务的需求包括出行运输、购物、沟通、游览和休闲等模块，应据此强化对无人车相关功能服务的设计。

第六节 行动研究结论

一、方案反馈与协同设计

根据行动研究的内涵要义,当针对待解决问题形成了初步设计方案时,研究者应邀请部分用户或者项目利益相关方加入方案商议,通过协同设计收集反馈意见再次优化方案,并持续迭代,得出最终研究结论。

笔者从上一轮的17位行动研究参与者中挑选了14位,又邀请了3位设计师来共同参与设计方案的测试与迭代。17位参与者包括园区职工、园区职工家属、园区服务合作方、无人车服务设计师,从人群代表、需求普适和技能专业方面都能较好保证研究项目参与群体合理性。笔者通过服务原型工具与口头讲述展示和讲解了园区无人车慢行服务体系设计方案,包括园区环境设计、主要服务流程、关键用户旅程图、服务触点设计。最终笔者通过观察与引导式访谈对参与者的反馈意见进行了记录总结(表6-6),访谈具体问题详见附录D。

表6-6 主要利益相关者对于设计方案的反馈结果

编　号	Persona类型自评	园区工作/居住类型	反馈收集方式	方案评分	协同设计结果
S1(园区招商经理)	园区职工、第三方管理人员	工作+居住	面对面访谈	8/10	目标无人车与用户的双向身份识别环节加强
S2(园区生产专员)	园区职工	工作+居住	面对面访谈	8.5/10	无
S3(园区生产专员)	园区职工	工作	面对面访谈	7/10	如何得知自己预订的无人车是哪一辆
S4(园区采购专员)	园区职工	工作+居住	视频采访	7.5/10	无

续 表

编 号	Persona类型自评	园区工作/居住类型	反馈收集方式	方案评分	协同设计结果
S5（园区出版社职工）	园区职工	工作+居住	面对面访谈	6/10	用户寻找自己预订的目标无人车
S6（园区营销职工）	园区职工	工作	视频采访	9/10	如何通过显性服务触点建立服务范围感知
S7（园区营销职工）	园区职工	工作	视频采访	9/10	明确无人车的运行路线和范围
R1（S4家属）	园区职工家属	居住	视频采访	9/10	与无人车如何通畅沟通
R2（S5家属）	园区职工家属	居住	视频采访	7.5/10	无人车的服务费用问题
R3（S5家属）	园区职工家属	居住	视频采访	8/10	无
M1（园区保安）	园区管理方	工作	面对面访谈	10/10	无
M2（园区餐饮服务合作方）	第三方服务方	工作	面对面访谈	7/10	无人车对于用户的准确识别
M3（园区商业合作方）	第三方服务方	工作	电话采访	9/10	无
M4（园区保洁）	第三方服务方	工作+居住	面对面访谈	8/10	在无人值守情况下人与无人车的理解和沟通
D1（服务设计师）	商务访客	参访/临时住宿	面对面访谈	8/10	人车识别、无人车针对不同用户并基于场景变换进行主动需求感知
D2（服务设计师）	访客游客	参访	面对面访谈	8.5/10	提高服务的功能可见性与易用性
D3（交互设计师）	访客游客	参访	面对面访谈	9/10	简化无人车服务使用流程

根据表6-6可发现在多个无人车服务阶段中，大部分参与者十分关注目标无人车与下单用户之间的双向识别和人车匹配阶段。同时，当用户进入无人车后如何在无人值守的情况下与无人车进行沟通、无人车如何在不同场景中主动感知不同用户的实时需求并提供合适的人车交互模式也是部分参与者所关注的重点。

二、基于参与者反馈的设计迭代

笔者基于以上协同设计的结果，对设计方案进行了优化调整。其中，参与者S1、S5、R1和M4均表达出对用户在上车前人车互认及上车后的人车交互环节的担忧，认为这些环节有可能会存在服务使用困惑，应通过设计介入引导用户清晰使用服务。因此笔者在无人车服务的用户旅程图中加入了用户情绪评价矩阵，并将多位参与者的情绪反馈平均值反映在情绪曲线上。通过在不同服务阶段观察用户情绪感受，识别出整个服务过程中的情绪低点或高点，在情绪低点通过简易轻松的服务内容与交互模式缓解用户的负面情绪反馈，将部分复杂功能安排至情绪高点阶段，或直接将不必要的人车互动环节删除，并尽可能在服务临近结束前设置情绪高点，提升用户对于无人车出行服务的感受评价。

以基于访客/游客视角下的园区无人车慢行服务用户旅程设计分析（图6-20）为例，在访客初到园区后，园区无人车服务预订和使用、寻找无人车等候区域、与目标

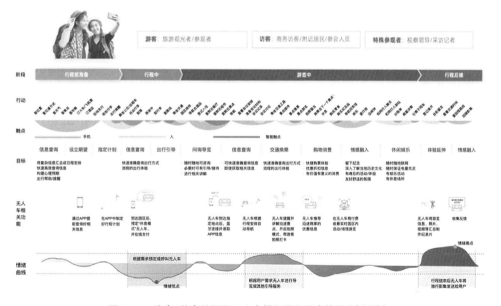

图6-20 访客/游客的园区无人车慢行服务用户旅程分析更新

无人车识别及上车后的人车交互环节是令用户感到未知与焦虑的关键部分。因此在以上场景，应多设置对"首次用户"来说可感知性、可触及性、可达性高的园区无人车服务接触点，及时为其提供有效的行为引导和简单易用的服务界面。

（一）构建明确的无人车服务空间与引导标识

在园区主出入口处、核心区、主要功能建筑周边设置无人车等候专区，针对访客游客群体设置"首次用户"用车专区；通过有识别性的道路标识设计规划出无人车服务了解专区、等待专区和上下车专区（图6-21），引导新用户完成"了解—下单—等待—上车"服务流程在空间环境中的组织与映射，防止出现人群无序、保证无人车服务的高效运行，从而缓解用户在无人车服务预订、人—无人车身份互认等情绪低点可能出现的焦虑情绪，在无人值守的情况下也能为用户提供明确的行为指导。

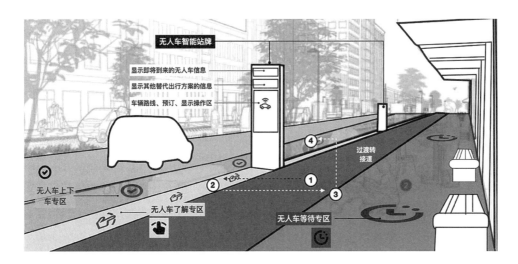

图6-21　园区主出入口处无人车了解专区、等待专区、上下车专区空间设计（图片来源：笔者自绘，迭代自Chapin, 2016）

（二）在主要上下车专区设置无人车实体站牌

为了向全年龄段人群提供更可触达的服务端口，应在无人车等候区与了解区附近设置无人车实体站牌（图6-22）。该站牌配备双面数字屏幕，每一面的数字屏幕由3部

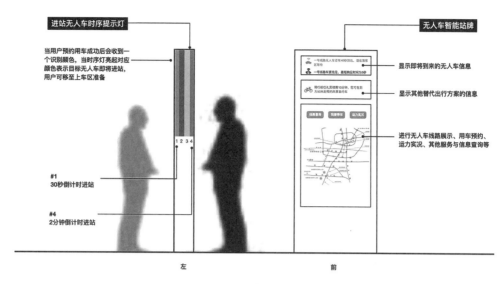

图 6-22 园区无人车智能站牌优化设计

分组成：无人车信息显示屏、其他出行信息显示屏、服务操作屏。用户可通过前两部分内容获知园区内慢行出行服务的实时运行状况，同时可在靠近下方的屏幕上进行无人车服务查询、路线及状态查看、服务购买与预约等操作。站牌两个侧边均设置了无人车进站时序提示灯。当用户创建无人车服务订单成功时，系统会发送给用户一个认证颜色用以识别目标无人车；当目标无人车进入 2 分钟进站倒计时，位于最右侧的 4 号灯牌会持续闪烁提示用户，用户可提前在指定的上车区准备，系统依次以 30 秒为一个单位向左侧顺序递进，直至还有 30 秒进站时最左侧的 1 号灯条会持续显示该颜色，引导用户顺利识别目标无人车。而当多辆无人车同时进站时，每号灯条会均分为不同部分来分别进行提示。该站牌可对首次用户进行服务使用行为引导，是上车前的整体服务动线在慢行空间中的可视分布。

笔者将调整后的设计策略更新至方案中，并重新邀请 17 位参与者对新方案进行讨论。笔者尤其针对"用户与目标无人车双向身份识别"等情绪低点环节的设计进行重点阐述，70% 的参与者表示更新版的园区无人车服务空间设计策略将会有效减少他们在服务学习、服务预订、人车相认等情绪波谷阶段的负面情绪。同时，笔者邀请每一位参与者对更新后的设计方案重新评分，最终平均得分为 8.97 分（满分 10 分），较优化前的方案得分（8.04分）提升了11.6%，基于协同设计的行动研究显著提升了分析结论与设计策略的合理性和有效性。

第七节　园区慢行交通系统的场景特征与设计策略

通过对新闻小镇园区无人车慢行交通服务体系设计行动研究的多轮迭代，明确了在职住平衡式园区的慢行场景下，构建无人车服务系统在环境空间、街道系统、运行机制、服务组织等方面所需的条件特征，并根据"环境—用户—任务"的场景分析模型对园区慢行服务场景中的环境、用户和任务子场景进行了研究，总结出了3个子场景的特征和园区无人车慢行服务构建设计策略，这同时也是新闻小镇园区无人车服务设计行动研究的重要理论产出。

一、环境子场景特征与设计策略

（一）环境空间特征

结合本章第三节的研究结论，可知职住平衡式园区通常具有以下环境空间特征：

1. 多位于城市郊区

园区多分布于超大型城市的远郊区或特大型城市的扩张地带。该类园区距城市主城区或核心区的距离较远，多通过城市快速干道、高架桥路网、城市轨道交通等交通动线与主城区连通。此外，该类园区周边多会分布湖泊、森林、公园等自然生态地块。

2. 多为完整大面积地块

园区的用地规模较大，常为边界清晰、形态完整的大宗地块，占地面积多在1.33平方千米以上。有时会因开发步骤与时序先后而分为多个子地块，分散子地块之间通常会进行空间连通，但在已交付子区域与正在施工的子区域之间会有明确的人群阻挡与安全阻隔。

3. 多拥有层级丰富的内生道路系统

园区整体面积较大，囊括功能区众多，通常需要高效完善的路网进行内部交通组织。其内部交通动线多依据地块形态纵横分布，拥有多层级的内部道路体系，但有时也会有部分城市级道路贯穿其中。整体路网包含综合性、生活性、交通性和景观休闲性道路，根据组团功能与形态分布于园区中。

4. 功能分区形态较为规则，空间分布疏密协同

园区的功能分区较为明确，功能配套类型丰富。其功能组织服务面向多为内向性，即面向园区的职住人群及访客人群。重点功能配套多分布在交通便捷的核心区，常坐落于建筑基座或首层，或以独栋建筑的形式存在；此外在园区主出入口的沿街立面处有时也会设置少许功能配套。

功能分区在内部空间分布上呈现出基于类属的集群。产业区和生活区之间常有明显区分，生活服务区则会根据园内核心交通动线分布。刚性生活配套多以零星散点式分布于产业区和生活区内，同时也以集群式分布于园内出行通达的主要区域，休闲类生活配套则多分布于生活功能区的附近。在功能分区形态上整体多呈现出较为规则的矩形和连续带状。

（二）基于环境特征的空间设计策略

1. 建立多级多阶的双向无人车专用道

根据无人车不同层级服务的运行路线与行驶范围设置多层级的园区道路系统，并根据无人车全面普及过程的渐进性，适时跟进分阶段的无人车道路优化工程。同时，根据不同时段、基于不同服务需求灵活配置无人车的服务功能。

2. 构建"人车匹配"等情绪低点环节的引导性环境设计

应设计与"进入—了解—等待—上车"的出行前用户服务流程相对应的无人车服务路缘空间动线专区。在固定站点的路缘空间构建多功能区与站牌相联动的服务空间，在非固定站点的路缘空间则应基于时段与需求预测进行无人车服务空间转换，建设动态即需的无人车服务路缘空间优化机制。通过环境引导性设计缓解用户在无人车服务了解、用车下单、人车身份识别与匹配等体验情绪低点时的使用困惑。

3. 基于智能技术强化车牌、标识系统等空间服务触点设计

无人车站牌与标识系统在全程无人值守的服务过程中是为数不多可让使用者获取服务讯息的服务触点，这些触点构筑了服务提供方与使用方的沟通界面，承载了服务内容与交互行为，也利用智能技术加强了对于用户需求与服务场景变迁的主动感知，在与用户的有限交互中获取更多精准数据。如在迭代设计方案中的园区无人车站牌可发起与用户的主动交流，以此判定用户对于无人车服务的熟知程度，从而为其提供更具针对性与关怀感的"首次用户"服务引导，如上下车时无人车内的语音指导等。

二、用户子场景特征

（一）4种类型的典型用户画像

对于处在萌芽与生长周期的新兴服务，对大量用户数据进行清洗与分类并生成具有普适性的典型用户细节，是为服务设计提供方向判断的重要方法。本书确立了以园区职工及家属、商务访客、随机游客、第三方服务方为主要用户类型的园区无人车服务典型用户；同时，每类典型用户内部的沟通也十分密切，在进行服务设计时应区别单独出行和集体出行场景的不同，并针对不同人群特点和需求进行针对性服务构建，加强无人车服务与不同用户之间的服务通达度。

（二）基于主要典型用户画像的多维需求

上文得出的4类典型用户的前3类为无人车服务的主要接受方，也是主要用户需求的分析来源。处在不同服务使用阶段的用户对于不同的服务特质也会赋予其不同权重（Karapanos, 2007）。而服务使用经验的长短将会显著影响不同用户对于服务品质的观点与核心需求。3类典型用户对于园区慢行出行的主要需求侧重略有不同：园区职工用户，即职住人群更强调出行通勤的便捷性及无人车服务对于自身工作的辅助功能，侧重关注无人车服务的工具性；园区职工家属，即居住人群更关注无人车服务的舒适性与个性化，侧重于无人车服务的体验性；而园区访客游客，即首次用户，则对无人车服务的可用性和多服务场景的衔接更在意，侧重关注无人车服务的引导性。笔

者由此构建出囊括园区无人车服务工具性、体验性与引导性的多维用户需求模型（图6-23）。

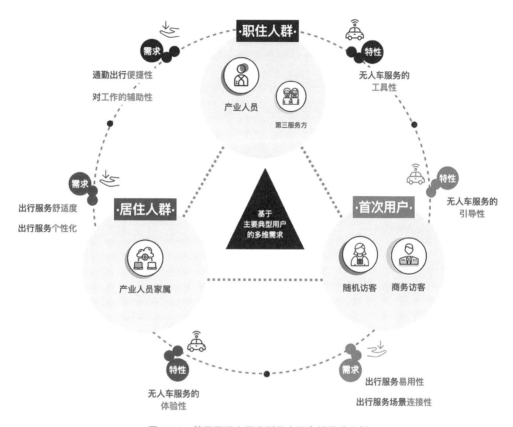

图6-23 基于园区主要典型用户的多维需求分析

三、任务子场景特征

（一）建立"一轴五面"的园区人群交通行为需求

根据本章第四节用户多维需求与第五节Kano分析模型对主要使用人群在园区慢行交通场景下的行为动机进行分析，构建出以园区交通与运输调度为核心主轴，以移动任务、信息沟通反馈、休闲娱乐、消费购物与游览观光为组成方面的"一轴五面"园区人群慢行交通行为矩阵，这可帮助研究者厘清在职住平衡式园区中人们的主要交通行为需求，并可以此来重新思考园区内人们的生活方式、空间组织模式与社会关系。

（二）建立园区慢行出行行为的新内容

借助无人驾驶技术的发展与服务体系设计方法的思维创新，城市职住平衡式园区的慢行出行行为的内涵也得到了内容更新与范围延伸。通过本书研究分析可知，园区出行从传统的由A点到B点的位移操作（Operation）逐渐向追求效率与舒适性的出行行为（Action）发展，并最终朝着满足自主高效移动、进行自主智能连接、创造个群时间增值性、提供场景主动感知的慢行活动（Activity）方向不断演进（图6-24）。

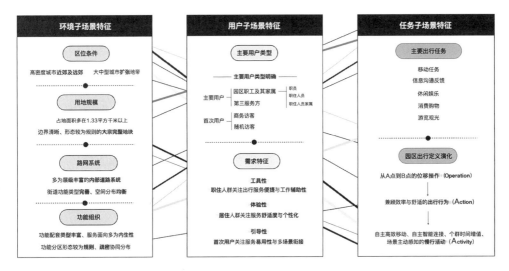

图6-24 面向无人车服务的园区慢行交通场景特征分析

小结

由于园区在服务商业化与产业化方面更加成熟，其在服务质量、用户需求响应速度、系统效率等方面的要求更高，在人员复合度、场景融合度、对外交互度方面的复杂性也大幅高于校园和住区。因此，不同于针对校园和住区慢行场景所使用的主要研究方法，本章将基于设计实例的行动研究作为主要研究方法，针对职住平衡式园区慢行交通场景进行实证分析并生成设计方案，并邀请参与者进行协同设计研究。其中，通过交通空间选择度和整合度分析园区环境，通过利益相关者地图、用户画像和关键用户旅程分析园区用户，通过Kano模型确立核心出行需求与功能服务，并由此产出行动研究设计方案。最终基于用户反馈优化迭代设计方案，在实践中完善研究结论，得出包含环境、用户、任务3个子场景的职住平衡式园区慢行交通场景特征和空间设计策略（图6-25）。

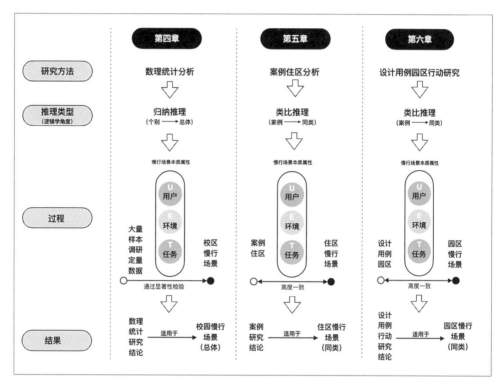

图6-25　校园、住区、园区所得研究结论的普适性分析

第七章　基于共享无人车服务的慢行交通场景表征体系

本章主要是对校园、住区、园区慢行交通实证研究的分析与总结。首先对3个慢行交通服务场景之间的共异性进行对比分析，发现3区在环境方面的共性较多，在用户人群方面则存在差异。接着基于用户和主要需求的分类结果，明确用户和需求之间的类型映射关系。然后是对场景空间形态特征的明确与总结。最终建立了包含特性描述、内容元素、发展趋势、适用方法和解决方案特征的共享无人车慢行交通服务模型。

第一节　3种慢行场景的对比分析

本书在第四至第六章分别对大型高校校园、城郊大型住区、职住融合式园区的慢行交通问题进行了实证研究，发现3区在空间、用户与出行任务方面各有特征，其中在功能场景、交通类型、出行路径等方面较为相似，构成了慢行交通问题的基本框架与大致面向，但也在群体结构、个体标准、出行链形态等方面存在差异。本章将基于针对3区的实证研究结果，对这些异同点进行梳理与总结，从而对第三章建立的初步场景模型进行验证与优化，最终得出无人车慢行交通服务场景模型。

一、慢行场景相似性

（一）多场景融合

本书讨论的3种环境对象的占地面积都较大，校园占地面积多在150万平方米以上、住区占地面积多在19万平方米以上、园区占地面积多在400万平方米以上，在同类型场景中均属于较大规模。且由于城市中心区高昂的用地成本及部分城市职能的区位转移，以上大面积的慢行场景也多分布在城市郊区，而受限于城郊的生活配套服务密度与服务质量，大部分慢行环境都致力于构建复合内生型生活圈。以高校校园、大型住区、职住平衡式园区为代表的慢行环境中多拥有较齐全的生活设施网络，可提供涵盖生活、工作、休闲、娱乐、医疗等全域日常服务，令一站式生活服务闭环逐渐成为可能，同时空下基于需求预测的服务整合也成为该类空间中新的慢行活动特征。这不仅为不同类型的服务语境提供了迁移基底，也为多样化的生活场景融合创造了需求背景与实现条件。因此，基于服务联动的场景融合性是以上3类空间慢行系统所具有的共性之一。

（二）出行转接

城郊大型高校校园、城郊大型住区、职住平衡式园区3类场景中的慢行交通多为过境式出发交通、过境式到达交通、内循环交通3种主要形式。其中发生在校园与园区中的交通类型以内循环交通为主，人群交通轨迹为多场所（场所数大于等于3个）的出行链（Trip Chain）；而发生在住区中的交通类型则多以转换式出发交通和转换式到达交通为主，内循环交通较少。而无论是以短途高频为主要出行模式的校园和园区出行，还是以过境式出发/到达交通为主要出行模式的住区出行，单次出行模式多为过渡转接式交通，即通过该次出行转接至通向目的地的交通轨迹中，出行具有过境性而非最终目的地的路径直接指向性，或从目的地出发到达的第一个场所一般都不是当日出行链的最终目的地，而是当日出行活动中的一个过渡场景。

（三）路径趋同

校内师生在时间安排与地点分布、对环境的熟知度、区域内资源掌握度、服务需求度、兴趣偏好等个人特质与社会经济地位方面具有一定的共性，校园服务较为强调公共性与秩序性。园区主要人群在出行路径与出行时间方面也具有较高的相似性，无人车服务在保证集体性的基础上也应满足一定的个性需求。因此校园与园区在多类资源的规划与管理方面都具有较强的时空规律。而城郊大型住区的人群构成虽相对松散，但由于住区环境各功能节点的公共性，因此在职能分布上也呈现出一定的中心集成性。以上因素都导致了在以城郊大型高校校园、城郊大型住区和职住平衡式园区为典型代表的慢行交通场景中，人群的出行路径均具有一定的趋同性（图7-1），这种趋同性体现在交通出行量（Origin Destination, OD）、时辰分布、时间消耗、起讫点位置、路径规划与选择等方面。

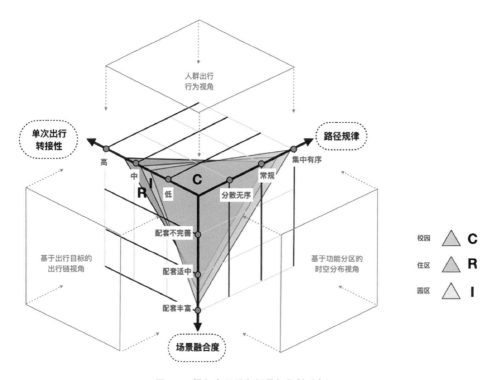

图7-1　慢行交通服务场景相似性分析

二、慢行场景差异性

（一）群体结构

群体结构（Colony Formation）是某集体中单独个体的构成，包括个体成员的年龄分布、教育程度、能力层级、性格成分等方面，群体结构配置的优良与否对于集体行为或协同工作的质量和效率有着重要的影响作用（薛东前，等，2003）。

在群体结构搭配性方面，高校校园以师生为主要人群，另有少量访客，群体结构呈现一定的同质性，多样性较弱，降低了管理与服务的复杂性。职住平衡式园区的人群结构丰富性则略有提升，成员构成与人群背景出现了分化，形成了以职住人员、职员及家属为主，外来访客为辅的用户群体，人群组成基于主要类型用户进行细分，在保证一定的集体秩序的同时也提升了人员构成的多样性。而城郊大型住区的人员混居程度相对最高，用户个体之间的分化性与差异性较大，这一定程度上提升了住区的内生活力，有助于住区进行更加包容丰富的"社区营造"，但同时也会因不同个体间在环境感知和服务期待等方面的差异，从而造成一定的利益冲突隐患。然而随着打造"社区文化"成为越来越多住宅小区的氛围培育目标以及住区物业管理能力的提升，未来住区的内生凝聚力会不断加强，即使在群体结构差异性较大的情况下也可有效保证公共生活与公共服务的良好秩序。

（二）个体标准

由于3个场景内主要人群结构多样性较为不同，因此在用户的关注重点、需求分布、品质感知、服务期待等方面的个体标准也具有一定差异。高校校园的人群构成统一性较强、社会经济地位较为平均，校园服务的公共属性相对最强并具有一定的福利性，因此对于包括慢行交通服务在内的公共服务，校园主要用户的判定标准核心为"成本"，且不同个体之间的评定标准差异不大。同时，在服务期待与品质方面，校园主要人群也普遍具有较高的包容性，其关注重点与功能需求较为一致。

职住平衡式园区的人群分化度适中，主要用户在园区内的出行与活动多围绕生产与生活展开。最初出现职住平衡式园区的孵化动机就是为了避免职住分离而造成的城市空间失配问题（曹璐，等，2021），以此降低职工通勤时间、减少"钟摆式"城市交通出行量。因此，囊括慢行公共交通服务在内的园区公共服务的核心标准为"效能"，即在保证成本与资源可持续性发展的同时，达到尽可能高的服务品质。此外，不同个体间对于公共服务品质的期待与评定标准的差异性适中。

城郊大型园区的公共服务则具有较高的市场经济性。居住人群向住区管理人员支付物业管理费并委托其对业主居住的公共环境进行日常管理与维护。作为业主购买的商品，住区公共服务的判定标准核心为"品质"，居住人群会基于支付的服务费用来对住区公共服务建立品质期待与评定标准，且不同个体之间对于服务品质的评定标准与关注重点也具有较大的离散度和分异性。

（三）出行链形态

通过上一节对于场景内出行类型的分析可知，虽然都属于转接式交通，但大型高校校园和职住融合式园区的出行以内循环交通为主，而城郊大型住宅小区的出行类别以过境式出发交通与过境式到达交通为主。这种在过渡型交通内部的细微分化在出行链形态方面呈现出较大差异。根据本书第四章对大型高校校园出行状况的实证研究结果可知，该类慢行交通场景内的出行以"短途高频多场所"为主要特点：单日出行频次多在3—5次之间、单次出行距离多在1 000米内，占比最高（21.64%）的单日区域出行链贯穿的场所数量为5、场所类型数量为4，主要人群在校园内部就可完成全部的日常活动，从而构建出均衡、频繁、连贯与完整的出行链闭环。职住融合式园区因高功能复合性与场景融合性所构成的内生服务生态圈，其内部出行特点也同样呈现出以上特点（图7-2）。

而根据第五章对于城郊大型住区出行状况的实证研究结果表明，该场景内的出行类型多以"中短途低频少场所"为主要特征：周末单日平均出行频次主要在2—3次之间，而工作日单日平均出行频次主要在1—2次范围内；出行目的以过境式出发/归家为主，同时也有部分出行目的为内部休闲健身，而单次出行距离主要根据出行目的发生变化，过境出行多在500—1 000米之内，内部休闲出行多在1 500—3 000米之内；出

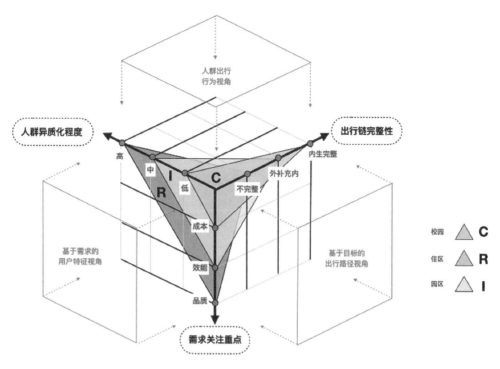

图7-2 慢行交通服务场景差异性分析

行途经场所也多分布在家与目标功能节点之间。转接式通勤出发/归家交通无法构成完整的内部出行链,而起止点都在住区内的休闲交通的出行链形态则呈现出重复性(表7-1)。

表7-1 慢行交通服务场景的共异性对比

		相 同 点	差 异 性
	1	多场景融合——"融合性"(环境面向)	群体结构(用户面向)
	2	出行转接——"过渡性"(行为面向)	个体标准(用户面向)
	3	路径趋同——"径向性"(环境面向)	出行链形态(行为面向)
演化基础		公共性	个体性
特征分析		基于场景环境共性的行为趋同	基于用户细分差异的需求分化

第二节　用户分类与需求特征分析

根据本书第三章得出的UET无人车慢行服务场景分析框架，本书在第四至第六章中分别对城郊大型高校校园、城郊大型住宅小区、职住融合式园区进行了实证研究，得出了环境、用户、任务3个子场景的具体特征。通过对3区的用户子场景特征进行梳理发现，其用户特点与用户需求具有一定的关联性与相似性，并由此提出共享无人车慢行交通服务体系用户特点及需求特征。

一、基于"生命周期"概念的主要用户类型

此处的"生命周期"主要援引的是"产品生命周期"（Product Life Cycle）与"家庭生命周期"（Family Life Cycle）理论。"产品生命周期"主要是指某一产品或服务从在市场上问世到从市场上消失、丧失经济竞争力的完整发展过程。其主要包括萌芽期、增长期、成熟期和衰败期4个阶段（李育晖，2022）。不同阶段有不同的发展目标，例如处于萌芽期的产品或服务应着重向用户进行功能介绍和使用引导，处于增长期的产品应开发新的衍生功能。当用户初次使用某个新兴产品或服务时，并没有对该产品或服务构建感受与使用上的心智模型，需要一定的设计进行引导。而长期使用某产品或服务的人群，则会关注该服务的工作效能与品质。

而基于"产品生命周期"理论并依据人群对于无人车服务的熟悉度，可将城郊大型高校校园和职住平衡式园区的主要用户分为"首次用户"和"长期用户"。"首次用户"包括校园访客、园区商务访客与随机访客，主要指第一次使用该服务的人群。"长期用户"包括高校学生及教职工、园区职工、职住人员及其家属和服务人员等具有多次服务使用经验的用户。

笔者曾在本书第五章关于城郊大型住宅小区出行状况的研究中对"家庭生命周期"进行过简述。按照所处生命周期阶段的不同，可将家庭分为单身型、已婚型、满巢1型、满巢2型和空巢型5种类型。调研发现，城郊大型住宅小区住户的主要家庭类型为单身型、已婚型和满巢1型；此外，不同类型的家庭在住区慢行交通行为与服务需求方面也与"家庭生命周期"所处阶段具有较强的关联度和规律性。

因此可知，3种慢行交通服务场景的主要用户都可从产品和家庭生命周期的角度对用户进行类型区分与特征分析，这有助于进行更具针对性的用户研究。

二、工具/体验/辅引的主要需求类型

3个慢行场景中的用户人群虽有一定差异，但通过总结发现3个慢行场景中的大部分用户对于无人车服务的需求主要集中在工具性效能、体验性交互和辅引性协同3个方面（图7-3）。其中工具性效能包括个体便捷出行与服务效能，体验性交互包括出行品质与沟通交互，辅引性协同包括流程引导和功能辅助。长期用户比较看重无人车服务的效能与体验，首次用户则较为关注无人车服务的辅引功能。在用户—需求类型方面：

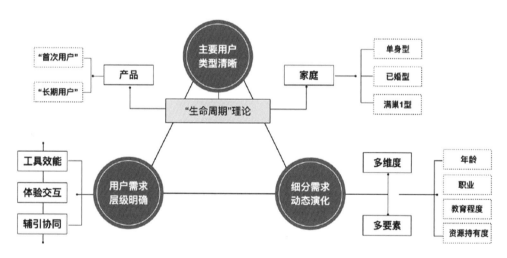

图7-3　慢行交通服务场景用户与需求特征分析

单身型家庭较为关注日常出行品质与沟通互动，已婚型家庭对个体便捷出行和效能较为看重，满巢1型家庭比较期待家庭协同出行与宜童帮辅性的服务功能。园区职工看重服务的工具性，居住人群则强调服务的舒适度。

三、慢行交通服务的用户需求细分

在产品生命周期与家庭生命周期上属于同一类型的用户若基于不同维度和要素细分，其对于慢行无人车服务的需求度与期待值也具有一些差异。其中，年龄、职业、教育程度、资源持有度是较为重要的影响因素。第五章的调研表明，年轻人和高学历（硕士及以上）人群对基于无人车慢行交通服务的期待度普遍较高；中老年（51岁以上）群体较为关注服务的公平性，当他们使用共享无人车服务时，会在意其他乘客的使用秩序。拥有较多交通资源与地缘优势的人群普遍没有太严重的"换乘焦虑"，并不十分关注共享无人车在车内向用户展示与外部公共交通换乘信息的功能。第四章的研究结论发现，教职工在校园慢行中更关注出行本身，对人群连接与环境连接的需求较弱；大部分学生的注意力在慢行出行途中会参与进和周边环境有较强交互的活动中。

用户人群的不同类型特征会显著影响用户在上车前、行进中、下车后的行为与感受。对此应结合3类慢行交通场景的空间特征，构建更加明确的场景模型。

第三节 场景空间形态特征分析

基于前文的研究结论，可以发现3区场景在空间形态上具有一定的共性，但在共性特征方面也存在细微分化。本节将对3类场景的环境空间形态从区位条件、用地规模、空间构成、功能组织和交通系统5方面进行特征分析。

一、区位条件

慢行交通环境场景的区位选择通常会受到政策、自然环境、人口分布、交通条件、城市发展、政府行政能力等因素的影响,但大型高校校园、大型住宅小区、职住平衡式园区在区位分布上具有较多共性,如多位于城市边缘地带或近郊远郊区(距离老城区10—13千米),也有少部分位于城市的拓荒新区(程富花,等,2011)。其周边的建设开发程度较低,交通通达度普遍较高。而按照细分特征,则可主要分为以下3种区位分布模式(图7-4)。

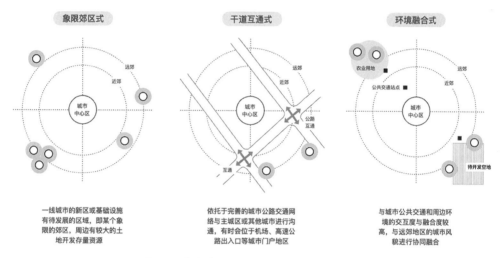

图7-4 慢行交通服务场景的3种区位分布模式

(一)象限郊区式

高校对于周边地区具有较大的经济发展带动作用,庞大的学生群体能为区域经济提供稳定的输出现金流,因此在一线城市中,多倾向于在城市新区或基础设施有待发展的地区进行建设。在二、三线城市的高校有时也会选择在略有发展基础的区域进行开发。因此大部分大型高校校园的新校区多位于大城市、特大或超大城市的近郊及远郊区,或大中型城市的边缘地带。其多通过城市快速路干道、城市或城际高速网络与城市核心区或城市门户以外的区域进行连通；考虑到高校的未来发展性与功能性，选址周边多具有一定的自然景观环境资源与较大的土地拓展资源。

（二）干道互通式

我国大部分职住平衡式园区多位于特大或超大城市的近郊或远郊区，部分园区依托在已有部分产业基础的城市既有工业地带上继续发展，也有部分园区则在新开发的区域内进行创新发展，并较有可能成为城市新的活力中心。园区由于产业发展与商务沟通的需求，往往更加依赖于完善的城市公路网络与周边地区进行互通，对城市及城际交通具有强烈的依傍性与伴生性。有些园区则位于机场、火车站、高速公路出入口的附近，作为城市产业门户和交通枢纽与外界进行沟通。

（三）环境融合式

由于住区的居住人群与城市活动的互动性相对更强、个体需求与出行路径差异较大，以及内向生活圈的构建有待更加完善，因此大型城郊住宅小区多伴随城市快速干道的延伸在城市近远郊区展开，对于公共交通有较强依存性，其中部分城郊大型住区采用TOD模式进行规划建设。同时由于城市边缘多为农业、畜牧用地或未开发工业用地，其自然生态环境与地形地貌比城市中心区更加原始并具有特色。因此城郊住区在进行规划建设时也多基于当地自然环境与社会人文风貌，进行保留、维护与协同式建造，令住区氛围与当地环境风貌更加契合。因此，城郊住区是内部环境与外在区位双向渗透与融合度相对最高的一种慢行交通环境。

二、用地规模

影响慢行交通场景用地规模的因素多与城市道路、配套设施、地形地貌等方面有关，而在本书的研究语境中，更需要考虑行车安全、交通管理范围和权责问题（图7-5）。目前适宜L4级无人车运行的慢行交通环境应是具有明确空间围合、与城市开放道路及交通系统有所分割、具有一定配套设施的独立慢行空间。此外，平原地区

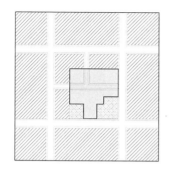
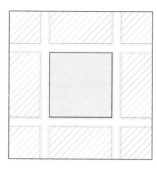
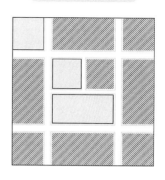

图7-5 慢行交通服务场景的3种用地规模模式

的慢行交通场景用地规模受地形因素的制约较小，山区丘陵地形则对用地尺寸的影响力较大。

（一）建筑密度较低的中型地块

城郊高校校园通常为国有用地直接划拨，并为国家教育部或其他直属部门、省市政府或省市属教育厅等公共机构持有，但高校校园自身拥有独立的自治和管辖权。其建筑密度较低，面积多在1.73—4.67平方千米之间，可容纳在校学生10 000—40 000人左右，与城市道路的关系多为多边临近或穿行整合（吴晓，等，2018）。

（二）完整规则的大宗地块

职住平衡式园区因囊括了产业、办公、商务、居住、生活等多种功能以及相关服务的提供方和接受人群，所以往往需要较大空间进行功能承载与远期发展预留。但同时作为混合型园区，其规划与建造会受到地方政策、经济发展和土地存量等因素的影响，规模尺寸分化性较大，占地面积通常在0.533—13.33平方千米之间。有时会有城市干道或支路从中穿越，但多数情况下保持着相对独立的空间区分。混合型园区不仅具有较大的占地规模，同时还拥有完善的内生道路系统及配套设施，如京津合作园区。

（三）由单体或多个分散地块构成的中型地块

按照相关规范要求，住宅区用地一般不宜被城市干道穿越且应具备齐全的配套设施，住宅小区用地一般不宜被城市支路穿越并多被城市干道或支路围合，且应具有一定配套。因此住宅小区是更加适宜共享无人车服务运行的慢行场所。该类住宅小区的户数多在1 500—4 000户，居住人口在5 000—12 000人之间，占地面积多在0.2—0.5平方千米，多拥有物业管理部门或业主委员会，对辖区内的日常事务与规章实行具有一定的自主权。城郊住宅小区慢行交通场景的地块多为中型单体地块，但同时也会出现独立分散的几块沿街地块作为项目的分期工程，例如上海万科天空之城小区依据崧泽大道和徐盈路划分为项目的第2—5期。

三、空间构成

空间构成讨论的是环境空间如何处理功能与形式、视觉与节奏、效率与体验的关系，以及环境空间如何进行序列、孵化和递进的问题。慢行交通空间的形态主要通过区分和连通两种对立性手法来完成（荆其敏，2001）。

不同于国外无墙化的学镇式校园、开敞的居住街区以及完全对公共开放的产业园区，我国大部分高校校园、住宅小区、产业园区本着便于安防和管理的原则，在空间结构上都具有一定的封闭性与围合性，这些场所具有区隔于城市开放道路的独立交通系统，为无人车的安全运行提供了良好的环境条件。在空间构成上，慢行交通场景主要分为3种模式（图7-6）：

（一）网络式

网络式空间组织形式适于有多个功能组团、平面尺度较为规整且有至少两个整体级核心区的慢行交通场景。网络式空间是对大规模、多功能、人群同质化程度较高的慢行环境进行功能整合的重要组织形式，可以将不同类型及层级的资源在空间上进行优化，并基于较高通达度的道路网络进行职能传输路径搭建以及功能范围延伸，从而

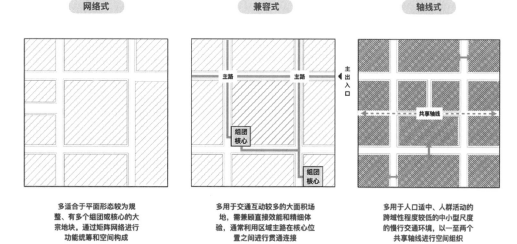

图 7-6 慢行交通服务场景的 3 种空间构成模式

构建并管理区域内的日常生产和生活。因此，网络式空间组织形式适合于大型高校校园等跨区域出行和整体性人员交互程度较高的慢行交通出行环境，具体以多核心网络式和网格发展式高校校园为主。

但在实际使用中，网络式空间的路网密集度较高、具有较多的道路岔口，基于共享无人车的慢行交通服务不仅可以有效提升人群的出行安全与效率，也能够将网络式空间组织形式的优势范围发挥至最大。

（二）兼容式

职住平衡式园区是几种慢行交通环境中需求分化最大、功能类型细粒度最高、需要处理最多对立关系的慢行交通出行环境。职住平衡式园区需要向 B 端用户（企业或特定用户）、C 端用户（个体用户）、首次用户（商务及随机访客）、长期用户（职员及家属）、居住人群、职业人群、职住人群提供合适的功能空间承载，需要兼顾直接效能与精细体验。兼容式空间组织形式多在外向型园区核心功能节点、区域主出入口、主要组团出入口附近，利用几支交通干道连接保持流向通达。同时利用道路、景观绿化、围墙等元素对内向型的功能区进行围合或半围合处理，通过层级更加下沉的道路系统为内向功能区提供公共交往与出行活动的空间支持。

（三）轴线式

轴线式空间组织形式多根据环境内某一显性视觉或隐性语义上的线性元素逐渐展开空间结构，在进行职能拓展的同时构建内部交通系统。这种空间组织模式适用于用户数量适中、人群活动具有局域性、对跨区域及全域沟通需求度较低、平面形态呈现狭长型的中小型慢行交通环境，如住宅小区。开敞空间、景观空间、街道空间、休闲活动空间和设施空间是慢行交通服务场景的几个重要构成要素（裴玲，2014），不同构成要素以及要素内不同内容只要具有一定的开放性，都可用作轴线式慢行空间的共享轴线，如延续连绵的水系景观、公共绿化带、户外家具、运动场地等。轴线式慢行环境因空间组织结构的简洁，可能会为出行人群造成路径重复或回转，而共享无人车精准操控和双向车头的特性同样可以帮助人们在具有限制性的空间内快捷出行。

四、功能组织

功能组织主要是指慢行交通服务场景内功能配套的组织形式。本书所讨论的3种环境，都是具有一定内向性功能基础并逐渐朝着多功能、多场景融合生态圈方向不断发展的空间，为共享无人车提供基础的出行功能之外，还能在未来创造更多的场景融合式创新服务。功能配套按照商业模式大致可以分为非营利性与营利性。较为典型的非营利性配套如环卫设施、社会福利设施、组织机构设施等，通常以无偿方式分布于较为劣势的地理区位（李捷，2016）。而营利性配套按照布局形式可以分为几何中心式、沿主路式、出入口式和临街式（王受之，2001）。本节基于共享无人车交通服务的特异性，可以将慢行交通服务场景的功能组织主要分为以下3种模式：

（一）内生循环式

在以城郊大型高校校园为代表的慢行交通场景中，其配套设施多被用户人群要求在全域内提供均衡的服务半径和丰富的服务品类，对公共服务的便利性、多样性与成本均提出较高要求。配套设施的分布组合方式又主要分为聚合型与发散型手法，其中聚合型手法又分为单点式和辐射式，在呈现形态上多通过独栋建筑、单体门店、底商等点状空间，商业街等线状空间，以及建筑综合体、服务中心、服务广场等面状元素进行空间表达。单点式多依托于建筑单体或交通枢纽，如独栋的生活服务中心楼、餐饮广场等；而辐射式则多分布于主要街道的两侧或一侧，为过境式交通人群提供快速服务，或直接以整条街道的专门业态进行整体呈现，如商业街等。

聚合型手法可以保证人群在某一范围的服务丰富度与服务获取便捷性，并通过规模效应保证服务供给稳定与质量。分散型手法常对聚合型手法进行补充使用，通过在远离核心服务功能区之外的散点位置布设部分重要配套，进一步提升服务平均覆盖范围（表7-2）。在业态搭配上，城郊大型高校校园也需要品类齐全、功能丰富的服务类型配置，从而覆盖囊括衣食住行医全场景的校园内生型生活服务圈。

表7-2 内生循环式配套组织形式的细分模式

分布组合方法		模式示意	分布区位	空间形态呈现	综合评析
聚合型	单点式 建筑单点式		依托于建筑单体或综合体	独栋建筑、服务综合体、生活服务广场	集中度高、供给稳定
	单点式 交通单点式		分布于交通枢纽周边	建筑底商、商业街	交通通达性好、服务可达性高
	辐射式		依托于区域主干道	商业街	易于形成内部社区氛围

续 表

分布组合方法	模式示意	分布区位	空间形态呈现	综合评析
发散型		布设于非核心区的散点位置	单体门店、少许建筑底商	有效提升公共服务覆盖性与均好性

（二）内外伴生式

职住平衡式园区作为一种创新型园区，其主要功能按职住类属大致可以分为产业功能、居住功能、产业公共服务功能和居住公共服务功能。4种主要功能之间既独立又互补，相互关系呈现出融合促进与伴生相斥的协同特点。

面向园区职住人群提供居住性公共服务的配套多具有较为全面的服务类型和较多的设施数量，业态与功能融合度也较高，形成了可保证职住人群日常生产生活服务需求的内部服务配套网络，但服务对象多为园区职住人群。同时，职住平衡式园区也面向群体或个体商务访客、随机访客等外部用户提供外向型公共服务功能，外向型服务功能多依存于产业性公共服务圈层和管辖范围，在服务种类、设施数量、服务多样性与个性化方面弱于内生型服务配套网络。内生型服务网络与外向型服务网络相互伴生，共同构成区域内的功能配套服务系统，并有主次、有区别、有先后地为不同人群提供所需服务。因此，以职住平衡式园区为例的慢行交通服务场景的主要功能组织模式为内外伴生式。

（三）对外依附式

影响城郊大规模居住区功能配套的主要因素有技术水平、经济发展和管理体系。住宅小区功能配套又可分为营利性和非营利性两类，不同商业和运营模式的功能配套也具有各自的建筑规范及原则规定。但本书所讨论的居住慢行环境为具有明确空间物理围合、没有城市级道路从内穿越的住宅小区，其功能配套多在居住小区内部，仅提供必要的物业管理或组织机构办公设施、环卫设施、社会福利设施等，有时会配置少量生活服务配套，例如小型便利店、小型运动馆、阅览室等轻资产配套设施或空间。同时由于住宅小区相对于城郊大型高校校园和职住平衡式园区的群体构成和用户需求具有较大差异性，人群活动、社会交往的跨空间互动度较高，日常生活出行范围较大，往往在区域内无法构成完整出行链。因此，在用户群体对于外界环境与公共服务依存度较高的前提下，对其内部功能配套设施的要求度与依赖性也就相对较低。用户常倾向于通过周边地区的公共服务网络与物流运送体系或以外出现场消费等形式来获取日常所需的生活基础服务；住宅小区内部配备的政策性或必备性服务配套则作为对外界服务网络的补充。

以上3种功能组织模式的对比可见表7-3、图7-7。

表7-3 慢行交通环境的功能组织模式分析对比

序号	模式	设施种类	数量	功能融合度	对外依赖性	分布	代表慢行交通场景	综合评析
1	内生循环式	丰富、齐全、完善，主要面向内部人群	较多	较高	较弱	交通枢纽附近、建筑底商或独栋、商业街、建筑集群或广场	城郊大规模大学校园	因服务集群效应能保证服务的稳定供给，具有一定的福利性
2	内外伴生式	内生服务圈服务种类较完善，外向服务圈可选择范围有限	内向性较多，外生性适中	适中	适中	内生服务圈多位于生活圈内，多依存于建筑单体或集散广场；外向服务圈多在产业区内某处集中或分散分布	职住平衡式创新型园区	内外服务圈具有一定的差异性，相互之间并列、伴生与协同
3	对外依存式	较少，通常仅配置少量必备性住宅小区级配套	较少	较低	较强	区域内较为劣势的地理方位	城郊大型住宅小区	作为内容补充依附于区域周边的公共服务配套设施网络

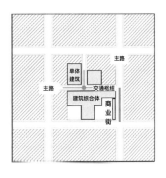
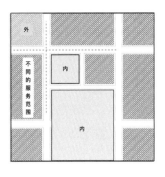
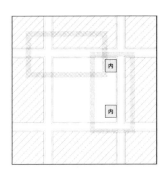

图7-7　3种慢行交通服务场景功能组织模式

五、交通系统

交通系统包括交通参与者、交通设施、道路系统和出行空间，其包括一切与交通出行相关的物质元素。在本书的研究范围中，对交通系统的分析还包括L4级共享无人车运行所需的承载空间和环境条件。通过对上文分析结果的归纳总结，基于共享无人车服务的慢行交通系统大致可分为以下3种模式（图7-8）：

（一）类层完善式

类层完善式交通既拥有横向丰富的系统类型元素，同时又拥有纵向深入的元素内容层级。其适用于占地面积较大，道路类型丰富、街道层次清晰、交通参与者数量与出行总量较大的慢行交通场景。此类慢行场景的交通主体较为稳定，其出行行为具有较强的时空分布规律。每日也具有一定的外来交通参与者，但数量相对固定与可预测。同时，此类场景常具有较为完善的非机动车系统与步行系统，其交通参与者也多以慢行交通为主要出行方式。除了动态交通之外，也配有具有一定伸缩性的静态交通空间与管理制度，静态交通空间常分布于主出入口及区域主要功能节点的附近或地下。

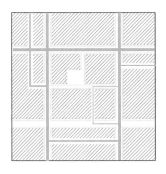 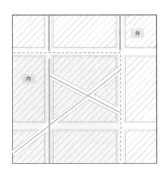 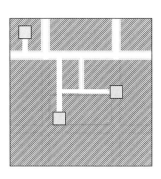

类层完善式　　　　　并行协同式　　　　　细密通达式

适合交通主体数量与出行总量较多的大面积场景，其交通系统结构完整、道路类型丰富、层级深入　　适于交通主体总量与出行总量较大的环境，多分为内外两个交通子系统，常利用有序的道路矩阵进行内外兼顾的路径组织　　适于出行及沟通跨域度较低、面积适中的慢行交通场景，多利用细密的生活服务与景观休闲性道路进行组团内道路创建

图7-8　3种模式的慢行交通服务场景交通系统

该类慢行场景的全域交通流线具有"整体统摄局部、局部充实整体"的分布规则，整体与局域交通空间都较为宽敞，可为目前无人车与传统有人驾驶车的"混行阶段"提供更多的空间支持。同时，通过为无人车设置少许运行专道，并在区域内合理布局上下车站点，可有效提升人群出行高峰期的交通安全性和效率，并能进一步优化场所资源在全域时空上的配置。在形态表现上，该模式常呈现出结构完善、纵横互通、毛细丰富的空间特点。以城郊型大规模高校校园为代表的慢行交通场景较为适合类层完善式交通组织模式。

（二）并行协同式

并行协同式交通系统模式适用于交通参与者数量较多、出行总量较大的大面积慢行交通服务场景。该类场景在道路系统、服务面向、出行主体方面都具有一定的内外差异。内生型道路交通系统通过少量主干道对核心区域进行简单区划，同时主要通过丰富的生活服务性道路、交通性街道和景观休闲性道路进行功能区分与人群引导，强调服务可达性和出行体验。外向型道路系统主要通过综合性街道和生活服务性街道来创建路径动脉，强调出行直通性与交通效能。在形态表现上，并行协同式交通系统多通过有节序与有频次的道路矩阵来进行路径组织。不同运行路径和规则的共享无人车服务可有效适应与满足两种交通子系统的特性及需求。

虽然两种子系统具有一定的差异性，但并行协同式交通系统模式需保证出行与需求的内外兼顾和协同发展，内外差异性较强的职住平衡式园区较为适合并行协同式交通系统。

（三）细密通达式

细密通达式交通系统适用于总体面积适中、跨区域出行与活动需求较低的慢行交通场景，例如城郊大型住宅区。该类慢行场景多实行人车分流的交通管理方式，其交通主体总数较为固定，主要人群的出行行为时辰分布和出行类型差异较为明显，工作日多为过境式出发和到达交通，内循环出行总量相对较少且傍晚时有所增加；周末及节庆日的内循环出行总量则有明显提升，昼夜差别减小。虽然内生交通主体与外界的交通沟通度较高，但外来交通参与者的数量多保持在一定的类型与数量范围之内，并具有一定的时空规律。例如在用餐高峰时的外卖员人数激增，周末白天时段会出现生活服务人员造访量的提升。针对此类慢行交通场景，多通过细密的景观休闲道路和生活服务道路创建组团内出行路径，并通过一至两条交通区域主干道与整体贯通。

第四节 共享无人车慢行交通服务场景模型

无论人们使用何种交通工具、基于何种外出目的、实行何种出行行为，其起终点都离不开慢行交通；慢行交通可以完成并促进各种交通方式之间的衔接，是城市交通的重要组成部分（Yu Shen, 2018）。随着城市规划理念的更新与公共交通服务的蓬勃发展，基于不同时空范围的公共慢行生活环境逐渐形成，慢行交通也开始从交通"衔接"逐渐向出行"主体"发展。本书以满足一定特征的校园、园区、住区作为慢行交通典型场景，探究3区内人群慢行出行问题；并以L4级共享无人车作为硬件载体，在服务体系设计语境下，对目标环境的慢行交通进行服务场景描述、特征提取、未来趋势分析和解决策略探讨,由此得出基于共享无人车的慢行交通服务场景模型。

一、场景主要特性描述

本书所讨论的慢行交通场景主要是指存在于我国大城市及以上规模城市中,以慢行交通为主要出行方式、以行人和骑行者为主要交通主体、以过境衔接或内循环为主要出行类型的封闭或半封闭慢行交通环境,如大型复合式校园、大型城郊住宅小区和职住平衡式园区。如今,随着未来城市规划理念的发展并受到空间、环境、资源等因素的制约,这类场景的数量不断增多,并正逐渐发展成为一种城市慢行单元。工作或居住在该场景中的人群出行需求也不再局限于位移操作(operation)和出行行为(action),而是朝着满足更加灵活、自主、智能的慢行活动(activity)方向不断发展。但不同的慢行空间在环境、用户、行为方面都具有一定的差异,不同人群有不同的出行需求,慢行交通系统的重构和建立也受到多方因素的制约,而通过服务体系设计对共享无人车进行有效组织,则为实现上文的慢行愿景创造了可能(图7-9)。

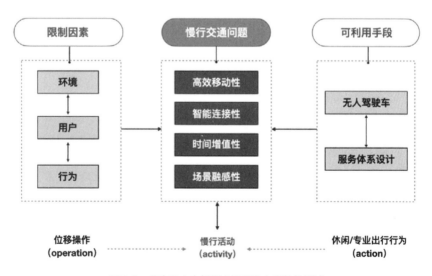

图7-9 共享无人车慢行交通服务主要特性描述

因此，在UET场景分析框架的指导下，对不同类型的慢行场景从环境、用户、任务3方面进行分析，并以L4级自动驾驶的共享无人车作为硬件载体，以服务体系设计为组织方法，满足不同场景中主要用户的自主高效移动、自主智能连接、个群时间增值和场景融合感知，这也是本书的主要研究任务。

二、场景主要内容

（一）空间形态

慢行交通场景的空间形态主要包括区位分布、用地尺寸、空间构成、功能组织、交通系统5个要素。慢行场景主要遵循象限郊区、干道互通、环境融合3种方式进行区位选择与分布。形态多为低密度中型地块、完整规则大宗地块或由单体/散地构成的中型地块，多通过网络式、兼容式、轴线式的方法构筑空间，并基于内生循环式、内外伴生式、对外依附式3种模式对区域配套进行功能组织。此外，空间内的交通系统多呈现出类层完善、并行协同与细密通达3种形态，完整的空间形态总结见图7-10。在场所类型上，主要以城郊大型高校校园、城郊大型住宅小区、职住平衡式园区为典型代表场景（图7-11）。

（二）用户与需求

慢行交通环境中包含众多利益相关者并具有多样的用户需求。本书研究发现，针对3类慢行交通场景的用户人群，都可遵循"生命周期"理论从产品与家庭向度进行用户分类，从而得出具有代表性的典型用户画像：长期用户、首次用户；单身型、已婚型、满巢1型家庭。

在功能需求方面，用户对于慢行交通的服务期待主要可以分为"工具效能—体验交互—辅引协同"3种类型，不同类型的需求又会因用户年龄、职业、教育程度和资源持有度的不同而出现细分（表7-4）。

	象限郊区式	干道互通式	环境融合式
区位条件	 一线城市的新区或基础设施有待发展的区域，即某个象限的郊区，周边有较大土地开发存量资源	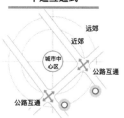 依托于完善的城市公路交通网络与主城区或其他城市进行沟通，有时会位于机场、高速公路出入口等城市门户地区	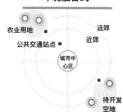 与城市公共交通和周边环境的交互度与融合度较高，与远郊地区的城市风貌进行协同融合
	低密度中型地块	完整规则大宗地块	单体/散地构成的中型地块
用地规模	 多为公共机构所持有，建筑密度较低。与道路的关系为多边临近或穿行整合	 基于街区尺度下对于完整规则的大宗地块进行整体开发或再开发，面积具体分化较大	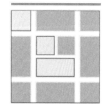 一般多由中型单体地块构成，有时也会由多个临近的分散地块进行整合开发
	网格式	兼容式	轴线式
空间构成	 多适合于平面形态较为规整、有多个组团或核心的大宗地块。通过矩阵网络进行功能统筹和空间构成	 多用于交通互动较多的大面积场地，需兼顾直接效能和精细体验。常利用区域主路在核心位置间进行贯通连接	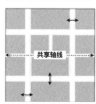 多用于人口适中、人群活动跨域度较低的中小型尺度的慢行交通环境，以1-2个共享轴线组织空间
	内生循环式	内外伴生式	对外依附式
功能组织	 多分布于交通枢纽、主路单侧或两侧，多以建筑单体、综合体、底商或商业街的形式呈现	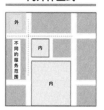 内外服务圈在空间布置和设施品类方面具有一定差异，前者多位于生活区内，后者多在产业区某处集中或分散分布	 区域内少量散点功能配套多以补充的形式依附于周边区域的公共服务设施网络
	类层完善式	并行协同式	细密通达式
交通系统	适合交通主体数量与出行总量较多的大面积场景。其交通系统结构完整、路型丰富、层级完整	 适用于交通主体总量与出行总量较大的环境。多分为内外两个交通子系统。常利用有序的道路矩阵进行内外兼顾的路径组织	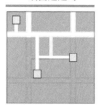 适用于出行及沟通跨域度较低、面积适中的慢行交通场景。多利用细密的生活服务与景观道进行组团内路网创建

图7-10 慢行交通服务场景的空间形态特征模式总结

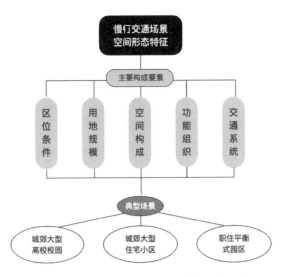

图 7-11 慢行交通服务场景的空间形态特征与典型场景

表 7-4 不同类型用户对于无人车慢行交通服务的需求细分

			服务需求主要类型					具体服务需求细分			
			工具性效能		体验性交互		辅引性协同				
			个体便捷出行	服务效能	出行品质	沟通交互	流程引导	功能辅助	无人车服务期待度	服务秩序与服务公平	服务氛围（与外界交互度）	服务转接性（与公共交通换乘信息的显示）
要素	产品生命周期	长期用户	更为关注		更为关注							
		首次用户					更为关注					
	家庭生命周期	单身型				更为关注						
		已婚型	更为关注									
		满巢1型						更为关注				

前瞻出行
设计赋能基于无人车的新型慢行交通

续 表

		服务需求主要类型						具体服务需求细分			
		工具性效能		体验性交互		辅引性协同					
		个体便捷出行	服务效能	出行品质	沟通交互	流程引导	功能辅助	无人车服务期待度	服务秩序与服务公平	服务氛围（与外界交互度）	服务转接性（与公共交通换乘信息的显示）
要素	职业/身份	学生								需求较高	
		老师								需求较低	
	年龄	25—40岁						期待度较高			
		41—50岁									
		51岁以上								更为关注	
	学历程度	本科及以下									
		硕士及以上						期待度较高			

（三）场景共异性

本书所研究的服务场景都属于大型慢行公共场所，但在基于一定的共性基础之上也存在着差异。在环境、用户与行为3个面向中，共异性融合分布，环境面向的相似性最多、行为面向适中、用户面向的差异性最强。3类场景在基于环境共性方面出现了行为趋同，具体表现为基于多场景融合性的出行转接过渡性和路径趋同径向性。在场景细分差异方面，基于用户细分出现了需求分化，具体表现为慢行交通出行场景的群体结构、个体标准和出行链形态方面的不同（图7-12）。

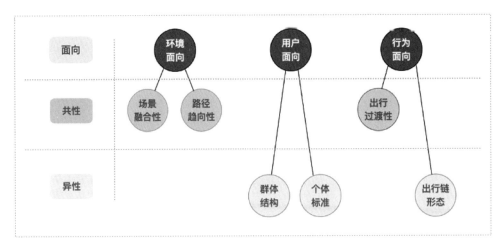

图7-12 慢行交通服务场景共异性特征

三、交通系统与慢行空间的发展趋势

（一）慢行交通系统趋势

慢行交通场景要考虑环境、容量、资源、用户需求等多方因素，要进行系统性创建，未来慢行交通体系将会朝着可持续性、高整合性、场景融合的方向不断发展。

1. 可持续性

慢行交通系统的可持续性主要体现在能源与使用模式的可持续。相比燃油车，基于电力系统的车辆在配件构成与操作逻辑方面都更加简明，可有效控制造车成本。同时，在资源节约与环境保护方面，车辆电动化具有巨大优势，而电气化也是未来交通行业必将迎来的3个颠覆之一。此外，由于无人车具有全时段无间歇工作的特性，而只有基于深度共享的服务与运营模式才能充分发挥无人驾驶的交通工具性，从而在满足用户出行需求的同时，降低出行成本与环境压力，构建更为集约的交通系统。

2. 高整合性

未来慢行交通系统不仅应对其他交通方式与无人车服务之间的转接进行无缝整合，同时也应对出行需求和服务供给进行融合管理。虽然本书所探讨的慢行交通场景多为封闭的区域性出行环境，但未来在构建慢行交通系统时，也应考虑与城市公共交通数据的信息流通，并基于外界交通实况对区域慢行交通服务资源进行优化配置，以及对区域内人群进行需求预测与行为引导，通过为其提供多样个性化出行解决方案来构建互联互通的出行服务闭环。

3. 场景融合

基于共享无人车的慢行交通服务不仅可为人群提供位置相关服务，还能联动和融合环境内的多种功能与场景，依托自主智能可移动性激活多种物质与信息资源、扩大功能空间的服务覆盖范围、串联多个慢行生活场景，基于用户分类和自然交互，为用户提供该环境中多个场景联动的便捷服务，探索并丰富慢行出行服务范畴。

（二）慢行空间发展趋势

交通方式决定交通空间，交通空间影响交通方式。虽然L4级自动驾驶对于空间的兼容性与适用性都较高，不需要对交通空间进行太多的适用性改造，但随着无人车的不断普及，慢行区域内乃至城市级的交通系统会由此发生一些改变，无人车的普及对环境空间也会体现出诸多优化作用。

1. 动态即需性

共享无人车具有较高的职能转换与功能融合性，其可以预测并提供针对大部分用户在多个场景下所需的服务。共享无人车削弱了空间功能固定性，使城市环境空间尤其是交通街道的功能与路权转换具有了动态变化性，令街道逐渐向即需、可改造、可拓展、可迭代的柔性慢行交通方向不断发展。如本书第六章中，共享无人车基于对园区内不同时段下人群分布和服务需求的智能预测结果，对无人车的功能与模式进行动态转换，同时也改变了园区内多个路缘空间在不同时段的功能与形态。

2. 复合拓展性

目前慢行交通空间的交通主体虽然为行人与骑行者，但同时由于无法完全隔绝机动车的参与，在进行空间规划时仍需考虑机动车交通空间并按照传统车辆的司机驾驶行为特点进行空间设计，例如为预留容错空间的大尺寸的机动车道、交通路口与停车场。而无人驾驶可解放大量交通冗余空间，将更多空间整合给其他功能业态或慢行交通主体，例如停车位可被改造为公园或零售商店。同时，也可对现有慢行交通空间的功能进行拓展，例如拓展街道的景观观赏价值与休闲价值，充分挖掘交通空间的疗愈价值。

四、适用方法与解决方案特征

（一）适用研究方法

1. 数理统计分析法

本书3区都属于较为典型的大型慢行交通场景，可根据第三章得出的场景分析模型对场景的主要构成要素进行研究。但在具体的研究方法上，不同场景依据不同的内容特征也可选择不同研究方法。校园作为集体学习与生活的公共场所，人群异质化较低而路径趋同性较高，人群与慢行空间的交互度一般，服务场景商业化程度较低，对服务落地速度要求不高，用户更关注服务的"成本"。因此针对此类人群构成与行为需求较为相似、对服务品质包容度较高而对价格较为敏感的慢行场景，可以采用大量样本调研数据的数理统计分析作为主要研究方法，具体方法包括例如本书第四章中使用的回归分析、方差分析等，可以快速得到针对校园慢行交通出行和用户需求的客观情况与数据，并据此确定无人车服务的主要种类和规模。

2. 典型案例分析法

住区的人群异质化程度较高、出行转接率较高，人群与慢行空间的交互度一般，服务场景商业化程度适中，对服务落地速度要求适中，用户更关注服务的"品质"。住区生活主要以家庭为单位组织日常活动，家庭分工和结构的不同也会对住区出行产生不同影响。因此针对此类人群构成和行为需求差异较大、对服务品质要求较高的慢行场景，应选取合适的研究对象分析单元，以此为依据选择典型案例进行分析。例如本书第五章以不同家庭生命周期所处阶段为依据对3个家庭进行案例研究，针对相对复杂的住区慢行场景和个群行为进行深入理解与全面考察。在以定性研究为主导的研究过程中也可结合定量研究工具来提升研究结果的客观性和精确性，例如本书第五章中通过建立Logistics模型来对无人车主要服务功能与人群需求和用户特征进行关联性数理分析。

3. 行动研究法

园区的人群异质化程度适中，人群与慢行空间的交互度较高，服务场景商业化程度较高，对服务落地速度要求较高，用户更关注服务的"效能"。因此针对此类人群对于服务更迭需求较快、服务商业化较为成熟的慢行场景，可以选择以真实动态的实践场景为研究情境的行动研究作为主要研究方法，在设计实践过程中解决问题、总结反馈并完成研究。例如本书第六章挑选职住平衡式典型代表园区作为设计实践用例，对用例园区展开无人车慢行交通服务体系设计行动研究，通过协同设计、方案实施、实时反馈、优化迭代等步骤得出针对园区无人车服务情境的场景特征、分析方法和设计策略。

不同慢行场景适用研究方法对比与总结见图7-13。

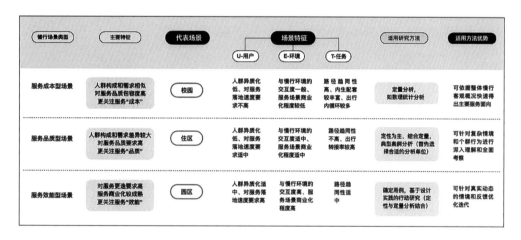

图7-13 不同慢行场景适用研究方法对比与总结

（二）解决方案特征

城市慢行交通是牵涉到环境、人群、数据、空间、资源等多方因素的系统性问题，复杂且具有动态变化性。而在服务体系设计的引导下，无人车作为重要的工具载体可以有效管理慢行交通问题的复杂性并参与进慢行交通解决方案的创建中，由此可知无人车慢行交通服务系统具有以下特征：

1. 系统性

慢行交通解决方案应具备系统性。其不仅需要对无人车这一技术载体进行有效组织,协同交通系统所牵涉到的诸多利益相关者,管理多场景下的众多服务功能;同时还需选择合适的形式辅助用户与全程无人值守的智能系统进行顺畅沟通;最终帮助用户获取具有高灵活性和动态性的慢行服务;并针对以上诸多构成要素,进行综合分析和系统管理。

2. 服务性

慢行交通解决方案应具备服务性。自动驾驶将车辆的工具特性发挥到了极致,在理想状态下的无人车,除了充电或维护,理论上是可在区域内持续工作或随时待命。自动驾驶弱化了交通工具的拥有权,更强调出行的服务性,将大部分人与交通工具的关系从"物体拥有"转化为"服务享用"、从"购买产品"转化为"购买服务"。用户对慢行交通解决方案的关注重点从工具转移到了服务,无人车只是为了帮助用户达成行为目标而使用的物质载体。

3. 多方需求性

慢行交通解决方案关注服务接受者、服务提供者和其他主要利益相关者的多方需求。作为重要创新点之一,面向未来出行的慢行交通解决方案的系统性需要建立在对多方利益相关者的综合价值分析之上,满足多个主要参与者的核心需求,才是服务体系设计的模式创新、系统创新与价值创新。

因此,在目标场景内构建基于共享无人车的慢行交通服务网络,需首先根据场景特征来选择合适的主要研究方法从而确定主要分析框架和研究流程,然后需要选择具有系统性、服务性和多方需求性的综合解决方案来落实。笔者选用产品服务体系的设计方法,在目标场景内搭建共享无人车慢行交通服务体系。产品服务体系是一门融合了设计、技术、管理、商业等领域知识的设计专业,其善于解决具有系统性的抗解问题(Wicked Problem),并以满足服务接受者和服务提供者双方的需求为首要目标,关注服务流程与服务交互,通过设置合适的服务触点来帮助使用者完成服务、达成目标。具体的慢行交通服务体系构建机制和设计策略将会在本书第八章进行论述。

本书第三章提出了无人车慢行交通服务初步场景模型。在UET场景分析框架的引导下,本书第四章到第六章对3个典型慢行交通环境分别进行了实证研究,并在本章对研究结果进行归纳分析，从而验证初步场景模型成立。接下来，对该模型进行内容扩展与整体优化，最终得到了基于共享无人车的慢行交通服务场景模型（图7-14）。

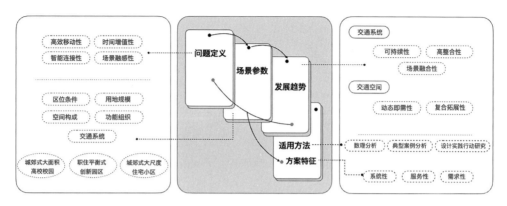

图7-14　基于共享无人车慢行交通服务的场景模型

小结

本章主要是对校园、住区、园区慢行交通实证研究结论的归纳、分析与总结。首先对3个慢行交通服务场景之间的共异性进行对比分析，发现3区在环境方面的共性较多，在用户人群方面则存在差异。然后基于用户和主要需求的分类结果，明确用户和需求之间的类型映射关系。接着是对场景空间形态特征的明确与总结。最终建立了包含特性描述、内容元素、发展趋势、适用方法和解决方案特征的共享无人车慢行交通服务模型，并由此设计第八章的专家访谈调研框架与内容。

第八章　共享无人车慢行交通服务体系构建策略

第一节　基于专家访谈构建服务策略

本书是通过L4级无人车服务体系来解决目标场景中的慢行交通问题，即通过新的设计方法与新的技术载体来解构并重新理解目标问题，是基于新方法与新视角的创新型研究。目前国内外学术界对于以上几个方向的综合性研究较少，而针对新事物的前瞻性研究多采用质性研究方法进行本质提取与规律分析。此外，由于技术发展、落地条件等因素的限制，除了无人驾驶行业的资深从业者之外，普通人群几乎很少有机会接触到L4级无人车，也很少能体验L4级自动驾驶的慢行交通服务，更很难对无人车服务体系的构建策略产出有效的反馈意见与设计建议，因此在本环节采用领域专家访谈的研究方法。

本章的主要目的是探索无人车慢行交通服务体系的构建机制和设计策略。因此，这里将采用定性研究的方法进行资料收集、整理与分析（王康驰，等，2021），并基于本书第七章的结论设计研究框架与访谈问题。邀请无人驾驶人车交互设计、无人车服务设计、智能建筑设计等相关领域专家进行深度访谈，并通过Nvivo11.0软件对收集到的相关访谈资料进行定性分析，采用扎根理论对访谈资料进行编码和分析，包括确定分析主题、对资料进行标记、按标记将资料进行归类以及资料总结和归纳等步骤，利用该方法可以从无序的访谈资料中归纳提取出无人车慢行交通服务体系构建机制和策略。

一、扎根理论研究方法

扎根理论是分析访谈资料比较成熟的质性研究方法，主要原理是从杂乱无章的定性资料中提取出关键主题和核心概念，进而构建出相关理论和策略。本研究按照扎根理论的思路与方法，通过开放性编码、主轴编码和选择性编码，针对收集到的无人车慢行交通服务体系构建机制和方法的相关访谈资料进行编码分析，逐级提取为有编码意义的概念和范畴，并予以整合，在对无人车服务设计、人车交互设计、城市设计、环境设计等相关领域专家的访谈资料进行分析的同时，建立范畴之间的相互关系。最后进行选择性编码，归纳总结出无人车慢行交通服务体系初步构建机制与设计策略。三级编码包括对搜集到的资料进行开放性编码、主轴编码和选择性编码，形成核心概念与范畴，并理清主要概念之间的逻辑关系。

扎根理论的实施过程可归纳为以下几个步骤：① 理论取样并收集研究资料；② 对资料逐级编码，并从中产生概念；③ 坚持不断比较的原则，逐步建立概念之间的联系；④ 完成理论构建并进行评判。对资料进行三级编码，是扎根理论实施过程中的关键环节。

本研究将采用扎根理论的步骤和方法，选择访谈对象，对共享无人车慢行交通服务体系构建策略进行探索和分析，通过对资料的三级编码归纳总结出无人车慢行交通服务体系机制与构建策略。

二、关键知情人访谈

（一）访谈对象选择

关键知情人访谈适用于研究复杂抽象的问题，是一种直接、个人、无结构的访问。无人驾驶服务与解决方案相关领域的访谈对象，包括无人驾驶服务、无人驾驶解决方案、智慧城市与未来出行等领域的产学研各界专家（表8-1）。首先，按照定性研究中的非概率抽样原则，选择能为本研究提供最全面与深入信息的无人车服务设计相关从业人员与领域专家进行访谈。然后，对访谈资料进行初步编码分析，根据信息的饱和程度再次选择无人车服务设计、人车交互设计、环境设计、智慧交通等相关领域专家进行访谈，共进行两轮访谈，最终纳入的访谈对象共计12名。

表8-1 受访者基本信息

编号	姓　名	性　别	访谈形式	职　　业
1	张设计师	男	面谈	国内某无人车公司人车交互设计师
2	周专家	男	面谈	国内某无人驾驶解决方案公司服务设计专家
3	王教授	男	面谈	研究方向为城市设计、智能环境的建筑学教授
4	王专家	女	面谈	智能出行服务设计专家
5	诸总监	男	面谈	国内某无人车服务公司设计总监
6	Mrs. Che	女	视频访谈	美国硅谷某无人驾驶公司产品经理
7	Prof. Vogel	男	面谈	美国某高校建筑规划学院副院长、城市设计教授
8	Dr. Martinez	男	面谈	美国某无人驾驶研究实验室研究员
9	Mr. Torres	男	面谈	美国某无人驾驶公司人车交互设计师
10	金博士	男	面谈	某研究院未来城市智慧交通实验室研究员
11	毛女士	女	面谈	国内某无人驾驶公司运营部主管
12	刘专家	男	面谈	国内某无人驾驶服务公司设计专家

（二）访谈提纲设计

访谈提纲的主要问题如表8-2所示，主要包括无人车与慢行环境的关系、乘客与无人车的交互关系、无人车服务体系构建要素3个方面，具体内容详见本书附录E。

表8-2 专家访谈的大致方向与主要问题

序号	主题类别	方　　向
1	无人车与慢行环境的关系	1. 无人车内乘客对外在慢行环境的感知度； 2. 随着无人车的普及，3区是否会释放出大量交通空间或创造出新的功能空间类型； 3. 城市慢行交通未来的发展趋势与重点内容； 4. 慢行交通环境面向无人驾驶化的设计改造

续 表

序号	主题类别	方向
2	乘客与无人车的交互关系	1. 乘客与无人车（服务）的关系和交流方式； 2. 面向不同类型用户的人车交互模式选取依据； 3. 乘客如何对无人车（服务）建立信任； 4. 用户对无人车的紧急管控与监管
3	无人车服务体系构建要素	1. 主要服务类型、构成要素与服务模式； 2. 无人车运行路线的设计机制或原则； 3. 如何优化服务流程； 4. 关键服务触点（站点设计、无人车专道、车内人车交互屏幕等）的设计策略； 5. 为本书得出的无人车站点设计内容体系进行指标权重打分

（三）访谈质量控制

访谈中，在征得受访对象同意后笔者对访谈过程进行了录音，为了确保访谈顺利进行，笔者将研究目标、访谈提纲、本书前7章的重要研究结论提前发送给了每位受访者。除了一例访谈是采取线上音频的方式进行，其他所有访谈都采取面对面访问的形式在中国与美国两地开展。

其中有4轮专家访谈在美国进行，本访谈是关于行业观点和学术洞见的非私人课题（non-human subject）访谈，其主题与内容不涉及任何个人信息，因此遵照美国研究界的相关规定，笔者无须向IRB（Institutional Review Board，即美国伦理审查委员会）申请用户访谈许可。在正式访谈开始前，笔者向受访者发放并邀请其签署了用户参与研究意向书；在访谈过程中，笔者使用英语与受访者进行交流；访谈结束后，笔者对访谈文稿进行了整理并翻译成中文。

三、编码分析结论

遵循扎根理论原则自下而上地对收集到的相关访谈资料进行主题分析。笔者选用Nvivo11.0分析软件对资料进行编码处理，该软件是进行质性研究的辅助工具，可有效发现与识别资料中的高频词与重点方向（图8-1），并通过编码功能来

图 8-1 访谈资料词频分布图

高效精准地找到数据中的逻辑关系,明确共享无人车慢行交通服务体系的构建策略情况。

(一)三级编码过程

通过对收集到的12位访谈对象原始访谈数据和资料的编码分析,共得到41个开放性编码。然后对开放性编码中形成的概念和范畴作进一步归纳与合并,同时发掘与构建概念和范畴之间的逻辑关系。具体到实践操作中,即通过Nvivo11.0软件找出"自由节点"间的关系,并最终抽象出"树状节点"。经过主轴编码阶段的分析,笔者得到了11个主轴编码和选择性编码的逻辑关系。选择性编码是核心范畴化的有序过程,主要指对已经归纳出的主轴编码继续进行分析和归纳,提炼出核心范畴和概念,并分析与其他概念的逻辑关系,对未完成的概念进行概念化的过程,即得出无人车慢行交通服务体系的构成要素。无人车慢行交通服务体系机制与建构策略的选择性编码如表8-3所示,共包括3个选择性编码。

表8-3 无人车慢行交通服务体系构建策略选择性编码（表格来源：本书调研数据）

编 号	选择性编码	主 轴 编 码
CC01	无人车对慢行环境的影响	产生新的功能空间或装置类型
		释放更多环境空间
		改变街道形态和功能
		改变环境或建筑的功能范围
CC02	无人车服务体系构建要素	用户服务场景
		服务类型和模式
		人车交互设计
		服务触点构建
CC03	乘客与无人车的交互关系	关于安全功能的设计
		无人车智能系统
		无人车内空间具有可变性
		用户建立对无人车的信任

（二）策略模型分析结论

在完成基于所有专家深度访谈一手数据的三级编码后，对分析结论模型的信息饱和度进行了检验，本书得出以下模型（表8-4）。

表8-4 无人车慢行交通服务体系构建作用机制（表格来源：本书调研数据编码）

编 号	选择性编码	主 轴 编 码	开放性编码
CC01	无人车对慢行环境的影响	产生新的功能空间或装置类型	设置实体站点，辅助用户加强空间感知，进行服务引导
			结合实体站点在空间上的分布情况，规划多条无人车运行路线
			设置部分虚拟站点搭配补充
		释放更多环境空间	取缔交通容错空间
			缩小现有交通空间尺寸

续 表

编 号	选择性编码	主 轴 编 码	开放性编码
CC01	无人车对慢行环境的影响	改变交通空间的形态	街道形态多样，形成多级多向的混合车道和专道
			改变街道路缘空间
		改变环境或建筑的功能范围	扩大环境或建筑的功能范围
			改变建筑设计的部分内容
			弱化功能空间的效用
			影响建筑产品的开发深度
CC02	无人车服务体系构建要素	用户服务场景	公司发展战略
			细分市场
			适用场景（ODD）
			用户需求特征
			空间形态特征
		服务模式和类型	多人共享为基本服务模式
			商业模式
			5个主要构成要素
			通过情境细分和迁移优化服务流程
			快速位置移动和自主智能移动
			需求预测的前置
			信息预告与状态过渡
		人车交互机制	通过稳定精准的服务建立用户心理安全感知和对无人车的信任
			人车交互模式要考虑交互内容和交互场景范围
			通过类人的沟通方式（自然交互）与用户进行双向交流
			强化远程控制系统

续 表

编 号	选择性编码	主轴编码	开放性编码
CC02	无人车服务体系构建要素	服务触点	构建完整顺畅的用户体验
			采用情境—行为—问题—工具的框架指导触点构建
			触点载体选择综合因素
CC03	乘客与无人车的交互关系	用户建立对无人车的信任	服务安全便捷
			看得更远：用户知晓无人车工作逻辑
			看清过程：服务流程清晰
			看清细节：设计与行程有关的服务内容或触点
			用户接管与远程控制
		用户安全功能设计	用户前期教育
			细分场景操作指导
			防止出错机制、出错补救措施、降损措施
		无人车智能系统	异常情况主动停车
			主动排查并处理安全隐患
			人员风险预判和系统自主上报机制
		无人车内空间具有可变性	基于需求重构功能空间
			不同功能空间模块组合

上文得出的无人车慢行交通服务体系初步构建机制主要包括无人车对慢行环境的影响、无人车与乘客的交互关系以及无人车服务体系构建要素3方面内容，是对无人车服务的设计元素、无人车与适用场景的关系、无人车与使用对象的关系进行的质性模型框架研究成果。在对机制框架内容进行总结并结合机制框架中关于无人车服务体系构建要素的内容架构基础上，笔者确立了案例研究方向，并将以此为引导在本章第三节中进行阐述。而由此得出的案例研究结果也是对机制框架结论的有效性验证。

第二节　共享无人车慢行交通服务体系设计的价值分析

一、基于服务触点交互的人与无人车的 3 种关系

在第四章关于城郊大型高校校园人群慢行交通出行状况的论述中，基于数据分析得出了用户对于无人车慢行交通服务体验需求的 4 个层级，包括从关于服务内容的环境氛围需求、出行状况需求、信息娱乐需求到关于服务方式的智能需求，从用户体验设计角度为无人车慢行交通服务体系研究提供了划分依据与新的分析视角。但由于无人车自主系统的主动性与智能性，必然导致其与用户对象沟通交流机会的增多以及交互程度和难度的加深，因此在进行无人车慢行服务设计研究时也要充分考虑到智能系统与使用人群的连接场景，即无人车与用户的人车交互问题。如本书第二章中对于服务体系设计的介绍，服务触点是服务体系的承载界面和关键要素，服务提供者通过服务触点传递服务，用户通过服务触点获取服务，服务触点是连接双方交互的重要载体。

因此，从用户与服务触点的沟通交互角度来看，人与无人车的关系可主要分为 3 类：伙伴同行式、对象模拟式和能力增强式。

（一）with 型伙伴同行式人—无人车关系

与用户构建伙伴同行式关系的无人车及其服务体系通常会借助一种拟人化形象或直接通过真人礼宾员为用户创造服务的真实感与伴随感，此种情境下的无人车与用户多处于一种 with 型同行关系中。with 关系下的用户角色如智能系统中的体验者，通过系统创造的语音、触觉、多模态等自然交互方式来与无人车进行沟通，并在拟人化交互对象和极少数值守人员的引导下，借助衔接无人车服务全流程的服务触点来达成服务。这种伙伴同行式的人车关系因借助一定的具象可视形象，可为乘车用户创造

一定的近场信息确定感与信任感，并常通过提升无人车交互系统的功能可见性与娱乐性来简化人车交互、降低用户学习成本，为用户创造轻松亲切的使用体验。但同时由于其具象形象的限制，使其在对某个具体操作内容的解释、行为约束与指导方面的优越性无法拓展到服务概览与全流程展示方面，而多适用于具体服务行为的微观效率提升。现阶段，with型人车关系常被构建在有人驾驶的人车交互场景中，如蔚来NOMI，Nissan IDS（图8-2）都是通过具象的行车助手来辅助用户进行车内操作与人车交流。而广州实地·常春藤住宅小区的社区无人车Hachi Auto则是通过配备车内礼宾员来为用户营造安全、可信赖的无人车出行体验。

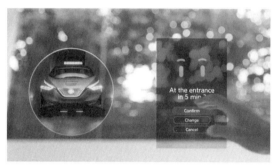

图8-2 Nissan IDS拟人化的车载控制助理形象（图片来源：Nissan）

（二）through型对象模拟式人—无人车关系

对象模拟式人车交互关系则是通过对无人车行车环境进行全局范围内的信息感知，将核心数据进行编码和转译，模拟生成用户可读性高的可视化对象，从而将无人车行车状况与人车关系可感知化。此种情境下的无人车常经由（through）一定的技术手段与可视化呈现方式来构建与用户through型模拟式关系。through关系下的用户如同智能系统中的观察者，无人车智能系统通过增强现实、可视化与界面设计来真实模拟与仿真呈现无人车内外环境，帮助用户对当前出行服务状态建立全域认知，并基于人脑认知特点与交互设计原则，辅助用户快速对无人车智能系统构建心智模型（mental model），提升用户对于无人车服务能力的信任。不同于with型人车关系中同行伙伴的具象化，through型人车关系主要是通过车载人机交互界面（Human-Machine

Interaction, HMI）对车载人工智能系统感知到的数据进行逻辑提取与视觉重构来扩大用户的能力（感知、认知、沟通、决策、表达、运动控制等）范围，从而建立起安全信任的人车关系。与用户构建对象模拟式人车关系的无人车内常配有车载交互屏幕，适用于对无人车服务流程导览、服务规则讲解、服务进程提醒、服务状态解释等线性过程或动态发展的服务内容与阶段的展示。

滴滴无人驾驶智能系统就通过车载人机屏幕将对无人车运行有潜在影响的机动车、其他机动车、两轮车、行人这4种交通主体分别模拟为高亮蓝色长方体、透明蓝色长方体、立体自行车和立体人行符号（图8-3），以此来对无人车周身运行环境实况、行为预测与决策结果进行模拟呈现，帮助用户对当前的服务状态建立综合感知。

图8-3 滴滴无人车的车载人机交互界面

（三）plus型能力增强式人—无人车关系

在能力增强式人车关系中，无人车通过传感技术、自主智能系统与交互手段将采集到的信息以适合的方式呈现给用户，并提供给用户可进行介入与干预的端口，辅助用户完成感知、认知、决策和行为多方面能力的心理感受增强与实际增强，即通过虚实层面上的能力增加（plus）来构建人与无人车的双边关系，将无人车系统性能的部分优越性嵌入用户能力范围内。在plus型人车关系中，用户如同智能系统中的操控者，通过传感网络、高精地图、人工智能系统、车联网、边缘计算以及增强现实等技术为无人车带来感知、认知、决策以及控制能力的提升，并将这些能力增强感通过交互界面呈现给用户,令用户快速知晓无人车的系统状态、能力边界、服务范围,帮助用户在能力加强感中增强对无人车运行和服务流程的掌控感,从而提升用户的服务体验。基于此类人车关系构建起的无人车服务不仅可向用户展示进程性的服务状态并引导用户进行相关行为,而且在提升人工智能系统的可解释性方面也具有一定优势。

而构建能力增强式人车关系的设计理念目前也在很多无人车服务设计中有所体现。笔者在对上海滴滴无人驾驶进行调研时发现,无人车内面向用户的车载信息屏幕在无人车运行途中会为乘客提供4种不同视角的相互切换:主视角、俯视角、长距视角(图8-4左上、左下、右)和变道视角。俯视角适用于观察十字路口的交通状态;主视角模拟驾驶位的行车透视视角,行至路口就会自动切换成俯视角,便于用户看清路口全貌;长距视角会提供给用户超出人眼视域范围的道路和交通状况,尤适用于视野被大车所遮挡时的情景;变道视角会在无人车进行变道操作时自动切换。几种视角是建立在多种技术支持上的无人车独有视角,是对人感知能力的超现实增强,赋能乘客并帮其建立对无人车的信任。

Waymo通过更加逼真的车载屏幕对象实时点阵云渲染来将无人车的机器视觉能力赋能给用户,提高人工智能系统的可解释性,帮助人更好理解无人车的运行决策。在行人、两轮车、四轮车等所有路面交通主体中,行人的风险抵御能力最低,而其行为意图预测难度最高,因此Waymo车载用户界面通过激光雷达制作的3D激光点图来对路面行人进行完

图8-4 滴滴无人车交互屏幕的俯视角、主视角、长距视角

全渲染，而非简单的符号化表达（图8-5）。用户可通过车载屏幕观察到路面行人的四肢移动、行为动作甚至部分面部表情，帮助用户理解无人车的决策逻辑，信任无人车的决策行为。

总之，基于服务触点视角可将人与无人车的关系分为with型伙伴同行式、through型对象模拟式和plus型能力增强式（图8-6），人车交互细节设计的不同模式直接反映了不同公司的发展战略，这为下一节研究探讨无人车服务的价值导向提供了分析依据。

图8-5　Waymo无人车载用户屏幕的对象渲染（图片来源：Google Waymo）

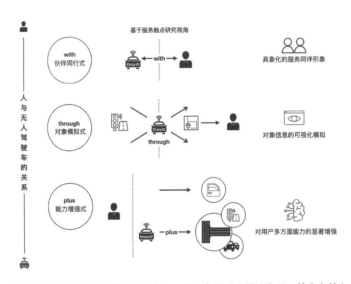

图8-6　基于服务触点视角的3类人—无人车关系（图片来源：笔者自绘）

二、基于用户体验——人车关系的无人车服务价值定位

本书第四章得出的无人车慢行交通服务用户体验的4个层级体现了服务设计的发展进程与侧重角度，而本章上一节得出的3种类型的人车关系又决定了人车交互方式与目标用户类型。基于服务体系设计的基本价值定位，结合用户体验层级与人车关系类型，可以进一步得出无人车慢行交通服务的价值导向，从而为本章下一节明确服务模型、服务场景、人车交互、服务触点提供分析依据。无人车慢行交通服务的价值类型可分为具体效率加速型、全新意义培育型、方式模式创新型（图8-7）。

（1）具体效率加速型。

在伙伴同行式人车关系中，无人车通过对车内某一个或多个服务触点来引导和支持用户快速完成服务流程中的行为操作，提升某个无人车具体服务内容的完成效率。

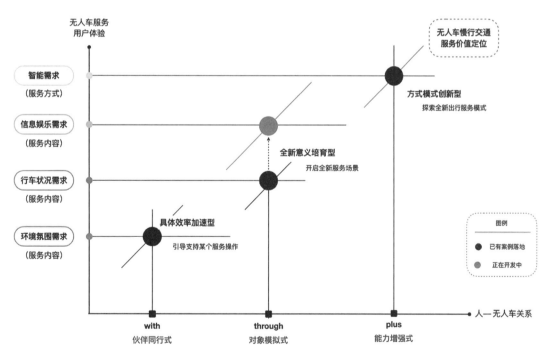

图8-7 基于"体验—关系"的无人车慢行交通服务价值

（2）全新意义培育型。

在对象模拟式人车关系中，无人车对一些行车关键信息进行模拟可视化，帮用户获取行车讯息，消除用户对行车安全的担忧，将其注意力从关注驾驶状况中解放出来，为乘客创造注意力低负荷的乘车时间。同时，以Waymo为代表的无人驾驶出行解决方案提供商正全力开发面向乘车用户的车载视听影音付费娱乐服务，为用户在乘车途中提供更多休闲功能，探索这一新型服务场景的主要需求类型和服务模式。

（3）方式模式创新型。

在能力增强式人车关系中，无人车向用户提供更丰富的服务内容，也致力于通过更智能的人车交互方式来提升用户接触服务时的体验感受。在功能的开发次序方面，也优先开发与无人驾驶特异性强相关的服务、深度发挥无人驾驶的自主智能可移动性，来为用户创造简单、便捷、易用的位置服务。此外，在人车交互模式方面，无人车系统多通过自然交互、智能交互、隐式交互（implicit interaction），令人车互动模式更加自然化与类人化，将传统车内司机和乘客之间的直接、间接沟通借由服务设计与交互设计在无人车内进行服务场景搭建、服务流程衔接、服务信息组织与交互界面呈现，这不仅是对设计方式的系统分析，也是基于人车智能协同的全新场景下对无人车服务价值模式的探索。

第三节　共享无人车慢行交通服务案例研究

本节将主要利用前文得出的研究发现对3个不同的共享无人车慢行交通服务案例进行演绎分析和归纳分析。本章前两节得出了无人车慢行交通服务体系构建作用机制和3种类型的出行服务价值，本节将选取3个相关案例分别对服务构建机制和服务价值定位进行验证性案例分析（推理）；同时利用第三章得出的UET模型对3个案例的慢行交通服务场景进行推理分析。然后再分别对案例的服务构建机制进行探索性案例研究，通过归纳推理进一步明确无人车慢行交通服务的场景特征以及无人车服务洞见与服务构建的设计方法和策略。以下是本节3个案例研究的分析框架和部分研究发现总结（表8-5）。

表8-5 本节无人车慢行交通服务设计案例分析框架（表格来源：本书调研数据编码）

验证性案例分析（演绎）				探索性案例分析（归纳）			
基于不同服务价值将对应案例进行适配并对该结论进行验证	基于UET模型的环境—用户—任务场景分析			无人车服务体系设计分析			
	环境子场景	用户子场景	任务子场景	服务洞见		服务构建	
				服务模型	服务场景	人车交互	服务触点
具体效率加速型服务案例分析——Hachi Auto住区无人车	无人车运行环境、基础设施与管理规则	人群多样、多代际	主要出行类型与常规出行场景	价值、需求、商业模式	常规、突发、商业、远期服务场景	视觉交互	车内、车身、车外
全新意义培育型服务案例分析——驭势园区无人车服务	新的功能类型空间——实体站点	不同对象的认知习惯	关注"首次用户"的服务使用场景	价值、需求、商业模式	经验用户与首次用户	依托服务中台的视觉交互	车外、车内
方式模式创新型服务案例分析——Waymo One无人车服务	对空间要素在交互屏幕上的仿真再现	关注"首次用户"和特殊用户的个性化需求	身心舒适、心理安全、付费休闲服务	价值、需求、商业模式	在生理和能力方面细化用户场景类型	多模态交互	车外、车内

一、具体效率加速型服务案例分析——Hachi Auto 住区无人车

（一）Hachi Auto 住区慢行无人车服务案例概况

Hachi Auto 是实际运行于广州市实地·常春藤住宅小区的住区慢行无人车。自 2019 年底以来，Hachi Auto 持续为该小区的居住人群提供全住区全时段 L4 级无人驾驶慢行接驳服务，最高时速不超过 25 km/h。虽然住宅小区居住人群多样、出行行为松散，出行主体的交通行为意图预测难度较大，住区内的环境障碍物与建筑遮挡较多，但在实际运行中，无人车通过提前采集 3D 激光雷达点云信息，建立区域高精地图，并在运行中依靠车身传感系统进行障碍物识别与环境感知便可安全行驶。此外，Hachi Auto 住区低速无人车服务的行驶路线与站点则是固定的，无人车系统基于提前录入的住区场地信息预设好上下车的停靠站点，即可在固定路线的范围内进行用户接驳与用车订单处理。

Hachi Auto 住区无人车目前的车内服务触点多为基于乘坐氛围打造的环境硬件设备，同时还配备了一名礼宾员进行服务引导与答疑，车内没有支持用户与无人车互动的信息交互性服务触点。同时其服务的主要目的也是为住区居住人群提供代步通勤服务，提升业主在小区内的出行效率。因此服务目标的单一性与礼宾人员的随车值守，都决定了 Hachi Auto 社区无人车慢行服务是具体效率加速型的典型服务案例。

（二）基于 UET 模型的环境—用户—任务场景分析

1. 环境子场景分析

根据无人车慢行交通服务 UET 场景分析模型，对 Hachi Auto 住区低速无人车通勤服务场景进行分析（图 8-8）。在空间环境场景方面，住区的道路形态、基础设施及交通规则都与城市开放道路具有较大差异。案例中的常春藤小区内除去几条路面较宽的主干道，其内部交通系统多由狭窄道路构成，同时还存在较多上下坡路段和转弯区域，水平与垂直方向上的道路形态变化较多；住区内还存在着较多行驶视觉盲区，这些都对无人车的安全运行造成了一定阻碍。虽目前并没有对场地环境进行任何改造，但无

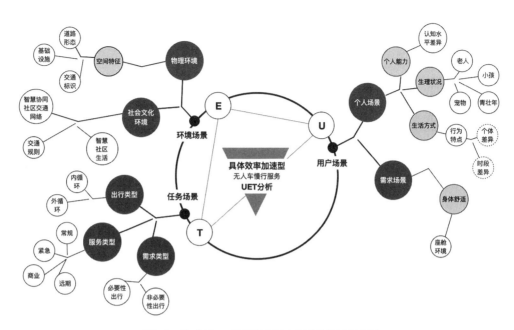

图 8-8　Hachi Auto 社区慢行无人车服务的 UET 分析

人车运营方也在社区空间环境方面做了很多无人驾驶化设计：

第一，将无人车运行道设置为双向街道。并通过路面标识与小区地图对出行人群进行提醒，此项设计有助于无人车在小区的狭小空间以及转弯处进行自主掉头、转弯与最短OD距运行，提升道路系统的运载效率；路面标志也可以对其他出行主体进行行为引导。

第二，建立住区智能协同交通网络。立足于常春藤小区的数字管控系统基底，将Hachi Auto无人车服务体系与智慧家居体系相互连通，实现人—车—路—后台协同。通过家居、道路、无人车内外的智能管控设备、路面摄像头、车身摄像头、智能车门、无人车控制系统等服务触点，获取无人车的行驶状况、接驳状态与行驶路径，全面提高无人车的运行效率。

第三，完善多个无人车运行场景的基础设施保障。针对紧急避让、车辆占道、残障人士外出等特殊出行场景，在全住区内核心地点和无人车运行路线上的主要停靠站附近建立应急方案设备库，确保在遇到突发情形时得到迅速响应与解决。

第四，建立完备的社区无人车慢行交通规则。常春藤小区不仅就无人车专属的责任认定、权利范围、与业主的权益冲突等条款进行了明确规范，也协同第三方保险公司提供了社区无人车慢行出行服务保险，更全面地保障用户人群的利益。

2. 用户子场景分析

在用户场景方面，其环境主体具有多元性，老幼孕宠等出行意图预测难度较高的交通主体遍布社区内。在人群类型出行时段方面，工作日早晚高峰会有较多通勤人群搭乘无人车接驳服务，用车资源较为紧缺，非工作时段则以老年人及幼童为主要出行主体，用车资源虽相对充足，但以孩童为代表的交通参与者的出行行为具有较大随机性，因此无人车服务体系应根据时段与需求的动态变化进行服务资源调配。而节假日社区内出行则多以家庭为单位，两至三代人之间的用车需求略有不同，因此在同时接驳家庭内的多位跨代际成员时，无人车服务应平衡全面适用性与个体针对性。

3. 任务子场景分析

在任务场景方面，案例中的住区出行任务主要由必要性出行和非必要性出行构成，出行类型包括住区内循环、住区外循环出发、住区外循环到达。除了为上班上学人员提供日常通勤服务之外，Hachi Auto还提供老弱伤残孕出行辅助、物品与行李运送、安防巡逻协助这3个常规服务场景；此外还针对幼儿玩耍、车辆占道、紧急安全这3个突发场景准备了解决方案，尽可能扩大住区生活服务场景范围。同时，Hachi Auto无人车还将出行场景与商业场景进行结合，社区居民可搭乘无人车直接到达住区商圈内部。

（三）Hachi Auto 社区慢行无人车通勤服务体系设计分析

1. 服务洞见分析

此外，笔者还对Hachi Auto住区慢行无人车通勤服务案例的服务洞见与服务体系构建进行了分析（图8-9）。

该案例的服务价值定位为具体效率加速型，主要服务需求为小区业主的常规内部出行，目前的商业模式为面向业主用户的固定线路固定站点的免费接驳服务，这构成了Hachi Auto住区无人车的基本服务。此外，还为大部分用户提供了4种常规出行服

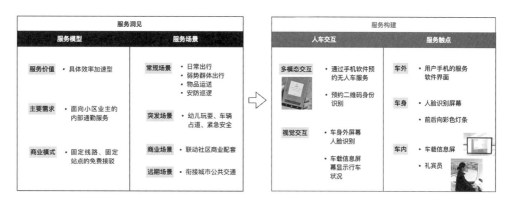

图8-9　Hachi Auto社区慢行无人车的服务体系设计分析

务,并针对3种特殊与紧急场景准备了应急服务预案,还与社区商业结合,为用户提供类型丰富的社区生活服务。同时Hachi Auto无人车还计划在下一阶段与住区附近的城市公共交通站点进行衔接,扩大住区无人车出行服务范围。

2. 服务构建分析

关于服务构建,案例中的人车交互多是通过用户手机与车身外的交互屏幕来完成。用户可通过手机软件预约服务,在6个可选起始站与5个终点站中选择OD路径。服务后台收到用户的用车订单后,会安排无人车前往上车点等待;用户凭借预约二维码或车身屏幕上的人脸识别装置来进行身份确认(图8-10),完成后车门打开即可上车;到达目的地时车门打开乘客下车,行程结束。其中的人车交互主要发生在行程前用户通过手机下单、行程开始时人车身份互认两个服务环节,并无其他多模态的人车交互,这与服务类型单一、车内礼宾员随行值守是相互作用、互为因果的。

在服务触点设计方面,行驶环境中并未设置针对无人车服务的智能站牌与服务引导,人们了解与使用服务的端口全部依赖用户个人的智能手机,目前没有为老年人、儿童、视障人群提供包容性设计。无人车前后配备了条形灯带,白色灯带显示无人车的行驶方向、红色灯带表示相反方向。此外,笔者认为应在车头设置LED小型电子屏幕,并进一步丰富既有车身灯带的色彩指代语义,通过文字、符号、方向、色彩等元素向路面其他交通主体及时展示和预告无人车的运行状态。Hachi Auto无人车内共配备了4个白色真皮座椅位置,除去礼宾员一次可最多搭载3名用户。无人车四周

图8-10　社区居民通过手机软件预约无人车服务并在上车前进行人脸识别身份认证（图片来源：www.TECHMAN.cn）

设置了大面积透明玻璃，结合白色的车内环境，为用户创造了轻量通透的行车视觉体验（图8-11）。虽然车内也设置了车载信息屏幕，但目前并不支持用户与其进行沟通交互。

图8-11　Hachi Auto社区慢行无人车内舱及车身（图片来源：www.TECHMAN.cn）

案例中Hachi Auto住区无人车与运行环境和用户之间都存在着新型的互动关系。在车—境关系方面，无人车通过建立住区数控系统降低了无人车对于运行空间的依赖、提升了无人车对不同环境的兼容性，同时也释放出了更多住区慢行交通空间，并为未来住区交通系统与空间的优化提供了可能。在车—人互动关系方面，该案例通过对无人车进行有效的用户安全设计和智能系统构建，以及配备随行安全员帮助用户建立并增强对无人车的信任、提升服务质量和体验。此外，Hachi Auto住区慢行无人车也从用户服务场景、服务类型、人车交互、服务触点等方面对服务体系进行了构建与设计。这也进一步验证了本章第一节得出的共享无人车慢行交通服务体系建构作用机制框架的有效性。

二、全新意义培育型服务案例分析——驭势园区无人车服务

（一）驭势慢行无人车服务案例概况

驭势科技是国内一家专注于为限定封闭区域提供L4级无人车慢行交通服务的出行方案提供商，也是最早致力于探讨无人驾驶商业落地路径的领跑企业之一。其提供的L4级无人驾驶微循环服务方案的应用场景包括广州白云机场、邢台园博会、嘉善新城、杭州来福士停车场等封闭慢行环境。2019年，驭势在机场与园区的限定慢行场景中实现了"去安全员"的L4级无人驾驶常态化运营。近年来，其业务范围又主要围绕不同慢行场景中的个性化无人驾驶物流解决方案而展开。

驭势无人微公交慢行交通服务主要依托于可容纳6人左右的共享小巴士，在封闭的慢行区域内，通过人工选站、智能调度、路线循环、手机约车的运营模式，为人群提供时速在15 km/h之内、24×7的任意点对点出行服务。车内的车载交互屏幕将经过提取与模拟的周围环境信息与行车状况呈现给乘客，并在不过分打扰乘客的前提下对其进行必要信息提醒，帮助乘客理解车辆决策与行为、建立对服务旅程的安全感知，并将乘客注意力从关注行车状况中解放出来。作为全新意义培育型无人车服务案例，驭势无人微公交服务开启了新的慢行服务场景，为乘客提供了新行为的可拓展空间。

（二）基于UET模型的环境—用户—任务场景分析

1. 环境子场景分析

虽然目前很多数字服务是建立在默认用户可以顺利连接高速网络并可熟练操作智能手机的假设之上，但这种假设在老人、幼童、残障人士等群体面前并不完全成立。为了提升无人车服务的通用性，驭势无人微公交服务在区域内设置了部分实体站点，增设了新的功能类型空间点——实体站点（图8-12）。实体站点主要通过信息告知、内容补偿、效率权衡3种方式辅助无人微公交在全域内运行。第一，告知是将区域内的可用交通服务资源传达给首次使用该服务的用户，并对其进行服务使用流程和操作引导，帮助"首次用户"对空间快速建立环境感知。第二，补偿是通过车站这一数字触点补偿服务完整闭环里缺失的内容，通过功能类型空间点来规范和精确用户行为和范围，补偿此处值守人员的职能。第三，权衡是在满足使用自由与成本经济之间保证无人车需维持一定的运载效率，对复杂环境进行自由度限定，通过设立运行规则来简化无人驾驶任务，从而减小环境复杂性、降低系统运行成本。

图8-12　驭势慢行无人微交通服务的上下车站点（图片来源：驭势科技）

2. 用户子场景分析

用户对环境与时间的认知过程多是按照"感觉—意识—理解"的步骤逐级推进，类似于无人车"感知—决策—控制"的工作路线。由于人脑构造与视觉工作原理，人在众多冗杂信息中会对色彩、体块、移动、不和谐、光线等内容保持最高敏感度，对个体对象单元、移动时速、行进方向等状态质性信息的关注度较高，因此用户会首先对以上内容建立快速反应与直观印象。其次，用户开始构建意识，开始对不同对象进行对比与区分，对交通信号、标识设施、运行视角范围等量化与具象语意进行认知。最终，通过在不同对象之间建立相互的逻辑关系，帮助用户理解运行规则。在用户端车载显示屏的交互界面设计上，驭势基于人的认知的过程和特点来对交通环境信息进行"打散重构"，向用户突出展示与无人车操作、路径规划等具有行车高度相关性的内容。

3. 任务子场景分析

驭势慢行无人微公交虽然有较多落地场景，但其主要商业应用场景还是以园区为主。笔者通过实地调研发现，由于无人车服务的新兴性和用户人群的猎奇性，大部分的服务使用者多为第一次来到园区的"首次用户"，其中还有超过73%的用户是首次见到L4级自动驾驶车。因此，在"首次用户"占比较多的使用场景中，慢行无人微公交应对"首次用户"的出行进行一定的引导与规范。驭势通过车载交互屏幕将重要的环境信息与交通资源向用户进行呈现，帮助用户人群快速建立环境感知；并搭配实体站点，对人群出行路径进行引导。

驭势慢行无人微公交车服务UET场景分析如图8-13所示。

（三）驭势园区无人车慢行交通服务体系设计分析

1. 服务洞见分析

驭势慢行无人微公交服务案例的价值定位属于全新意义培育型，主要为园区、新城区、机场等户外大型封闭式慢行场景提供出行服务。虽然在技术上已可实现限定区域内的点对点服务，但是为了提升服务效率、平衡系统运行成本，驭势慢行无人微公交还是在园区内设置了部分实体上下车站点，并设计了不同运行路线，通过增设空间

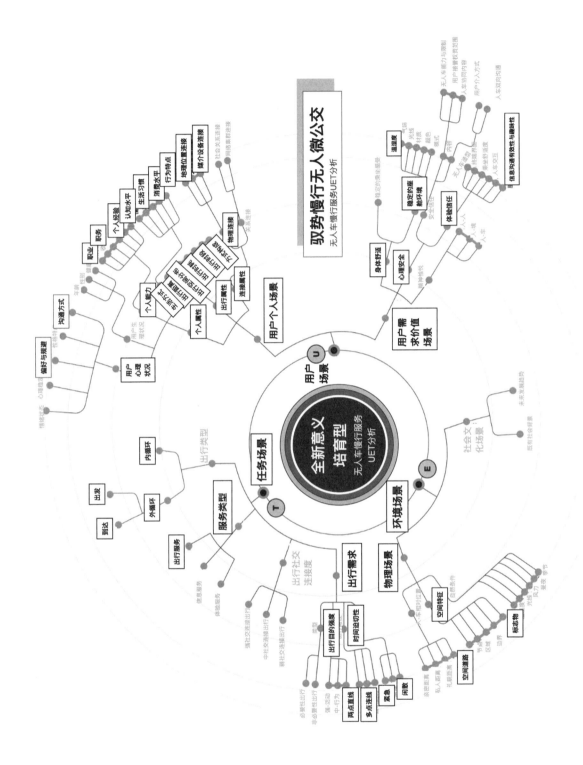

图8-13 驭势慢行无人微公交车服务UET场景分析（图片来源：笔者自绘）

锚点辅助乘客迅速建立空间感知。

作为在公司成立之初就设立了专门的用户体验与服务设计部门的无人车公司，驭势科技意识到了设计思维可以为企业战略与产品定义贡献的巨大价值，其也是最早提出利用产品服务体系设计来进行服务建构的科技公司之一。而为了保证用户体验和运行效率的双边利益，驭势科技提出了"用户体验中台"。中台处于用户可直接接触到的服务前端与用户接触不到、主要由系统技术团队进行支持与协调的服务后台之间，它主要由场景迁移引擎、提示告知引擎、可视化引擎3部分组成。用户体验中台通过对行车途中遇到的多种复杂情形进行划归转化，抽象成不同的问题模型，并针对不同的问题模型进行用户服务与解决方案的层次切分，通过细分与组合多种场景和问题，建立起问题—策略方案包，为不同用户在不同场景下提供个性化的服务方案（图8-14）。

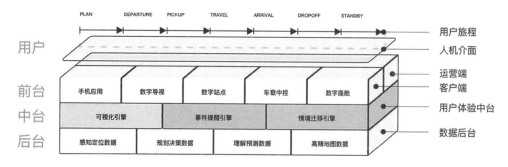

图8-14 用户体验服务中台包含三大引擎（图片来源："出行即服务"平台）

用户体验服务中台可以在无人车慢行出行服务全过程中，通过快速整合服务前端的多种服务触点与服务后台的云—车—路端获取到的多源信息，赋能无人驾驶产品服务体系，提升用户体验的同时并控制系统运行工作成本。

2. 服务构建分析

服务触点是承载服务、连接服务提供方与接受方进行交互的重要媒介，无人车内的车载人机交互屏幕又是人与无人车之间进行信息交流与沟通的关键服务触点。将与行程高度相关的必要信息以合适的方式转达给用户，可令用户建立起对无人车的信任，并得到诸多超过其自身感知能力范围与数据获取范围之外的有效出行信息。驭势慢行无人微公交的车载交互屏通过切换不同视角来构建与乘客之间的关系，从而为其提供不同场景下所需的环境信息。

无人车启动前的地图视角可以帮助用户对即将开始的行程轨迹建立全局性认知（图8-15）。行进中自动切换成第三人称视角可以提供给用户更多行驶信息与行程更新，增强用户的内心安全感受。即将到达目的地时屏幕会转换成俯视视角，帮助用户了解目的地环境状况、进行下车状态转接。基于不同视角的地图与行车行程信息展示的车载交互屏幕HMI设计不仅可以对服务的不同流程进行显性定义和视觉引导，也能将每个服务场景片段的用户信息饱和度保持在稳定舒适的状态（驭势科技，2019）。

图8-15　地图视角、第三人称视角、俯视视角（图片来源：UISEE,2019）

在本案例中，驭势慢行无人微公交与运行环境和用户之间同样也存在着密切的互动关系。无人车实体站点加速了环境空间与无人公交之间的信息沟通，提升了环境信息可读性，帮助用户快速建立空间与服务资源感知。同时，通过基于人脑认知特点的车载信息设计，辅助用户建立对无人车的理解和信任。此外，驭势慢行无人微公交案例也从用户体验服务中台、基于服务触点的多类视角切换等方面对服务体系进行了关键要素构建和服务内容设计，进一步验证了本章第一节得出的共享无人车慢行交通服务体系建构作用机制框架的有效性，并对构建与设计策略给出了具体优化建议（图8-16）。

三、方式模式创新型服务案例分析——Waymo One无人车服务

（一）Waymo无人车服务发展概述

谷歌Waymo公司是全球无人驾驶领域的行业先驱，也是当今自动驾驶领域全球估值最高、拥有最多项关键技术与设计专利的公司。分析Waymo的无人驾驶服务案例，便可对人类探索无人驾驶的发展历程确立明确的认识。2004年，谷歌参加了

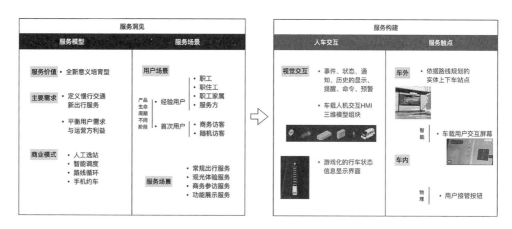

图8-16 驭势慢行无人微公交服务体系设计分析

美国国防部高级研究计划局（DARPA）举办的首届挑战赛，开启了对无人驾驶的探索，后续更是有来自美国顶尖大学的大批优秀技术人才踊跃加入，迄今为止谷歌对无人驾驶领域的研发经验已超过15年。2016年12月，谷歌无人驾驶项目独立为谷歌母公司Alphabet的旗下子公司Waymo；随后瑞士联合银行UBS预测，预计到2035年，Waymo将占领全球无人车行业超过60%的市场份额。但即使作为当今实力最雄厚的无人驾驶解决方案公司，Waymo至今也很难做到在任何开放道路或场所内取消高度自动驾驶车的安全员，不过其清晰的服务发展规划与时段性落地路径也印证了Waymo在无人车服务方式与模式探索方面的独创性。

Waymo对自身的定位始终是"无人驾驶出行解决方案的提供者"，而非汽车公司。其服务模式主要分为无人出租（Robotaxi）、卡车货运（Truck）、物流配送及软件授权服务4种类型，目前落地的服务产品有面向个人用户的Waymo One共享无人驾驶出行服务、面向公司货运的Waymo Via无人驾驶卡车货运服务、面向宠物运送的共享无人车Waymo Pet服务。Waymo One作为该公司无人驾驶产品线中最重要的服务，也是本书接下来要分析的案例对象。

1. Waymo共享无人车服务发展时序进程

2017年4月，Waymo推出了一项名为Early Rider的自动驾驶项目，400名经过审核的用户可试乘Waymo在美国亚利桑那州凤凰城260平方千米的限定区域内的自动驾驶出租车服务。试乘者在专属手机软件上进行试乘呼叫，上车后可在限定范围内进行点对点的自由出行，可到达区域内的购物中心、餐厅、办公楼或其他任何地点。Early Rider 是后来 Waymo One 服务的雏形，在后者推出后，Early Rider 试乘计划中的一部分用户可免费体验 Waymo One，余下的用户仍将继续 Early Rider 的试乘项目。由于 Early Rider 项目本身具有的试验性与探索性，其试乘不仅全部免费，同时还与试乘者签署了保密协议，试乘者不可带其他任何人进行试乘。

图8-17　Waymo自动驾驶原型车Firefly外观及车内乘客控制板

借助于 Early Rider 项目的数据、技术及经验积累，Waymo 于 2018 年 12 月在美国亚利桑那州的凤凰城郊及其周边部分地区推出了付费无人驾驶出租车服务 Waymo One，在全球率先开启了无人驾驶出行服务的商业落地之路。Waymo One 采用 Chrysler Pacifica MPV 车型（图8-18），最多可接载 3 名成人与 1 名儿童乘客，7×24 小时运行。出于安全考虑，每辆车会配备 1 名安全员，以备在紧急情况下接管无人车。

2020 年 10 月，Waymo One 全无人驾驶服务正式上线，并最先面向现有的 Waymo 会员开放。后期随着手机应用会员注册带宽的提升，用户在 Waymo One APP 上注册会员后，便可在凤凰城的部分运营区域内搭乘全自动驾驶出行服务。此次 Waymo One 取消了随车安全员，用户服务范围也扩大至公众，但暂时还是有区域限制，其运营地被局限在凤凰城郊区钱德勒、坦普和梅萨等地区 129.5—259 平方千米的范围内，运行速度也被限制在低速范围内，但能够面向普通公众提供全无人驾驶的慢行交通服务，Waymo 开启了无人车服务的新阶段（表8-6）。

图8-18 Waymo One共享无人车服务的Chrysler Pacifica车（图片来源：Waymo）

表8-6 Waymo One共享自动驾驶车服务发展时序总结

序号	时间	项目	设计运营域（ODD）	用户	服务模式	安全员
1	2017.4	Early Rider试乘计划	美国亚利桑那州凤凰城郊260平方千米的限定区域	400名经审核的试乘用户	限定范围内的自由点对点免费试乘服务；项目保密，仅本人乘坐；通过手机应用预约	有
2	2017.10	Early Rider试乘计划2.0	Waymo测试场地	当地部分媒体	在测试区域内进行自由点对点的低速免费试乘	无
3	2018.5	Early Rider试乘计划2.0	美国亚利桑那州凤凰城郊260平方千米的限定区域	Early Rider计划会员	部分乘客自己充当安全员，中间座位顶部预留急停和通信按钮	部分无
4	2019初	新服务场景方案探索计划	美国亚利桑那州凤凰城郊某些限定区域内的卖场与地铁站	经审核的卖场顾客与地铁乘客	与沃尔玛、Valley Metro合作，探索用无人车接送购物者或地铁乘客的方案	部分无

第八章
共享无人车慢行交通服务体系构建策略

续 表

序号	时间	项目	设计运营域（ODD）	用户	服务模式	安全员
5	2020.10	Waymo One	美国亚利桑那州凤凰城郊钱德勒、坦普和梅萨等地区129.5—259平方千米的范围内	Early Rider计划会员	凤凰城部分区域内的全无人驾驶，服务费用取决于用户的服务里程与时间	无
6	2021年初	Waymo One	美国亚利桑那州凤凰城郊钱德勒、坦普和梅萨等地区129.5—259平方千米的范围内	新注册用户	在里程和时间的基础上，服务费用依据供需关系进行波动	无
7	近期	Waymo One	美国某些西南部城市的限定区域	新注册用户	提供车载娱乐服务、周边增值服务及广告服务	无

2. Waymo共享无人车服务模式

Waymo目前的服务收费方式为根据用户行车距离的远近来收费。服务的商业模式则是将更多的Early Rider项目会员转化为Waymo One的付费会员，同时鼓励更多人注册使用Waymo One通勤服务，赚取用户的乘车费用。在商业合作模式上则立足于独自发展组建自有车队，在2020年6月与沃尔沃的合作也只是将自持的Waymo Driver技术搭载到一个出行专属的纯电车平台上，以获取更多场景对商业模式进行试验。

（二）基于UET模型的环境—用户—任务场景分析

1. 环境子场景分析

根据UET场景分析模型对Waymo One案例进行分析。在环境场景方面，由于无人车的优越性能与场地兼容性，城市现有环境与道路系统并不需要做太多的适应性改造或新建，反而可以随着无人驾驶的逐渐普及，进行自主优化，使交通空间更加高效和宜居，减少交通空间总量、释放更多交通空间给慢行出行。这也是方式模式创新型无人车服务对未来城市环境可起到的积极影响作用，即通过最小化的被动改造和最大化的主动优化，将城市街道转化为可伸缩、可变化、易感知的动态生活空间。Waymo One对运行环境场景的映射主要体现在其对环境感知和决策计算结果的呈现与解释上，通过服务设计与交互设计向乘客展示行车真实周边环境和无人车所感知到的周边环境。

城市设计主要通过道路、边界、区域、节点、地标5要素来对人群进行城市意象的传递和加强（凯文·林奇，1990）。Waymo One则将在实体场所空间中的关键意象要素通过用户体验设计传递给无人车内的乘客，令用户在乘车途中通过对城市意象要素的实时变化感知来理解场景迁移与位置移动，从而建立对行程的掌控感。Waymo One系统会在用户手机端将符合交通规则的路线和车辆运行路线用蓝色底纹标示出来，提示无人车的可行进路线与实际运行路径（图8-19）。在行车途中，每次经过路口或转弯时，车载屏幕都会在用户界面上进行视觉提示并告知当前所在位置，将道路环境的变化实时更新给乘客（图8-20）。在区域感知方面，无人车系统在用户手机软件界面上用蓝色块将可以上下车的区域进行高亮显示，并引导用户在软件上通过在可行范围内移动拾取点光标的位置来确定上车和下车点，在更符合服务情境与实时需求的地点上下车。而当无人车驶经施工区或维修区时，智能系统也可进行识别，不仅可以自动规划备选路线，也可基于感知到的路面与环境状况提醒乘客注意可能存在的路面颠簸。而

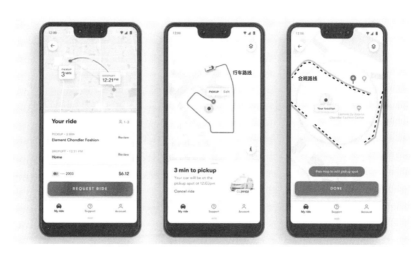

图8-19　无人车服务的合规路线与行车路径（图片来源：Waymo）

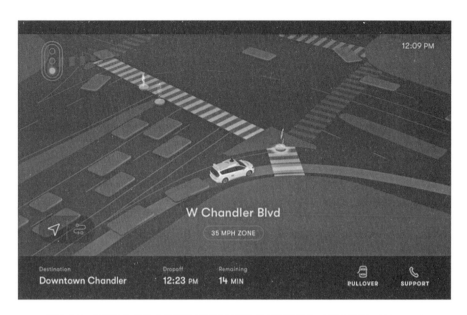

图8-20　转弯时车载用户界面进行视觉提醒与位置更新告知（图片来源：Waymo）

对于一些区域内的重要地标，智能系统也会在行车途中对用户进行预告、提醒和显示，或提醒用户观看，或帮助用户进行心理位置定位和个人时效移动衡量。不同于传统共享出行服务的用户界面中以虚拟线条表现环境道路和车辆形态的设计方法，Waymo One无论是用户手机端软件还是车载交互屏幕，其界面中的设计元素都是对真实环境的再现。

2. 用户子场景分析

在无人车服务的用户场景方面，Waymo One主要通过对用户进行个人属性和出行属性的分类来提供个性化的服务。乘客是车内唯一的用户主体，以往乘客与司机之间的直接交流和间接沟通如今都要通过服务设计和交互设计来完成，因此向用户介绍服务流程，尤其引导新用户完成全部操作，都要依赖于用户体验设计。Waymo One手机软件可以通过下载时间和使用记录将"首次用户"从经验用户中识别出来。当用户预约的无人车抵达时，被系统识别出的"首次用户"的手机软件将会开启语音引导，指导用户一步步完成人车身份识别、上车、落座、系安全带、确认行程信息及确认出发（图8-21）等一系列行驶前的流程；待启动后手机软件也会继续向用户简介

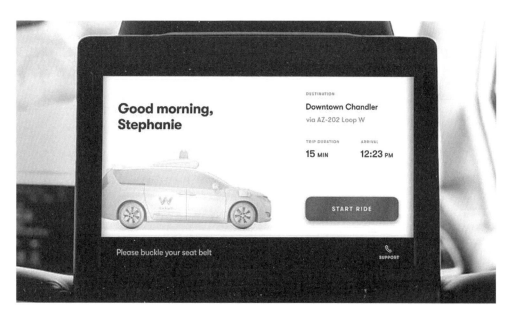

图8-21 乘客落座后车载交互屏幕展示预约信息帮助用户确认服务订单细节（图片来源：Waymo）

车内的主要服务触点和车载屏幕功能，保证"首次用户体验"的品质。而对于经验用户，已识别出其身份的无人车系统则会表现得相对"安静"与"熟稔"。当视力残障人士搭乘无人车时，一些常规情况下以视觉为交互模式的人车沟通会以语音或多模态的方式传递给用户，帮助其身心获取服务安全感。Waymo One手机软件可通过对乘客个人能力和行为习惯的主动感知与被动告知，与无人车进行联动，将无人车调整至最符合当下用户属性状态的服务模式，为不同用户呈现出清晰且透明的关键服务信息。

3. 任务子场景分析

由于Waymo One提供的是在限定区域内点对点非固定路线的无人车慢行服务，因此不仅其服务路线具有较大的拓展性，其服务内容与形式也比前两类无人车服务更加自由。在服务类型方面，目前Waymo One主要向乘客提供出行服务与车载信息服务，通过安全稳定的行驶、舒适宜人的乘坐环境、合理的服务流程以及智能的人车交互来为用户创造身体舒适与心理安全的出行体验。未来，Waymo One计划在车内提供体验服务，通过车载屏幕与车辆音响系统向用户提供付费视听服务、周边增值服务及广告，通过更加丰富的服务类型拓展新的行为模式与服务场景。同时由于Waymo One的行驶路径在限定范围内实现了路线自由，无论是无人车还是乘客对于区域环境的带动性和场所交互性都有所提升，因此基于智能系统对任务场景动态迁移的实时感知，无人车会根据场景变化和用户特点进行乘客需求预测，并借由合适的交互模式主动向用户发起沟通，将是Waymo One下一步的服务设计重点之一。

基于UET场景分析框架对Waymo One无人车服务进行案例分析的研究框架如图8-22所示。

（三）Waymo One慢行无人车服务体系设计分析

1. 服务洞见分析

基于在无人驾驶服务领域超过15年的经验积累，Waymo除了帮助用户提高出行效率并培育新的用户场景意义之外，也一直在探索未来无人车服务的新范式，Waymo One便是方式模式创新型的典型服务案例。目前，其主要解决的是用户在较大慢行交通场景内的出行需求；未来，其目标是解决乘客在无人车内的高质优质用户体验需求以及多类型的物品运送服务。在服务商业模式方面，第一，加速用户转化。将更多的Early Bird试乘项目用户转化为Waymo One付费用户。第二，扩大用户规模。开放会员注册来容纳更多新用户，同时延长服务运营时间、扩大无人车运行范围、提高单位时间内的无人车服务响应效率。第三，确立"一人多车"的管理方式。降低远程管理员和维护人员的人车配比，最终实现一个远程管理员可以同时值守或管控十几台无人车的高效运营。第四，扩大行驶范围。首先要不断搭建供无人车行驶的新区域高精地图，并提高无人车在新区域内的测试次数。当测试数据与软件平台达标及稳定之后，再进一步扩大无人车的投放数量，将更多无人车投入到服务运营中。第五，明确优先扩展服务的场所方向。由于技术限制和环境影响，Waymo One的下一步服务扩展场所为美国西南部的部分城市。因为这些地方道路宽阔、人口规模较大、人车混行的现象较少，普遍天气晴朗，不会对无人车行驶造成过多干扰。

在服务场景方面，除了在车内构筑更丰富的服务类型，Waymo One也针对不同乘客构建了丰富的用户场景。基于成年个人用户、成年群体用户、成人携带儿童用户、

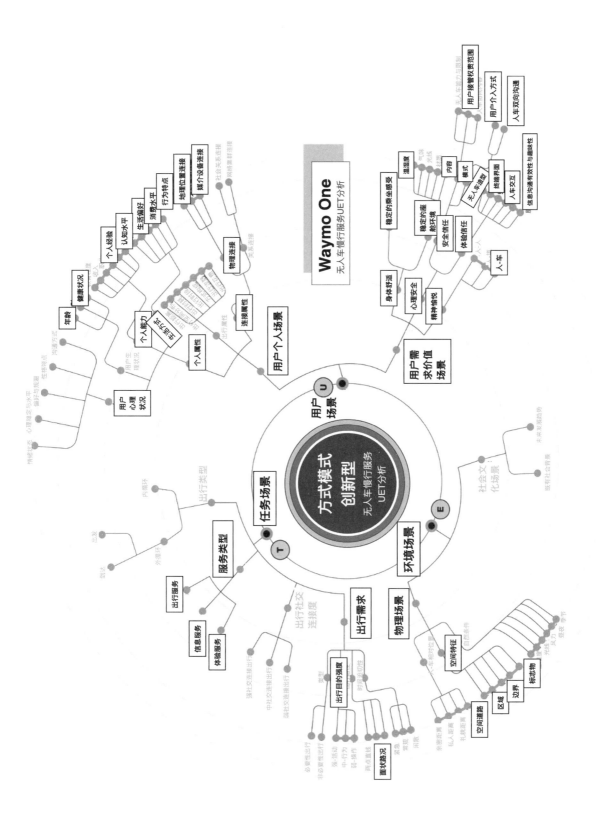

图8-22 Waymo One无人车服务UET场景分析

残障弱势用户构建了常规服务与紧急服务方案。尤其当遭遇紧急情况时，用户可以通过多个服务界面与沟通端口对无人车进行控制或寻求援助，如启动pull over按钮进行路边停靠、启动车门解锁键离车、通过电话按钮与远程管理员进行沟通等。叫车后服务系统会提供一个估算价格与车辆预计抵达时间。而当行程结束后，Waymo One 会邀请用户用五星表对服务进行评定，打分范围包括驾驶路线、驾驶状况、上车点位置、下车点位置、车辆状况等详细参数，进一步帮助Waymo获取用户的真实服务反馈。

2. 服务构建分析

出行前的人车交互主要是用户通过手机软件进行约车。考虑到服务应具有无障碍通用性，未来Waymo One会增设语音约车功能，帮助视障人士用车。而Waymo One既有的人车互动模式也根据人的认知特点和场景属性进行了合理搭配。无人车行驶途中的状态显示、消息预告、情况预警等常规信息会通过视觉交互的方式呈现在车载显示屏上；而关于常规信息的传递，语音提醒则出现了一定的延迟，只有当较为重要的无人车操作或环境信息变更发生时，语音提醒才会在视觉反馈发生后进行提醒，以避免对用户的过多干扰。而当面对一些紧急服务场景时，听觉交互也会通过较为严肃的语音语调给乘客急促强烈的提醒。同时在行程即将开始或结束时，较为轻松舒缓的听觉反馈也被Waymo One用于服务的氛围培育中。此外，Waymo One还运用多模态交互来向用户进行信息传递与服务引导，如通过视觉、听觉、触觉的多模交互在上车前用户与车辆身份的双向确认、落座后开始行程等关键服务环节中帮助用户与无人车进行交流。

由于Waymo One完全取消了随车安全员，因此所有人车服务交互都要依赖服务触点来完成。除了用户手机软件和车载交互屏幕两个智能触点之外，无人车内还在后排乘客头部上方设置了4个实体按键触点（图8-23左），从右至左依次为行程出发（Start）键、电话沟通键、车门锁开关键、路边停靠（Pull over）键。乘客落座后可启动出发键开始行程，也可在必要时通过电话键与后台安全员进行连线；而当乘客按下停靠键时，无人车会在最近的安全停靠点停止并待用户下车，用户可随时掌控服务行程。Waymo One同时也为这些行驶按钮配备了盲文标签，行驶按钮对应的功能操作在

图8-23　Waymo One共享无人车内的物理服务触点与智能服务触点（图片来源：Fast Company）

手机软件上也有体现，各服务阶段的行车信息会呈现在车载屏幕上，提升服务对于残障或行动不便人士的可用性与易用性。

作为方式模式创新型的无人车慢行服务典型案例，Waymo One明确了无人车慢行服务的环境场景、用户场景及任务场景的关键场景因素，并基于这些关键因素，对共享无人车慢行交通的服务模型、用户场景、人车交互、服务触点等方面进行了兼具时间发展性与空间适用性的新模式与新方法的探索（图8-24）。这不仅是对本章第一节得出的共享无人车慢行交通服务体系建构作用机制框架科学性的有力验证，同时也为本章第四和第五节关于服务体系构建机制和设计策略的产出提供了知识基础与理论依据。

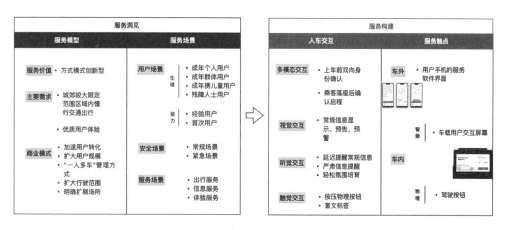

图8-24　Waymo One共享无人车慢行交通服务体系设计分析

第四节　基于共享无人车的慢行交通服务体系构建机制

结合本章第一节基于扎根理论对专家访谈数据进行三级编码和第二至第三节对无人车服务进行案例分析得出的研究结果，综合得出无人车慢行交通服务建构机制与设计策略（图8-25），本书将在以下两节对相关结论进行阐述。

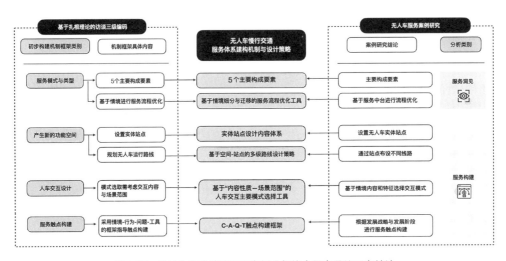

图8-25　通过专家访谈编码和案例分析综合得出最终研究结论

一、服务体系基本构成要素

根据本章第一节访谈编码得出的模型结果可知，无人车慢行服务体系主要包括服务模型、服务场景、人车交互和服务触点4个基本要素。而基于本章第三节典型案例研究可知服务中台也是建立无人车慢行服务体系所必须要考虑的重要组成部分。服务中台可以精准对接用户需求和后台数据，从而提高无人车服务系统的鲁棒性，因此构成了无人车慢行交通服务体系的5个基本要素（图8-26）。根据构成要素的性质，服务模型、服务场景和服务中台是服务体系顶层战略与基础逻辑的集中体现，是区别不同服

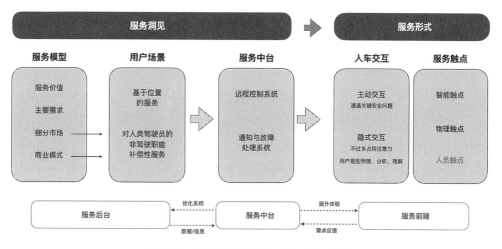

图8-26 慢行无人车服务体系的5个构成要素

务体系的决定因素，属于服务洞见范畴；而人车交互与服务触点是传递服务、决定服务质量的主要维度，属于服务形式范畴。

（一）服务模型

服务模型是对服务进行概念界定与特征规律提取的服务元表达式，它不仅决定了当前的服务参数，也决定了远期的目标形态和发展模式（Wang Wei, Feng Zhou, et al, 2019）。服务模型主要包括服务价值、主要需求、细分市场、商业模式。服务模型是无人车服务体系构建研究与设计实践的起点，决定了其发展方向与具体内容，需在规划之初就对其进行精准定义。

（二）用户场景

用户场景是环境内主要慢行交通参与者在使用无人车服务时，从开始接触服务到服务完成，全流程中可能遇到的所有服务情境。用户场景从最终服务使用者的视角展开，并受到细分市场与商业模式的影响。用户场景可以按照重要程度与发生频率、发展时序、功能组织进行细分，但基于无人驾驶性能特殊性的位置服务场景与对人类驾驶员非驾驶职能补偿性的服务场景是无人车慢行交通用户场景中的主要内容。

（三）服务中台

虽然无人驾驶服务的细分情况非常复杂，但其变化都是在一个演化框架内进行，这个演化框架就搭建在服务中台上。服务中台连接用户可接触的服务前端与用户不可视、为服务运行提供系统支持的服务后端，作为一种系统工作优化机制，它可以提供端口令用户与系统进行顺畅的双向沟通、识别高度细分的用户场景、对接响应速度最快的服务方案。可以说，服务中台的工作效率以及与后台的沟通融合机制，才是决定服务前端用户体验高低的核心原因（黄蔚，2021）。

从构成体系来看，服务中台可分为远程控制系统、通知与故障处理系统（图8-27）。其中通知与故障处理系统又可分为异情反馈子系统和内容子系统。远程控制系统主要负责在慢行无人车行进异常时，进行主动停车，或在行进中主动排查安全隐患、处理与上报。故障通知系统在无人车与乘客之间进行信息的双向传递，其主要有两大职能：第一，将无人车的行驶异常状态反馈给用户，例如车辆故障、道路被挡、系统中断等情况，用户则可根据这些反馈回应相应行为。第二，承载服务的内容子系统。内容子系统又包括基于多情境的内容呈现、情境迁移、可视化3部分。车载人机交互屏幕所呈现的内容具有类型与模态多样性，如文字、语音、视频等，所以应基于内容性质、情境特点、人群认知特征等多方因素对内容与呈现形式进行适配。同时，还要针对无人驾驶的场景特性进行独有内容的添加

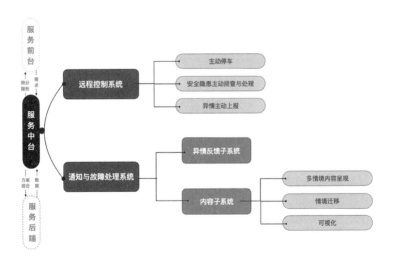

图8-27　服务中台组织架构

和开发，细化场景提取特征，提升无人驾驶指令、操作和状态描述的精准性。

当列举完几乎所有细分用户场景后，情境迁移可以根据用户需求进行提取与预测、服务资源调度与整合，来对当前的慢行交通服务情境进行迁移、对接与组合。可视化子系统分为面向工程角度的运算逻辑可视化和针对业务状态查看的可视化。针对个体用户端的可视化通过对数据的降维和表征，将与行车和行程高度相关的信息以直觉化呈现形式传递给用户，帮助用户理解无人车的行为与工作逻辑。

（四）人—无人车交互

人车交互是在慢行交通场景中，引导用户与无人车之间进行互动、令用户在与服务的互动行为中实现自己慢行目标的行为模式与行为内容。在无人值守的慢行交通服务场景下，应基于"非必要不干扰"的原则来进行人车交互设计。因此，为了保证由无人驾驶创造的"增值时间"的场景完整性，理论上无人车只应在行车安全遭遇威胁并且需乘客进行快速决策的场景下，才会向用户发起高强度主动交互。而对于行车状态与通知等信息的呈现，应采取不过多占用乘客注意力、基于对象意图主动预测（Froehle, Persson, 2014）、分析与理解的隐式交互（Schmidt, 2000）来进行。

（五）服务触点

在全程无人值守的慢行服务状态下，当进行服务进程流转、情境细分或遭遇非常规情境时，用户能感知并理解无人车的当前决策，并在合适的时机参与进服务过程与决策的所有途径，都依赖于服务触点的构筑。服务触点可以按照属性、智能化、空间位置等多种维度进行划分。在共享无人车慢行场景中，车内的人机交互屏、服务的手机用户端、实体站点都是承载服务的重要触点。

二、服务场景设计工具

（一）服务流程优化工具

作为强调其过程性的设计对象，服务体系设计的难点之一即是如何对结构松散的服务流程进行有效组织。在全程无人值守的共享无人车慢行交通服务场景中，利用情境迁移可以对叫车、等车、上车、乘车、下车等服务环节进行组织与管理。

对情境的细分需要对服务进行自上而下的综合考虑。公司整体战略决定了其目标的细分市场，细分市场又决定商业模式。基于商业模式则可明确主要用户情境，并可在主情境下尽量列举出详尽的用户情境；而后再针对每一个用户情境，去关联和设计出用户诉求作为标签，最终再建立起"诉求—用户情境—主情境—功能"的情境迁移关系映射框架，从而产出多套情境迁移解决方案，最终再挑选相应的触点进行服务承载，并细化交互方式与用户界面设计（图8-28）。

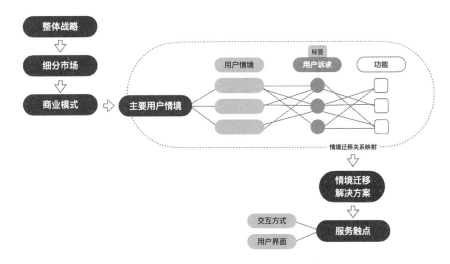

图8-28 基于情境细分与迁移的服务流程优化

通过情境细分和情境迁移可以有效管理服务过程中的变化性和复杂性，从而保证用户服务流程动线的合理与效能。

（二）基于空间—站点分布的无人车运行路线设计方法

无人车虽对周边环境的显性依赖度较低，但在环境感知与功能整合方面，无人车与周边环境其实是有了较大的关系递进，从而产生出新的功能空间点，实体站点则是其中重要一类。站点关系到无人车在慢行场景中的运行调度、服务过程、运营逻辑、使用秩序等关键问题，而由不同站点构成的服务路线则决定了无人车慢行服务系统的复杂度与稳定度。在本书第六章针对职住平衡式园区进行的无人车服务体系设计行动研究中，笔者建立了基于不同路权优先级的多层无人车运行路线设计方法。在经过基于共同参与者反馈的多轮迭代和12位专家评价及打分之后，笔者对共享无人车在慢行场景中运行路线的设计方法进行了优化与总结（表8-7）。

表8-7 无人车4级运行路线在空间—站点路线设计方法中的落位

服务运行范围	单向站点	区域站点	全域站点	无站点
1-全域				4级服务路线
2-主体		1级服务路线		2级服务路线
3-组团		3级服务路线		
4-近场				

根据路线设计优化结果，构建基于空间—站点分布的无人车多级运行路线系统，可根据空间区域范围和站点分布来构筑满足不同出行需求的无人车服务路径网络，本书给出的设计参考方案是建立主环主站、主环自由、组团主站、全域点对点4种层级的慢行无人车服务路线网络（图8-29），全面建立拥有最高路权与服务优先级的高频干线+低频补充线+动态即需式服务的共享无人车慢行交通服务体系。

其中，主环主站的1级服务将围绕全域主干道上的站点运行，在站点非到达前不停车，在有条件的场景中可以为其设置专道降低其他交通干扰，保证该级服务的效率最大化。主环自由的2级服务将在全域主干道内自由运行，但行程会受到实时订单的影响。组团主站的3级服务在组团或某限定区域内的站点之间行驶，是高效的区域微循环交通，但不同组团之间不可跨域运营。全域点对点的4级服务路线为全域内自由运行，但该级服务应设置较高的服务费用，其运行状况也受到其余用户订单的实时影响，服务供应量应控制在一定范围内，多作为1、2、3级服务的补充。

无人车服务路线的设计逻辑应遵循空间分布与功能组织的配合关系，利用站点对人群进行环境感知建立与行为规引，通过对自由度设置适当条件来有效管理环境复杂

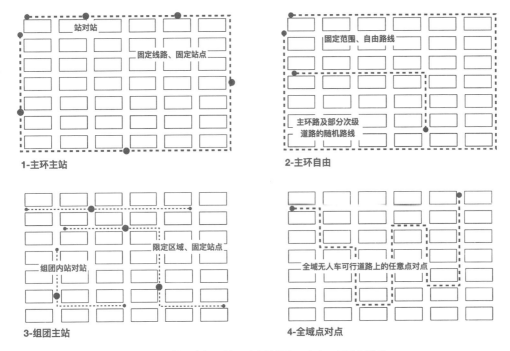

图8-29 基于空间—站点分布的慢行无人车4级服务路线

性、控制无人车服务系统的运行成本。在条件允许的情况下也可以结合多级别、多阶段的分向街道规划,放大主要服务路线优势,从而对区域内的人群出行行为与理念进行引导。

第五节 基于共享无人车的慢行交通服务体系设计策略

一、人车交互模式选取依据

高效的人车交互不仅可以提高行为效率,也是对整个系统的性能优化。基于目前市场上的主流交互类型,根据不同的交互模态,可将人车交互分为视觉交互、触觉交互、听觉交互、语音交互和多模态交互等主要模式。从人车位置与空间关系来看，人车交互可主要分为车内交互与车外交互。而无论哪种类型的人—无人车交互，其主要目标之一都是为了给无人车和使用人群补偿传统人类驾驶员的非驾驶职能。除了驾驶职能之外，以往由人类驾驶员所担任的确认、沟通、解释、命令等行为，在无人车服务场景中也需要通过合适的人机交互在用户与无人车之间双向流通。对于与无人车有强交互关系的乘客群体来说，其使用服务的全部流程都是基于人车交互来展开的。

因此，构建合适的交互模式应根据内容性质与场景范围来确定。在车内场景中，对于与行程和行车安全无关的非紧急信息，应采取不占用乘客过多注意力的隐式交互推送相关信息，例如提示路过重要建筑物或地标等。对于与行程和行车安全有关的常规信息，要对内容性质进行分类，包括提醒内容与命令内容，提醒的时间紧迫性通常低于命令。提醒内容又包括事件、状态、通知和历史，信息传递有效性较高。命令内容则相对直接，主要针对用户操作，但命令需要信息接收者理解含义并进行操作反馈，沟通难度稍大。从不同信息的时间迫切性和不同交互模式的特点来说，对于时间紧迫性较高的命令内容，明晰直观的基于屏幕的视觉交互较为适合，同时可辅以其他类型的多模态交互；对于时间紧迫性较低的提醒内容，语音交互则较为适用（Juffrizal Karjanto, Jacques Terken, et al, 2021）。

同时，因共享无人车服务所具有的公共性与集体性，多数用户服务场景是在多用户共在的前提下发生的，需平衡个人体验与集体利益并有效组织服务秩序。因此应根据适用区域对发生人车交互的场景范围进行限定，包括公开、集体、近场、个人4种场景范围，根据信息相关性与交互模式的影响效用来进行人车交互模式的适配和呈现（表8-8）。

表8-8 基于"内容性质—场景范围"的人车交互主要模式对比

场景范围	提醒				命令
	事件	状态	通知	历史	操作
公开	视觉交互	视觉交互	语音交互	视觉交互	紧急操作以视觉交互为主；非紧急操作以语音交互为主，同时可辅以多模态交互

续 表

场景范围	提 醒				命令
	事件	状态	通知	历史	操作
集体	视觉交互	视觉交互	视觉交互、语音交互	视觉交互	紧急状态下以视觉交互为主，同时可结合多模态交互
近场	视觉交互	视觉交互	视觉交互	视觉交互	紧急状态下多以视觉和语音交互相结合
个人	视觉交互、语音交互	视觉交互、语音交互	语音交互、触觉交互	视觉交互	紧急操作以视觉交互为主，非紧急操作以语音交互为主，同时可辅以多模态交互

二、无人车慢行服务触点设计方法

（一）C-A-Q-T服务触点构建框架

服务触点不仅是战略目标和商业模式自上而下的体现，同时也具有由表及里的反向渗透能力，可通过触点设计自下而上地推动服务中后台进行组织优化和变革（黄蔚，2021）。服务触点主要分为物理触点、人员触点和智能触点。在共享无人车慢行交通的服务场景中，绝大部分的功能承载与服务传递都依赖智能触点来完成。虽然智能触点在情感化与感染力方面不具优势，但其在内容承载与交互纵深方面表现优异，可以帮助用户在无人值守的慢行场景中快速熟知服务规则。

共享无人车慢行服务场景中的智能服务触点多表现为车载人机交互屏、车载公共显示屏、车身信息显示屏、车身用户认证屏、车身信息灯组、用户手机应用端、公共智能终端、智能车站等软硬件设备，类型丰富、形式多样。而无人车服务触点的设计难点之一就是如何确定设计流程与影响参数，即应在服务体系构建的哪个阶段进行触点设计以及应基于哪些因素来选择构建合适的服务触点。

基于本书第四到第六章对于3个慢行环境的场景研究结果，以及本章第一节专家访谈结果中对于触点设计的构建方法，笔者提出了C-A-Q-T服务触点设计流程与框架（图8-30）。第一，需要对用户情境（Context）进行确定，并发展出该情境下完整的用户服务使用动线。第二，基于服务动线，提取出关键用户行为（Action）并做行为分解，分析出每个行为的参与对象。第三，结合行为和参与对象的关系，与所对应的设计问题进行归纳与映射，通常可分为衔接、任务、内容3个类型。第四，根据所明确的设计问题（Question）的类属，初步圈定出服务触点的工具（Tool）选择范围，并开始具体的触点设计。而影响触点设计的因素主要有用户体验、环境限制、成本预算、设备兼容性、功能整合性、设备稳定性与可推广性，需对各要素进行综合考量。但在存在既有设备或环境的场景下，触点的选择逻辑则相对被动，不过大部分场景下的服务触点都应根据呈现内容或承载功能的复杂度进行触点形式匹配。

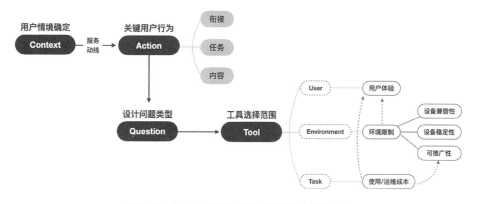

图8-30　C-A-Q-T无人车慢行服务触点设计框架

（二）共享无人车站点设计内容体系

无人车慢行服务上下车实体站点是无人车服务在环境空间上的功能外显，也是慢行场景在逐步开始无人驾驶化后所产生的新的功能空间类型。而之所以强调无人车站点与传统公交车站点在类型和职能上的区别，是因为无人车系统对服务需求响应和车辆调度的迅速性以及对出行需求预测的前瞻性，使得等待用车的人数会被控制在较少范围之内。一旦用户发起了无人车服务使用请求，系统就会根据实时数据与用户所需的服务类型，来调度最近的可用无人车与目标用户对接，用户并不会花费太多等候时间。传统车站主要用于等候、休息、遮挡的空间功能在无人车慢行场景中会被淡化。而考虑到无人车服务不同使用人群的用户类型及无人车服务本身的产品特征，慢行交通场景内的无人车站点则应主要具备识别性、感知性、指示性与规引性。

无人车站点的核心目标就是通过空间锚点增强使用人群尤其是"首次用户"对于新环境与新服务的理解能力，迅速对所处场景建立空间感知，同时有效提升作为新兴产品的无人车服务面向使用人群的功能自明性。结合前文研究结论，笔者最终建立了由"准则层——级职能—二级职能"组成的共享慢行无人车站点设计内容体系。在进行无人车服务体系构建策略的深度专家访谈时，邀请12位领域专家对所有内容进行评分，通过两项对比建立判断矩阵，经过权重计算，并通过了MATLAB一致性检验，最终得到以下结果（表8-9）。

表8-9 慢行无人车服务站点设计内容体系

准则层	权重	一级职能	权重	二级职能	权重
感知性	0.256	环境认知	0.476	功能分区	0.667
				路径导向	0.333
		服务资源认知	0.524	服务使用成本	0.455
				服务运行规则	0.545
识别性	0.231	绝对可见性	0.483	—	—
		功能可读性	0.517		
规引性	0.24	候车范围	0.361	—	—
		上下车行为	0.639	上车确认	0.618
				下车转换	0.382
指示性	0.273	流程合理	0.351	转接操作明确	0.442
				进程完成度告知	0.33
				付款方式兼容	0.229

续 表

准则层	权重	一级职能	权 重	二级职能	权 重
指示性	0.273	交互清晰	0.349	行为容错空间适宜	0.196
				交互功能可见性	0.271
				操作行为易读性	0.203
				操作后果可预见性	0.197
				流程退出机制可用性	0.133
		无障碍使用	0.301	—	—

第六节 重要研究结论应用与检验

为了对基于共享无人车的慢行交通服务体系构建机制和设计策略的重点结论进行检验，笔者选择在以新闻出版小镇为例的我国大城市职住平衡式园区的慢行场景中对其进行应用，完善与验证相关研究成果。

笔者协同新闻出版小镇园区的多个利益相关方和曾参与过该项目的设计师共同成立项目研究组，将本书得出的主要结论和策略运用到园区无人车慢行交通服务体系设计、研究与测试（图8-31）中。首先在服务模型指导下建立了服务基本框架，将出行服务作为首要开发任务，并利用情境细分与迁移的服务流程优化工具对园区共享无人车出行服务进行用户服务流程构建和优化（图8-32），然后根据无人车运行线路与环境设计策略初步构建起了服务体系。其中在服务流程优化环节，通过情境迁移关系映射框架的指导，明确用户主要出行诉求，构建"叫车—上车—乘车—离车"的用户情境，

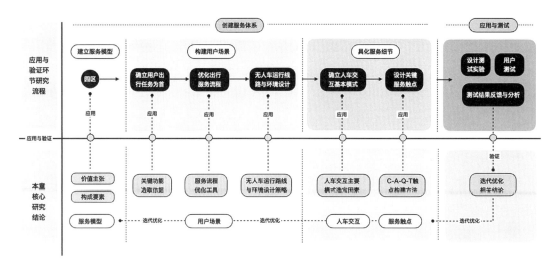

图 8-31 园区无人车服务应用与验证研究流程（图片来源：笔者自绘）

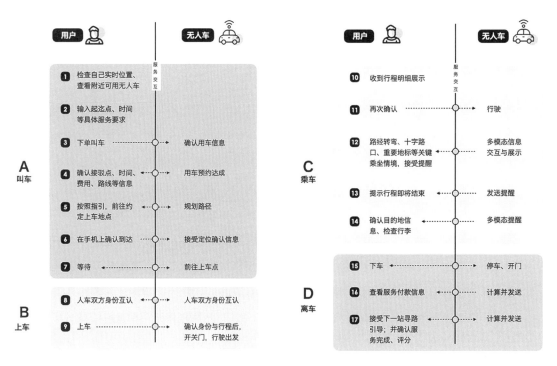

图 8-32 园区共享无人车出行服务用户旅程

前瞻出行
设计赋能基于无人车的新型慢行交通

并通过创建展示、确认、提醒、查看等用户核心诉求标签,将其与无人车智能系统不同功能和服务供应之间建立对应的迁移关系,从而产出主要情境下的服务内容、交互方式和界面设计方案。

首先,在Unity软件中构建出新闻小镇园区的基地模型,并按照第六章的研究结论建立无人车运行空间环境和多级线路。小镇南北两个园区近5.33平方千米主要涵盖办公、产业、医疗、教育、生活休闲、文娱等多个功能分区,据调研结果可知目前园内交通以步行和自驾汽车为主。园区南北距离狭长,平均步行单次用时在20—35分钟之间,通勤距离远、耗时较多、出行体验不佳。然后,将初步构建的服务设计方案置入混合现实(Mixed Reality, MR)平台构建出园区共享无人车的典型出行服务用户场景,包括"叫车—上车—乘车—离车"主要环节在内的出行服务用户旅程,各环节内部也创建了具体的使用场景并对关键服务触点进行可感知化表达。最后,邀请测试者佩戴VR头显在混合现实环境中对整体服务进行体验和评定(图8-33)。此外在测试期间,笔者还配合使用卡片、故事板、服务线框等多个原型工具,邀请用户对关键服务场景进行深入体验。

图8-33 园区共享无人车出行服务体系设计用户测试现场

本环节根据年龄、性别、职业、家庭收入、居住地位置等因素进行等比抽样，一共邀请了12位在新闻小镇园区有过实际生活/工作/参访经验的用户参与服务测试，对比他们之前的园区出行体验，重点检验园区无人车出行服务对于用户的需求满足性、服务流程与功能的合理性和易用性。测试后邀请其回答一组用户问卷，从而得知测试者对于以上服务重点因素的态度与评价。问卷主要是基于李克特5分量表的满意度测评，5分为非常满意、4分为较为满意、3分为一般、2分为不满意、1分为非常不满意。用户评分可以反映其对园区共享无人车服务设计方案整体与细节的态度和感受，这不仅是对本书设计策略有效性的检验，同时还为后期的优化迭代提供了依据，具体用户测试问卷的问题如表8-10所示。

表8-10 用户测试问题列表

设计准则	设计任务	问题描述	开放问题
Q1-感知性	通过提供功能与信息帮助用户对所处环境与可用资源迅速建立感知，面向不同用户快速处理多源数据	智能桌面在显示环境场所信息方面足够清晰吗？该触点是否帮助您对园区服务资源建立了一个大致熟知度？	什么信息是您初次入园最关注的？该终端显示或提供了与其相关的服务信息了吗？
Q2-识别性	提升服务触点的空间可视性与功能自明性	您能一眼看到园区中的无人车服务智能桌面吗？您能看懂终端上显示的服务信息和相关数据吗？	
Q3-规引性	明确服务空间使用范围、引导上下车等关键环节的用户行为	您能知晓并顺利抵达上车点吗？上车环节中的服务流程清晰吗？您喜欢下车后系统提供的持续导航功能吗？	您喜欢目前上车时人车互认的交互模式吗？如不喜欢，请谈谈原因。
Q4-指示性	合理连接与迁移不同的用户服务情境，面向不同人群提供简易清晰的服务交互界面	您认为目前设计的服务流程的逻辑合理吗？对服务使用的指示清晰吗？	您在交互过程中的哪一环节最容易出错？您分别为叫车、上车、乘车、离车四环节的指引性清晰度打多少分？

续 表

设计准则	设计任务	问题描述	开放问题
Q5-可靠性	通过展示信息或提供服务来建立人对于无人车的信任	现在针对园区无人车的出行服务体系设计，是否让您建立了对无人车的信赖感？	无人车提供的哪一个功能或服务，是令您对其产生信赖感的关键？
Q6-舒适感	建立具有情境变换高敏感度的服务流程和自然交互，为用户创造轻松的服务体验	您认为当前的设计能为您创造愉悦舒适的用车服务体验吗？	当前无人车提供的众多功能，是否有哪个功能让您觉得受到打扰？
Q7-期待感	在基于无人车的慢行服务中，用户建立了更积极的出行价值观，并从中获得乐趣	您是否在基于无人车的慢行服务中建立了更积极的出行价值观？	共享无人车服务是否改变了您对于未来出行的一些态度与观点？您最满意叫车、上车、乘车、离车哪个环节的服务体验？

合理的服务流程和易用的服务功能则需要依靠合适的服务触点来进行连接和呈现。在针对具体服务触点设计方面，本环节同样以C-A-Q-T服务触点构建策略为指导，对园区共享无人车服务的智能桌面终端这一服务触点进行设计。在园区的主出入口，尤其对于首次用户应该并需要提供一个公共服务界面向其进行服务概览、环境感知和关键数据的展示，因此首先在此空间中确立总览信息的用户情境。通过分析用户在该情境中的需求与动线，得知其核心需求与关键行为以内容读取为主、以用车任务预约为辅。综合考虑触点设计在用户体验、环境限制和使用成本各方面的因素，最终确定该触点应采用的硬件载体形式与交互设计依据。该智能桌面终端设计在服务触点构建策略的引导下，在服务流程、交互模式、信息层级、图形数据编码效率方面都有了较大的提升和优化（图8-34）。

完成对无人车出行服务流程的体验评测之后，12位测试者同样也针对无人车服务智能桌面设计进行了用户测试，并在体验完成后回答了问卷问题。笔者通过收集与分析用户反馈，对调研问卷结果进行统计分析，发现用户对于测试方案的设计大致还是较为满意的（图8-35），尤其对资源感知性、功能指示性和服务可靠性几方面的设计表

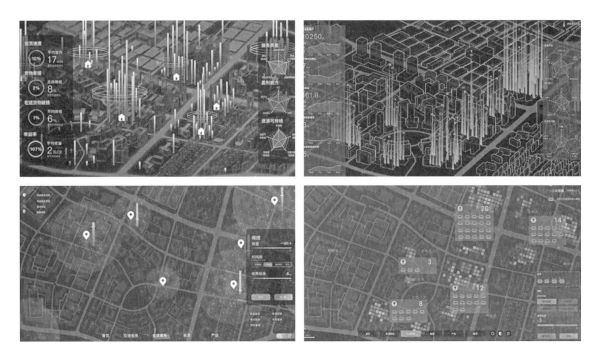

图 8-34 优化设计（右）比原方案（左）表达出更清晰的服务联动关系（图片来源：园区无人车服务设计项目组）

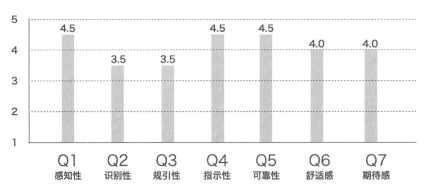

图 8-35 用户测试满意度统计结果

达的认可度较高，整体上较为符合研究预期，该结果也验证了本书所得研究结论与设计策略的科学性与有效性。此外，在服务触点的视觉识别和服务范围规引方面的用户满意度有待加强，需要对无人车服务触点的空间表现形态与模式做进一步的深

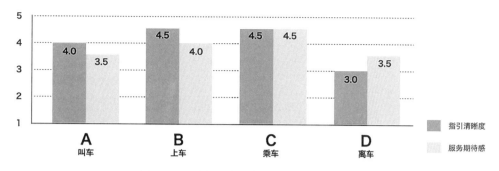

图8-36 服务指引清晰度与用户期待度统计结果

入研究。

在4个不同的用车环节中，测试结果显示乘车环节的服务设计指引清晰度和用户期待度是相对最高的，上车环节次之（图8-36），说明本书针对新的无人车乘车场景和存在人车互认等服务设计难点的上车场景进行分析后，得出的服务流程优化工具和触点设计策略有效。此外，用户离车时的服务交互界面也应增设对某些功能进行自主控制的选项，这可在日后的优化研究中进行迭代。

小结

针对本书第四到第六章分别对校园、住区和园区进行实证研究得出的慢行场景特征，并结合第七章得出的慢行场景模型，本章对共享无人车服务体系在3个慢行场景中的构建机制和设计策略进行研究，得到了服务体系基本构成要素、服务场景设计工具（基于情境细分与迁移的服务流程优化工具、多级无人车运行路线设计原则）、人车交互模式选取依据、C-A-Q-T服务触点构建策略、无人车站点设计内容体系等产出。最后对服务流程优化工具和服务触点构建策略这两个重要结论进行用户测试，对所得结论的科学性与有效性进行验证（表8-11）。

表8-11 基于共享无人车的慢行交通服务体系构建机制与设计策略研究产出总结

范畴		产出成果	具体内容	特性描述
服务体系构建机制	服务模型	构成要素	服务模型	服务价值、主要需求、细分市场、商业模式
			用户场景	基于位置的服务、对人类驾驶员非驾驶职能的补偿性服务
			服务中台	远程控制系统、通知与故障处理系统
			人车交互	主动交互、隐式交互
			服务触点	以智能触点、物理触点为主
	用户服务场景	服务流程优化工具	基于情境细分和迁移的服务流程优化	构建情境迁移关系映射,产出情境迁移解决方案与服务触点设计
		无人车运行路线设计策略	基于空间—站点的无人车多级运行路线设计工具	基于4种不同站点类型与空间范围的路线设计
		无人车运行环境设计策略	多层级、多阶段的分向街道设计	近期方案设置一级服务专道、混合通道；远期方案取消绿化带、分为快速向与用户向
服务体系设计策略	人车交互	人车交互主要模式选取依据	基于"内容性质—场景范围"的人车交互主要模式选取依据	基于提醒/命令–场景范围的交互模式选择
	服务触点	服务触点构建依据与方法	C-A-Q-T服务触点构建框架	包含用户情境、关键行为、问题类型、工具选择4个主要维度
		慢行共享无人车站点设计内容体系	感知性、识别性、规引性、指示性	三级指标内容及权重体系

参考文献

1. Goralzik A, Konig A. Shared Mobility Services: An Accessibility Assessment from the Perspective of People with Disabilities[J]. European Transport Research Review, 2022, 14（1）.
2. Herrmann Andreas, Brenner Walter, Stadler Rupert. Autonomous Driving: How the Driverless Revolution Will Change the World [M]. Bingley：Emerald Group Publishing, 2018.
3. 管楚度. 交通区位论及其应用[M]. 北京：人民交通出版社, 2000.
4. Fábio Duarte, Ratti Carlo, The Impact of Autonomous Vehicles on Cities: A Review [J]. Journal of Urban Technology, 2018, 25（4）.
5. 汪光焘, 王继峰, 赵珺玲. 新时期城市交通需求演变与展望[J]. 城市交通, 2020, 18（4）.
6. 刘泉, 钱征寒, 黄丁芳, 周晓冰. 15分钟生活圈的空间模式演化特征与趋势[J]. 城市规划学刊, 2020（6）.
7. 张晓春, 邵源, 孙超. 面向未来城市的智慧交通整体构思[J]. 城市交通, 2018, 16（5）.
8. Jonathan Cagan, Craig M.Vogel. 创造突破性产品——从产品策略到项目定案的创新[M]. 辛向阳, 潘龙, 译. 北京：机械工业出版社, 2004.
9. 杨晰峰. 上海推进15分钟生活圈规划建设的实践探索[J]. 上海城市规划, 2019（4）.
10. 詹姆士. 城市慢行交通发展新趋势[R]. 2020.
11. Hosseini S M, Jooriah M, Rocha D et al. Cooperative, Connected and Automated Mobility Service Continuity in a Cross-Border Multi-Access Edge Computing Federation Scenario[J]. Frontiers in Future Transportation, 3: 911923. doi: 10. 3389/ffutr, 2022.

12. Fulton Lew, Mason Jacob, Meroux Dominique. Three Revolutions in Urban Transportation: How to Achieve the Full Potential of Vehicle Electrification, Automation, and Shared Mobility in Urban Transportation Systems Around the World by 2050 [R]. No. STEPS-2050, 2017.

13. Hussain Rasheed, Sherali Zeadally. Autonomous Cars: Research Results, Issues, and Future Challenges [J]. IEEE Communications Surveys and Tutorials, 2018, 21（2）.

14. Feneri A M, Rasouli S, Timmermans H J P. Modeling the Effect of Mobility-as-a-Service on Mode Choice Decisions[J]. Transportation Letters, 2022, 14（4）.

15. Ingle D R, Jagtap M, Ette T, et al. Cloud Computing for Agent-Based Urban Transportation Systems [J]. Intelligent Systems IEEE, 2016, 3（3）.

16. 何玉宏. 城市交通社会学[M]. 武汉：华中科技大学出版社, 2014.

17. Zahraei S M, Kurniawan J H, Cheah L. A Foresight Study on Urban Mobility: Singapore in 2040[J]. Foresight: The Journal for Future Studies, Strategic Thinking and Policy, 2020, 22（1）.

18. 王凯，林辰辉，吴乘月. 中国城镇化率60%后的趋势与规划选择[J]. 城市规划, 2020, 44（12）.

19. Liu T., Flöthmann E J. The New Aging Society: Demographic Transition and Its Effects on Old-Age Insurance and Care of the Elderly in China [J]. Zeitschrift Fur Gerontologie Und Geriatrie, 2013, 46（5）.

20. 潘海啸. 中国城市机动性20年发展的回顾[J]. 国外城市规划, 2015（3）.

21. Celik, Erkan, Ozge Nalan Bilisik, Melike Erdogan, et al. An Integrated Novel Interval Type-2 Fuzzy MCDM Method to Improve Customer Satisfaction in Public Transportation for Istanbul[J]. Transportation Research Part E Logistics and Transportation Review, 2013（58）.

22. 多维. 中国将在2035年成全球最大无人驾驶汽车市场[J]. 驾驶园, 2016（7）.

23. Shen Yu, Zhang H, Zhao J. Integrating Shared Autonomous Vehicle in Public Transportation System: A Supply-side Simulation of the First-mile Service in

Singapore [J]. Transportation Research Part A: Policy and Practice, 2018.

24. Kezia M, Anusuya K V. Mobility Models for Internet of Vehicles: A Survey[J]. Wireless Personal Communications, 2022.

25. 戴维·克里根.无人驾驶——未来出行与生活方式的大变革[M]. 谭宇墨凡,译.北京：机械工业出版社,2019.

26. 丘忠慧,梁雪君,邹妮妮,等.融合性慢行交通系统规划探析——以海口绿色慢行休闲系统规划为例[J].规划师,2012,28（9）.

27. Gero, John S, Kannengiesser Udo, The Situated Function–Behaviour–Structure Framework [J]. Design Studies, 2004（25）.

28. Kyriakidis M, Happee R, Winter J D. Public Opinion on Automated Driving: Results of an International Questionnaire among 5000 Respondents[J]. Transportation Research Part F Traffic Psychology and Behavior, 2015（32）.

29. Stickdorn Marc, et al. This is Service Design Doing: Applying Service Design Thinking in the Real World [M]. Sebastopol: O'Reilly Media, Inc, 2018.

30. 叶建红,郑佳琦.共享出行：重塑可持续交通的新动能[J].可持续发展经济导刊,2020（9）.

31. 戚伟,刘盛和,金浩然.中国城市规模划分新标准的适用性研究[J].地理科学进展,2016,35（1）.

32. 李敏,叶昌东.高密度城市的门槛标准及全球分布特征[J].世界地理研究,2015,24（1）.

33. Fagnant D J, Kockelman K M. The Travel and Environmental Implications of Shared Autonomous Vehicles, Using Agent–based Model Scenarios[J]. Transportation Research Part C: Emerging Technologies, 2014.

34. Vosooghi R, Puchinger J, Jankovic M, et al. Shared Autonomous Vehicle Simulation and Service Design[J]. Transportation Research Part C: Emerging Technologies, 2019（107）.

35. Krueger R, Rashidi T H, Rose J M. Preferences for Shared Autonomous Vehicles [J]. Transportation Research Part C: Emerging Technologies, 2016（69）.

36. Haboucha, C. J., Ishaq, R, Shiftan, Y, User Preferences Regarding Autonomous Vehicles[J]. Transportation Research Part C Emerging Technologies, 2017, 78（5）.

37. Daniel J. Fagnant, Kara Kockelman B, Preparing a Nation for Autonomous Vehicles: Opportunities, Barriers and Policy Recommendations[J]. Transportation Research Part A: Policy and Practice, 2015（77）.

38. Golbabaei F, Yigitcanlar T, Bunker J. The Role of Shared Autonomous Vehicle Systems in Delivering Smart Urban Mobility: A Systematic Review of the Literature[J]. International Journal of Sustainable Transportation, 2021, 15（10）.

39. Antonialli, Fabio, Bruna Habib Cavazza, Rodrigo Gandia et al. Product-Service System for Autonomous Vehicles: A Preliminary Typology Studies[C]. 26th International Colloquium of Gerpisa, June 2018, São Paulo, Brazil.

40. Tukker Arnold. Eight Types of Product-Service System: Eight Ways to Sustainability? Experiences from SusProNet [J]. Business Strategy and the Environment, 2004, 13（4）.

41. Sanguinetti Angela, Ferguson B, Oka J, Alston-Stepnitz E, Kurani K. Designing Robo-Taxis to Promote Ride-Pooling [C]. International Conference on Human Interaction and Emerging Technologies, Springer, Cham, 2020.

42. Kim N, Lim C, Lee J, et al. A Study on Driver Experience of Autonomous Vehicle using Service Blueprint and Context-based Activity Modeling[C]. Proceedings of HCI Korea, 2016.

43. Merat Natasha, Ruth Madigan, Sina Nordhoff. Human Factors, User Requirements, and User Acceptance of Ride-sharing in Automated Vehicles [J]. International Transport Forum Discussion Papers, 2017.

44. Stromberg Helena, Ingrid P, Jonas A, Annie R, Debargha D, Maria K, et al, Designing for Social Experiences with and within Autonomous Vehicles - Exploring Methodological Directions[J]. Design Science, 2018（4）.

45. Rothenbücher Dirk, Jamy Li, David Sirkin, Brian Mok, Wendy Ju. Ghost Driver:

A Field Study Investigating the Interaction between Pedestrians and Driverless Vehicles [C]. 2016 25th International Symposium on Robot and Human Interactive Communication（RO-MAN）, IEEE, 2016.

46. Kim Seong Woo, Gi Poong Gwon，et al. Autonomous Campus Mobility Services Using Driverless Taxi [C]. IEEE Transactions on Intelligent Transportation Systems, 2017, 18（12）.

47. 王国胜.服务设计与创新[M].北京：中国建筑工业出版社，2015.

48. Muratovski Gjoko, Research for Designers: A Guide to Methods and Practice [M]. London: Sage, 2021.

49. 魏安敏.CBD 地区慢行系统规划策略研究[D].天津：天津大学，2012.

50. 李雪，周涛，彭挺.《重庆市城市交通发展白皮书》编制研究 [C]. 2019 中国城市规划年会，2019（13）.

51. Jacobs Jane. The Death and Life of Great American Cities: The Failure of Town Planning[M]. London: Penguin Books, 1984.

52. 和扬，王乐怡，王祥，等.国内外慢行交通发展经验借鉴[J].城市公共交通，2019（2）.

53. 王泽烨，栗功.基于老街区适应性发展的街道慢行空间更新设计策略[J].工业建筑，2022, 52（1）.

54. 汪小琦，李星，乔俊杰，等.公园城市理念下的成都特色慢行系统构建研究[J].规划师，2020, 36（19）.

55. 孙婷，刘昊."行为—空间"互动视角下慢行环境要素识别与规划研究综述[J].城乡规划，2021（3）.

56. 张垚，夏钰程.基于出行特性的大学校园慢行空间建构研究——以西南交通大学犀浦校区为例[J].城市建筑，2021, 18（32）.

57. 刘芮琳.轨道交通站点区域慢行系统优化策略研究[J].建筑与文化，2021（1）.

58. 高崎南，侯宇.兰州市慢行交通系统规划研究[J].住宅与房地产，2021（7）.

59. 甘依灵.哥本哈根城市慢行交通空间设计及启示[J].绿色科技，2019（10）.

60. 陈毕新,陈彬,曹丹妮,吴佳隽,张明.慢行优先、步行有道,以需求为导向的道路建设——上海市杨浦区道路安全项目案例分析[J].交通与港航,2019,6(3).

61. 赵晶心.上海慢行交通的复兴与重塑——历史选择与未来挑战[J].交通与运输,2018,34(4).

62. 邓英滔,谭春华.从杭州慢行交通经验浅析长沙慢行交通建设[J].中外建筑,2020(4).

63. 许丽.锦江乐园站慢行交通改善设计[J].交通与运输,2020,36(1).

64. 车袁.无人驾驶落地之路[M].北京:机械工业出版社,2020.

65. 刘少山.第一本无人驾驶技术书[M].北京:电子工业出版社,2019.

66. Brenner Walter, Herrmann Andreas. "An Overview of Technology, Benefits and Impact of Automated and Autonomous Driving on the Automotive Industry."(2018) https://www.semanticscholar.org/paper/An-Overview-of-Technology%2C-Benefits-and-Impact-of-Brenner-Herrmann/d3ff93297e9616e6a5c3682dbb327768c7bfbb11.

67. Cai Hohenberger, Sporrle M, Welpe I M. Not Fearless, but Self-enhanced: the Effects of Anxiety on the Willingness to User Autonomous Cars Depend on Individual Levels of Self-enhancement [J]. Technological Forecasting and Social Change, 2017(116).

68. Manville Michael, Donald Shoup.People, Parking and Cities[J]. Access Magazine, 2004,1(25).

69. 刘秋爽.风险管理在SGF公司汽车零部件产品开发项目中的应用探讨[D].成都:西南交通大学,2016.

70. Martin R. AV Futures or Futures with AVs? Bridging Sociotechnical Imaginaries and a Multi-level Perspective of Autonomous Vehicle Visualisations in Praxis[J]. Humanities and Social Sciences Communications, 2021, 8(1).

71. Ryerson, Megan S, Jordan E Miller, Flaura K Winston. Edge Conditions and Crash-avoidance Roles: The Future of Traffic Safety in the World of Autonomous Vehicles

[J]. Injury Prevention, 2019（25）.

72. Rishee K.Jain, John E. Taylor, Patricia J. Culligan, Investigating the Impact Eco-Feedback Information Representation Has on Building Occupant Energy Consumption Behavior and Savings[J]. Energy and Buildings, 2013（64）.

73. 王家博, 高菊玲, 钟兴. 浅析无人驾驶汽车发展现状与问题[J]. 汽车零部件, 2020（1）.

74. Kim S, Chang J J E, Park H H, et al. Autonomous Taxi Service Design and User Experience[J]. International Journal of Human-Computer Interaction, 2020, 36（5）.

75. Paddeu D, Tsouros I, Parkhurst G, et al. A Study of Users' Preferences after a Brief Exposure in a Shared Autonomous Vehicle（SAV）[J]. Transportation Research Procedia, 2021, 52（6）.

76. 王海任. 整合无人驾驶小巴的城市近郊区 TOD 设计[C]. 活力城乡 美好人居——2019 中国城市规划年会论文集（07 城市设计）, 2019.

77. 覃京燕, 冉蓓. 智慧物流场景下无人驾驶车的产品服务系统设计[J]. 装饰, 2019（11）.

78. Moritz Stefan. Service Design: Practical Access to an Evolving Field [M]. 2009, https://liacs.leidenuniv.nl/~verbeekfj/courses/hci/PracticalAccess2ServiceDesign.pdf.

79. Blomkvist J, Holmlid S, Segeltrom F. Service Design Research: Yesterday, Today and Tomorrow[J]. In: This is Service Design Thinking: Basics – Tools – Cases / [ed] Stickdorn M& Schneider J, Amsterdam: BIS Publishers, 2010（1）.

80. Shostack Lynn. How to Design a Service [J]. European Journal of Marketing, 1982, 16（1）.

81. Shostack Lynn. Designing Services that Deliver [J]. Harvard Business Review, 1984, 62（1）.

82. 辛向阳, 曹建中. 定位服务设计[J]. 包装工程, 2018, 39（18）.

83. Trischler Jakob, Anita Zehrer. Service Design: Suggesting a Qualitative Multistep Approach for Analyzing and Examining Theme Park Experiences [J]. Journal of VacationMarketing, 2012, 18（1）.

84. Polaine A, Løvlie L, Reason B. Service Design: from Insight to Implementation [M]. New York：Rosenfeld Media, 2013.

85. Krucken L, Meroni A. Building Stakeholder Networks to Develop and Deliver Product-Service-systems: Practical Experiences on Elaborating Pro-active materials for Communication[J]. Journal of Cleanor Production, 2006, 14（17）.

86. Piscicelli L, Cooper T, Fisher T. The Role of Values in Collaborative Consumption: Insights from a Product-Service System for Lending and Borrowing in the UK [J]. Journal of Cleaner Production, 2015, 97（15）.

87. Manzini E, Vezzoli C. A Strategic Design Approach to Develop Sustainable Product Service Systems: Examples Taken from the 'Environmentally Friendly Innovation' Italian Prize[J]. Journal of Cleaner Production, 2003, 11（8）.

88. Mont Oksana K, Clarifying the Concept of Product-Service System [J]. Journal of Cleaner Production, 2002, 10（3）.

89. 辛向阳, 王晰. 服务设计中的共同创造和服务体验的不确定性[J]. 装饰, 2018（4）.

90. 唐纳德·A.诺曼. 设计心理学2：与复杂共处[M].修订版.张磊，译. 北京：中信出版社, 2015.

91. 冯迪. 从产品到产品服务系统（PSS）的演化设计方法的研究[D]. 杭州：浙江工业大学，2020.

92. Shi Jintian，Sun Xiaohua. Driverless Vehicle-Based Urban Slow Transportation Service Platform [C]. Cross-Cultural Design. Applications in Cultural Heritage, Creativity and Social Development. 10th International Conference, CCD 2018 Held as Part of HCI International 2018. Proceedings: LNCS 10912, 2018.

93. Dey Anind, Gregory Abowd, Daniel Salbe, A Conceptual Framework and a Toolkit for Supporting the Rapid Prototyping of Context-Aware Applications[J]. Human-

Computer Interaction, 2001（16）.

94. Chen Fang, Special issue on HMI and Autonomous Driving[J]. Automotive Innovation, 2020, 3（1）.

95. Go K., Carroll J. M., Tech V., Scenario-Based Task Analysis[J]. Handbook of Task-Analysis for Human-Computer Interaction, 2004, 3（1）.

96. 杨玉婷. 情境设计在厨房产品设计中的应用研究[J]. 中国包装, 2021（41）.

97. 甘为, 赵江洪. 汽车社交服务设计的情境因素及其知识管理[J]. 包装工程, 2015, 36（20）.

98. Askegaard S, Belk R W, Scott L. Book Series: Research in Consumer Behavior[J]. Research in Consumer Behavior, 2007（11）.

99. Aoyama Mikio. Persona-Scenario-Goal Methodology for User-Centered Requirements Engineering[C]. 15th IEEE International Requirements Engineering Conference（RE2007）, 2007.

100. Lieberman H. Out of Context: A Course on Computer Systems That Adapt to, and learn from, Context [J]. IBM Systems Journal, 2001, 39（3.4）.

101. 丁金虎. 基于情境认知的自然用户界面体验设计研究[D]. 无锡：江南大学，2019.

102. 罗仕鉴, 朱上上, 应放天, 张劲松. 手机界面中基于情境的用户体验设计[J]. 计算机集成制造系统, 2010, 16（2）.

103. 谭浩, 赵江洪, 王巍, 张军. 基于案例的工业设计情境模型及其应用[J]. 机械工程学报, 2006（12）.

104. Suchman L A. Human-Machine Reconfigurations: Plans and Situated Actions [M]. 2nd Edition. Cambridge：Cambridge University Press, 2007.

105. Diels Cyriel, Erol Tugra, Kukova Milena, Wasser Joscha, Cieslak Maciej, Payre William, et al. Designing for Comfort in Shared and Automated Vehicles（SAV）: a Conceptual Framework[C]. 1ST International Comfort Congress, Salerno, Italy, June 2017.

106. Boztepe, Suzan, State-of-the-Art Review User Value: Competing Theories and

Models[J]. International Journal of Design, 2007, 1（2）.

107. Lee J. D., K. A. See. Trust in Automation: Designing for Appropriate Reliance [J], Human Factors, 2004, 46（1）.

108. 吕芳飞. 人际交往四种距离[J]. 现代青年, 2007（9）.

109. Lynch Kevin. The City Image and its Elements[M]. Routledge：The city reader., 2015.

110. 王露燕. 格兰诺维特的社会网络研究综述[J]. 学理论, 2012（3）.

111. Liu H, He D. He K, et al. Energy Use of, and CO_2 Emissions from China's Urban Passenger Transportation Sector – Carbon Mitigation Scenarios upon the Transportation Mode Choice [J]. Transportation Research Part A, 2013, 53（7）.

112. Luo Y D. From Transportation Infrastructure to Green Infrastructure——Adaptable Future Roads in Autonomous Urbanism [J]. Landscape Architecture Frontiers, 2019, 7（2）.

113. 卢倚天. 大学校园交通规划设计策略研究——以当代美国"城镇型"和"城市型"大学为例[J]. 新建筑, 2016（3）.

114. 周逸湖. 高等学校建筑·规划与环境设计[M]. 北京：中国建筑工业出版社, 1994.

115. 石剑桥, 张梦竹, 赵鹏军. 心理因素对校园步行和自行车出行路径选择的影响研究——以北京大学燕园为例[J]. 西北师范大学学报（自然科学版）, 2017, 53（6）.

116. 陈雷. 大学校园空间规划设计发展趋势研究[D]. 杭州：浙江大学，2016.

117. 王婷婷, 赵守谅, 陈婷婷. 基于开放街区理念的大学与城市交通耦合发展——以华中科技大学为例[C]//中国城市规划学会城市交通规划学术委员会. 交通治理与空间重塑——2020年中国城市交通规划年会论文集. 北京：中国建筑工业出版社，2020.

118. 赵靖, 赵广福. 城市道路交叉口交通特征分析[J]. 中国市政工程, 2010（2）.

119. 张焕, 丁豪, 关康翔, 孙源, 张蔚. 新生代大学生视角下的大学校园交通空间进化策略——以浙江大学紫金港校区为例[J]. 建筑与文化, 2019（6）.

120. Agrawal, Asha Weinstein, Marc Schlossberg, Katja Irvin. How Far, by Which Route and Why? A Spatial Analysis of Pedestrian Preference[J]. Journal of Urban Design, 2008（13）.

121. Seneviratne, Prianka Nalin, John F Morrall. Analysis of Factors Affecting the Choice of Route of Pedestrians [J]. Transportation Planning and Technology, 1985, 10（2）.

122. Nandita Basu, Md Mazharul Haque, Mark King, et al. A Systematic Review of the Factors Associated with Pedestrian Route Choice [J]. Transportation Reviews, 2022, 42（5）.

123. Simon H A. A Behavioral Model of Rational Choice[J]. Quarterly Journal of Economics, 1955, 69（1）.

124. Bekhor S, Ben-Akiva M E., Ramming M S. Evaluation of Choice Set Generation Algorithms for Route Choice Models[J]. Annals of Operations Research, 2006（144）.

125. Vreeswijk J, Thomas T, Rkum E V Be, Arem B V. Perception Bias in Route Choice[J]. Transportation, 2014, 41（6）.

126. Albert G, Toledo T, Ben-Zion U. The Role of Personality Factors in Repeated Route Choice Behavior: Behavioral Economics Perspective[J]. European Transport \ Trasporti Europei, 2011（48）.

127. 余强，陈异子. 基于服务设计理念的校园餐饮无人配送系统设计研究[J]. 工业设计, 2021（2）.

128. 熊萍. 大学校园校内巴士规划与设计——以深圳大学为例[J]. 交通运输工程与信息学报, 2011, 9（1）.

129. 费孝通. 乡土中国[M]. 北京, 作家出版社, 2019.

130. 张翼. 我国居住区标准的回顾与展望[J]. 区域治理, 2022（008）.

131. 李萌. 基于居民行为需求特征的"15 分钟社区生活圈"规划对策研究[J]. 城市规

划学刊, 2017（1）.

132. 陈晨. 城市儿童户外活动空间设计研究[D]. 重庆：重庆大学，2014.

133. 徐磊青, 施婧. 步行活动品质与建成环境——以上海三条商业街为例[J]. 上海城市规划, 2017（1）.

134. Bradley M, Vovsha P. A model for Joint Choice of Daily Activity Pattern Types of Household Members[J]. Transportation, 2005（32）.

135. Vovsha P, Petersen E, Donnelly R. Model for Allocation of Maintenance Activities to Household Members [J]. Transportation Research Record, 2004, 1894（1）.

136. 塔娜, 刘志林. 西方城市女性时空行为研究的新趋势及其对中国的启示[J]. 地理科学进展, 2017, 36（10）.

137. 于潇, 徐英东. 流入城市对流动人口居留意愿的影响——基于家庭生命周期理论的分解[J]. 人口研究[J], 2021，45（1）.

138. 吴帆. 家庭生命周期结构：一个理论框架和基于CHNS的实证[J]. 学术研究, 2012（9）.

139. 李彦熙, 柴彦威, 张艳. 家庭企划情境下郊区居民一周活动时空特征分析——以北京上地—清河为例[J]. 地理科学进展, 2021, 40（4）.

140. 桂晶晶, 柴彦威, GuiJingjing, ChaiYanwei. 家庭生命周期视角下的大都市郊区居民日常休闲特征——以北京市上地—清河地区为例[J]. 地域研究与开发, 2014, 33（2）.

141. 张杰, 陈骁. 住区视角下的家庭夏季空调能耗影响机制模型研究[J]. 住区, 2016（6）.

142. Shakibaei, Shahin, Tezcan, et al. Evaluating Transportation Preferences for Special Events: A Case Study for a Megacity, Istanbul [J]. Procedia – Social and Behavioral Sciences, 2014, 111（1）.

143. 栾鑫, 邓卫, 程琳, 陈新元. 特大城市居民出行方式选择行为的混合Logit模型[J]. 吉林大学学报（工学版），2018（48）.

144. 张馨月. 产城融合模式下新型产业园社区化设计策略研究——以深圳为例[D]. 广

州：华南理工大学．2020．

145. Tashiro Y. Reorganization Process of Green Belt Proposals of Predecessors into Ebenezer Howard's Garden City Diagram in the Context of Openspace Function and Layout [J]. Technical Bulletin of Faculty of Horticulture Chiba University, 1992（45）．

146. Kain J F. Housing Segregation, Negro Employment, and Metropolitan Decentralization[J]. The Quarterly Journal of Economics, 1968, 82（2）．

147. 周江评．"空间不匹配"假设与城市弱势群体就业问题：美国相关研究及其对中国的启示[J]．现代城市研究，2004, 19（9）．

148. 李志刚，吴缚龙．转型期上海社会空间分异研究[J]．地理学报，2006（2）．

149. 洪倩雯．城市更新下郊区化高新产业园区交通协同规划[C]//中国城市规划学会城市交通规划学术委员会．交通治理与空间重塑——2020年中国城市交通规划年会论文集．北京：中国建筑工业出版社，2020．

150. Muratovski Gjoko. Design and Design Research: The Conflict between the Principles in Design Education and Practices in Industry[J]. Design Principles and Practice: An International Journal, 2010, 4（2）．

151. Almquist J, Lupton J. Affording Meaning: Design-Oriented Research from the Humanities and Social Sciences[J]. Design Issues, 2010（26）．

152. Hillier B. Studying Cities to Learn about Minds: Some Possible Implications of Space Syntax for Spatial Cognition [J]. Environment and Planning B, Planning and Design, 2010, 39（1）．

153. 戴晶辰，王禹宁，马文欣，李瑞敏．自动驾驶时代道路设计初探[J]．城市发展研究，2021, 28（12）．

154. Chapin Tim, Stevens L, Crute J, et al. Envisioning Florida's Future: Transportation, LandUse in an Automated Vehicle World[R]. Tallahassee, Florida State University, 2016.

155. NACTO. Blueprint for Autonomous Urbanism, Second Edition [R]. New York:

NACTO, 2018.

156. 王维礼, 朱杰, 郑莘荑. 无人驾驶汽车时代的城市空间特征之初探[J]. 规划师, 2018, 34（12）.

157. 薛冰冰, 白子建. 基于无人驾驶车辆特性的传统道路交通规划设计理念革新[J]. 建材与装饰. 2020（6）.

158. Fenko, A., Schifferstein, H, Hekkert, P, Shifts in Sensory Dominance between Various Stages of User–Product Interactions [J]. Applied Ergonomics, 2010, 41（1）.

159. Karapanos E, Martens Jean Bernard.Characterizing the Diversity in Users' Perceptions[J]. IFIP Conference on Human–Computer Interaction. Springer, Berlin, Heidelberg, 2007.

160. Surma–aho A, Björklund T, Hölttä–Otto K. User and Stakeholder Perspective Taking in Novice Design Teams[J]. Design Science, 2022（8）.

161. Lee Y C, Sheu L C, Tsou Y G. Quality Function Deployment Implementation based on Fuzzy Kano Model: An Application in PLM System [J]. Computers and Industrial Engineering, 2008, 55（1）.

162. Shi Jintian, Rensi Zheng, Community Slow Transportation Service System Based on Driverless Vehicle [C]. Advances in Artificial Intelligence, Software and Systems Engineering, Proceedings of the AHFE 2019 International Conference on Human Factors in Artificial Intelligence and Social Computing, Advances in Intelligent Systems and Computing, Springer, Cham. Vol. 965.

163. 覃京燕, 郝泽宇. 无人驾驶车多种空间人类移动性交互设计研究[J]. 包装工程, 2018, 39（14）.

164. 薛东前, 孙建平. 城市群体结构及其演进[J]. 人文地理, 2003（4）.

165. 曹璐, 徐红. 带状城市居民通勤及职住平衡研究——以济南市中心城区为例[J]. 现代城市研究, 2021, 36（6）.

166. 李育晖. 我国家庭宽带市场发展策略——以产品生命周期曲线模型为基础 [J]. 中国

电信业，2022（3）.

167. 中国城市规划学会. 转型与重构——2011 中国城市规划年会论文集[M]. 南京：东南大学出版社、东南大学电子音像出版社, 2011.

168. 吴晓, 方宇, 王慧, 等. 江苏省物流园区的发展和选址初探[J]. 城市规划, 2018, 42（10）.

169. 荆其敏, 张丽安. 城市休闲空间规划设计[M]. 南京：东南大学出版社, 2001.

170. 裴玲. 西安高校新校区外部空间环境调查分析研究[D]. 西安：西安建筑科技大学, 2014.

171. 李捷. 市场导向的城郊大型居住区公共配套设计研究[D]. 广州：华南理工大学, 2016.

172. 王受之. 当代商业住宅区的规划与设计：新都市主义论[M]. 北京：中国建工出版社, 2001.

173. 林沁茹. 珠三角地区创新型科技园区的功能混合设计研究[D]. 广州：华南理工大学, 2019.

174. 李晔. 慢行交通系统规划探讨——以上海市为例[J]. 城市规划学刊, 2008（3）.

175. 王康驰, 李永林, 胡斌. 基于扎根理论的新能源汽车企业自主创新意愿驱动因素研究[J]. 技术与创新管理, 2021, 42（4）.

176. 刘建华, 蒲俊敏. 扎根理论下新能源汽车协同创新战略研究——以宇通公司为例[J]. 科技进步与对策, 2017, 34（21）.

177. White R E, Cooper K. Grounded Theory [M]. Qualitative Research in the Post-Modern Era. Dordrecht：Springer, Cham, 2022.

178. 赵益麟. 基于扎根理论的空间规划公众参与模式研究——以天津南口路片区城市更新为例[C]//中国城市规划学会. 共享与品质——2018 中国城市规划年会论文集（02 城市更新）. 北京：中国建筑工业出版社, 2018.

179. Clarke Adele. Situational Analysis: Grounded Theory After the Postmodern Turn[J]. International Journal of Social Research Methodology, 2005, 12（4）.

180. Tobi Siti Uzairiah Mohd. Qualitative Research, Interview Analysis & Nvivo11

Exploration [M]. ARAS Publisher, 2016.

181. Wang Y., H. Li. Incidence of Online Public Opinion on Guangzhou Simultaneous Renting and Purchasing Policy – A data Mining Application [J]. Asian Journal for Public Opinion Research, 2018, 5（4）.

182. Nelly Jinga, Constance Mongwenyana, Aneesa Moolla, Given Malete, Dorina Onoya, Reasons for Late Presentation for Antenatal Care, Healthcare Providers' Perspective [J]. BMC Health Services Research, 2019, 19（1）.

183. 张艳丰，王羽西，邹凯，刘亚丽. 智慧城市信息安全影响因素与关联路径研究——基于扎根理论的探索性分析[J]. 情报科学, 2021, 39（5）.

184. 王震毅. 电动汽车的感知风险维度及对策研究——基于扎根理论的探索[J]. 劳动保障世界（理论版）, 2013（11）.

185. Trischler Jakob, Jessica Westman Trischler. Design for Experience–A Public Service Design Approach in the Age of Digitalization [J]. Public Management Review, 2022, 24（8）.

186. 驭势科技. 自动驾驶的人机交互变革与应对 [R]. 2019.

187. Sari E, Erbas C, As I. The Image of the City through the Eyes of Machine Reasoning[M]. Artificial Intelligence in Urban Planning and Design. Amsterdam：Elsevier, 2022.

188. Wang Wei, Feng Zhou, Wayne Li, Jim Budd. Designing the Product–Service System for Autonomous Vehicles [J]. IT Professional, 2019（20）.

189. 黄蔚. 服务设计：用极致体验赢得用户追随[M]. 北京：机械工业出版, 2021.

190. Schmidt A. Implicit Human Computer Interaction through Context [J]. Personal Technologies, 2000, 4（2）.

191. Juffrizal Karjanto, Nidzamuddin Md Yusof, Muhammad Zahir Hassan, Terken F J. An On–Road Study in Mitigating Motion Sickness When Reading in Automated Driving[J]. 2021, 48（3）.

192. 魏晓玲. 在Matlab平台上用AHP对高职院校毕业生综合素质的评价[J]. 计算机与

数字工程, 2016, 44（11）.

193. 杨红伟."镇管社区"体制下城郊大型居住社区治理的财政困境研究——以上海市宝山区大型居住社区为主要调查对象[J]. 现代城市研究, 2015（9）.

194. 王丽潇. 浅谈TOD模式下的城市居住社区慢行交通系统规划设计——以成都大观站TOD综合开发项目为例[J]. 中文科技期刊数据库（引文版）工程技术, 2022（6）.

195. 张萍, 李素艳, 黄国洋, 等. 上海郊区大型社区居民使用公共设施的出行行为及规划对策[J]. 规划师, 2013, 29（5）.

附录 A　与本书相关的学术概念

1. 慢行交通

慢行交通（Slow-Moving Transportation）主要是指出行速度不超过15 km/h、以非机动车（步行、自行车）为主、以少量低速公交为辅的交通方式。本书中的慢行交通是指以非机动车和时速低于15 km/h 的共享无人车为主要出行方式的交通系统。

2. 慢行场景

场景（Scene 或 Scenario），最初源于戏剧与电影领域，泛指情景（Gero, Kannengiesser, 2004）。场景通常是分析用户需求、行为、关系与服务的设计研究起点与初始框架，场景分析是服务体系与人车交互领域常用的设计研究方法。本书所研究的慢行交通场景（Slow-Moving Transportation Scene）主要是指承载和构成慢行交通行为、活动、交通参与者关系的具体时空环境，包括分布于我国大城市及以上级别城市郊区的大型校区、大型住区、职住平衡式园区。

3. 无人车

无人车（Driverless Vehicle）是智能汽车的一种，也被称为轮式移动机器人，它主要通过驱动车身上的以计算机系统为主的智能驾驶仪来实现无人驾驶的目标（Kyriakidis, 2015）。国际汽车工程师协会（SAE International）将自动驾驶分成L0—L5共6级，本书所研究的"无人车服务"属于L4级无人驾驶，即高度自动驾驶。

4. 产品服务体系设计

服务设计（Service Design）通过高效组织某项服务中所涉及的利益相关方、基础设施、信息沟通、物质资料等相关元素，在为用户创造好的服务、提升用户体验的同时，也促进整个服务系统的效率提升与组织优化。作为服务设计的一个细分，产品服务体系设计（Product Service System Design, PSSD）源于20世纪末设计学领域倡导的一种新的可持续产品设计理念，随后便发展为独立学科。产品服务体系设计比服务设计更强调产品性、多方性、系统性和价值性。

5. 共享出行服务

共享出行（Shared Mobility）是指人们不需要拥有交通工具的所有权，而是通过共享或合乘的方式与其他交通主体共享某个交通工具在某一时空下的服务，并按自己的出行要求支付相应服务费用的一种新兴出行方式（叶建红，等，2020）。本书所研究的慢行交通服务则是目标慢行环境中基于L4级无人车的共享出行服务。

6. 大城市、特大城市、超大城市

本书主要聚焦于校区、住区、园区的慢行交通问题。通过对最终研究结论进行总结，发现适合本书所建构的无人车服务体系的慢行交通环境在落位分布方面多位于我国大城市、特大或超大城市的非中心城区地带或郊区。本书第五、六章选取的两个具体样本案例所在城市（上海、泰安）分别属于超大城市和2型大城市。根据我国对城市规模等级的划分，城市等级按照城区常住人口数量可分为超大城市、特大城市、大城市、中型城市和小城市（戚伟，等，2016）。城区常住人口在1 000万人以上的城市为超大城市，城区常住人口在500万—1 000万人之间的城市为特大城市，城区常住人口在300万—500万人和100万—300万人之间的城市分别为1型大城市和2型大城市。

附录B "我国高校校园人群慢行出行状况"调研问卷

您好！本人正在做一项关于大学校园人群出行情况的调研，十分感谢您的作答！本问卷仅作研究之用，所有资料都会受到严格保密，请您放心作答！再次感谢您的支持！

1. 您的性别是（单选题 * 必答）
   ○ 男　　　　○ 女

2. 您的身份为（单选题 * 必答）
   ○ 学生　　　○ 教职工

3. 您的年龄范围为（单选题 * 必答）
   ○ 18岁及以下　○ 18—22岁　○ 23—25岁
   ○ 26—30岁　　○ 31—35岁　○ 36—40岁
   ○ 41—50岁　　○ 51—60岁　○ 60岁以上

4. 您目前的教育程度为（单选题 * 必答）
   ○ 高中及以下
   ○ 本科
   ○ 硕士
   ○ 博士及以上

5．您目前所在的校园所在的城市属于哪个等级？（填空题 * 必答）

○ 超大城市（城区常住人口超过1 000万人）

○ 特大城市（城区常住人口在500—1 000万人之间）

○ 大城市（城区常住人口在100—500万人之间）

○ 中等城市（城区常住人口在50—100万人之间）

○ 小城市（城区常住人口在50万人以下）

6．您所在的校园位于所在地的（单选题 * 必答）

○ 城市中心区

○ 城市副中心

○ 城市近郊

○ 城市远郊

7．您所在的校园内拥有几个操场？校园占地面积为_____（若知）（单选题、填空题 * 必答）

○ 1个　　　○ 2个　　　○ 3个　　　○ 4个及以上

8．您对目前所在校园的环境熟悉度为？（1-非常陌生，2-较陌生，3-适中，4-较熟悉，5-非常熟悉）（打分题　请填1—5数字打分 * 必答）

1分为非常陌生，5分为非常熟悉，您的评分是____分

9．您目前所在的校园内是否有校内短驳车服务（车型不限，包括但不限于电瓶观光小巴、普通面包车、小巴士等）？（单选题 * 必答）

○ 是　　　　○ 否

10．您对目前校园的内部交通与出行状况是否满意？（1-非常不满意，2-较不满意，3-尚可，4-较为满意，5-非常满意）（打分题　请填1—5数字打分 * 必答）

　　　1分为非常不满意，5分为非常满意，您的评分是____分

11．如果在校园内提供无人驾驶的校内短驳车服务，您是否愿意使用该服务？（1-非常不愿意，2-不太愿意，3-看情况，4-比较愿意，5-非常愿意）（打分题　请填1—5数字打分 * 必答）

　　　1分为非常不愿意，5分为非常愿意，您的评分是____分

12．您在校园内的主要交通方式为？（单选题 * 必答）
　　　○ 步行　　　　　　○ 个人自行车　　　○ 共享单车
　　　○ 步行+个人自行车　○ 步行+共享单车　○ 校园巴士
　　　○ 私人汽车　　　　○ 电动车　　　　　○ 其他

13．您平均每天的校内出行频率为？（出行间隔时间超过10分钟的算两次出行，例如从宿舍到教室上课、下课后从教室到食堂吃饭，此算两次出行）（单选题 * 必答）
　　　○ 0—1次　　　　　○ 2—3次　　　　　○ 4—5次
　　　○ 6—7次　　　　　○ 8次及以上

14．您平均每次的校内出行时耗为？（单选题 * 必答）
　　　○ 5分钟以内　　　　○ 5—10分钟　　　　○ 11—15分钟
　　　○ 16—20分钟　　　　○ 20分钟以上

15．您在每日以下哪个时段的校内出行最频繁？（单选题 * 必答）
　　　○ 8:00—11:00　　　○ 11:00—13:00　　　○ 13:00—17:00
　　　○ 17:00—19:00　　　○ 19:00—23:00　　　○ 其他

16. 您平均每一次的校内出行距离范围约在？（单选题 * 必答）
    ○ 500米以内　　　　○ 500—1 000米　　○ 1 000—1 500米
    ○ 1 500—2 000米　　○ 2 000米以上

17. 您在校园内的日常出行主要包括以下哪些活动？（多选题 * 必答）
    □ 上课、自习或上班　　　　□ 讲座、培训、活动会议等
    □ 校园事务或手续办理　　　□ 吃饭、购物、洗澡等
    □ 散步、娱乐、运动、访友等　□ 紧急出行（例如外出就医）
    □ 其他

18. 外部环境或自然因素，如温湿度、雨雪天气等，对您的校内出行影响程度为？（1-完全没影响，2-影响较小，3-一般，4-影响较大，5-影响非常大）（打分题请填1—5数字打分 * 必答）

    1分为完全没影响，5分为影响非常大，您的评分是____分

19. 您平日在校内出行多是独自一人还是与人结伴？（单选题 * 必答）
    ○ 独自出行　　　　　　　　○ 与人结伴

20. 您通常在校内出行的途中会进行以下哪些行为？（多选题 * 必答）
    □ 专心出行、不做其他事　　□ 欣赏沿途风景
    □ 观察沿途行人及事件　　　□ 戴耳机听音乐
    □ 与他人网上聊天或者打电话　□ 通过手机浏览网页或看新闻
    □ 刷手机短视频等　　　　　□ 其他

21. 以下哪几项是影响您校内出行路径选择的主要因素？（多选题 * 必答）
    □ 距离、效率、时间　　　　□ 道路路况及周边环境状况
    □ 道路沿途的优美景色　　　□ 道路的热闹程度（行人、事件、活动较多）

☐ 道路的安静程度（行人、事件、活动较少）

☐ 道路及周边环境是否安全

☐ 沿途中是否有自己所需的生活服务或配套设施

☐ 自己对环境的熟悉程度

☐ 随机

☐ 其他

22. 以下哪一项相对最符合您的校内日常出行动线？（上课：包括上课、上班和自习等；生活出行：包括用餐、购物、寄取快递、洗澡等获取生活服务的出行；文娱休闲出行：包括运动、散步、娱乐、访友等休闲类出行；回寝：包括回宿舍与回家）（单选题 * 必答）

○ 上课—回寝

○ 上课—生活出行—回寝

○ 上课—生活出行—上课—回寝

○ 上课—生活出行—上课—生活出行—回寝

○ 上课—生活出行—文娱休闲—回寝

○ 上课—生活出行—上课—文娱休闲—生活出行—回寝

○ 上课—生活出行—上课—文娱休闲—生活出行—上课—回寝

○ 生活出行—回寝

○ 文娱休闲出行—回寝

○ 生活出行—文娱休闲—回寝

○ 其他

23. 如果在您目前学习或工作的校园内投放共享无人驾驶慢行校车（时速低于 15 km/h）用于校内交通出行，您最关注无人车服务的以下哪些方面？（多选题 * 必答）

☐ 无人车运行状况是否安全平稳

☐ 无人车服务的运载效率

☐ 用户的乘坐感受是否舒适

☐ 车内乘坐环境是否良好

☐ 车内推送最新校园学习及生活相关信息

☐ 音乐、视频等娱乐功能丰富

☐ 拥有在线实时社交功能

☐ 乘坐服务费用低廉

☐ 乘坐环境安静私密、不被打扰

☐ 车内其他乘客的乘坐秩序

☐ 其他

24．您认为校园慢行共享无人车的哪些功能比较重要？（请您根据自己的需求状况，为每项无人车功能的需求程度进行打分。1分-完全没必要，2分-没必要，3分-略没必要，4分-中立，5分-略需要，6分-需要，7分-非常需要）（打分题 * 必答）

（1）显示本次班车的运行信息（例如预估抵达时间、停靠站点、运行路线等）＿＿＿＿＿

（2）其他可替代出行方式的相关信息＿＿＿＿＿

（3）校园事务办理及手续指南＿＿＿＿＿

（4）讲座或考试培训信息＿＿＿＿＿

（5）工作实习及招聘信息＿＿＿＿＿

（6）校园生活服务信息（如临时活动提醒、食堂新菜品介绍、超市促销、天气预报等）＿＿＿＿＿

（7）文体娱乐信息（如校内外体育赛事、校园运动馆预约、演出及社团活动等）＿＿＿＿＿

（8）观光休闲导览（如校史讲解、校园建筑导览、校园风光及景观欣赏、校内游园活动等）＿＿＿＿＿

（9）移动便利贩售亭商品信息（贩售食品饮料、文具书籍、生活用品等）＿＿＿＿＿

（10）快递收发寄取信息＿＿＿＿＿

（11）物品运送服务＿＿＿＿＿

25．欢迎留下您对校园慢行无人车服务或校园出行的任何观点、意见或看法（若有）。（填空题）

＿＿＿＿＿＿＿＿＿＿＿＿＿＿＿＿

附录 C 住区慢行无人车关键服务 Logistic 回归模型分析结果

以李克特 5 分量表（非常重要、比较重要、一般、不太重要、非常不重要）为参考变量，来分析家庭特点、个人社会经济属性、公司位置、私家车资源 4 个范畴中的多个变量对于不同受访者针对住区无人车"与外部交通换乘信息显示"和"无人车内用户乘坐秩序引导"两个服务的重要性评价的影响及程度。

服务 1——"与外部交通换乘信息的显示"

表 1　"一般"与"非常不重要"选项的参数检验结果

无人车内其他乘客的乘坐秩序[a]		B	标准错误	瓦尔德	自由度	显著性	Exp(B)	Exp(B) 的 95% 置信区间	
								下限	上限
一般	截距	21.406	2.798	58.513	1	.000			
	[家庭结构：单身]	16.316	380.327	.002	1	.966	12192953.826	.000	[b]
	[家庭结构：已婚]	15.159	380.322	.002	1	.968	3830783.338	.000	[b]
	[家庭结构：满巢1]	14.987	380.322	.002	1	.969	3226709.317	.000	[b]
	[家庭结构：满巢2]	26.993	510.888	.003	1	.958	528535187636.292	.000	[b]
	[家庭结构：满巢3]	0[c]	.	.	0	.	.	.	.
	[居住结构：独居]	−2.782	2.217	1.575	1	.209	.062	.001	4.772

续 表

无人车内其他乘客的乘坐秩序[a]		B	标准错误	瓦尔德	自由度	显著性	Exp(B)	Exp(B) 的 95% 置信区间	
								下限	上限
一般	[居住结构：与亲友同住]	0[c]	.	.	0	.	.	.	.
	[性别：男]	.190	1.044	.033	1	.856	1.209	.156	9.349
	[性别：女]	0[c]	.	.	0	.	.	.	.
	[年龄：25—30岁]	−31.431	380.324	.007	1	.934	2.236E−14	.000	[b]
	[年龄：31—40岁]	−33.130	380.322	.008	1	.931	4.090E−15	.000	[b]
	[年龄：41—50岁]	−20.216	1.763	131.458	1	.000	1.661E−9	5.244E−11	5.263E−8
	[年龄：51岁以上]	0[c]	.	.	0	.	.	.	.
	[每天通勤上班/上学]	−.770	1.456	.280	1	.597	.463	.027	8.038
	[无须每日通勤但有规律]	.831	1.870	.198	1	.657	2.297	.059	89.646
	[无须每日通勤或无规律]	0[c]	.	.	0	.	.	.	.
	[公司位置：主城区内]	−2.413	1.076	5.028	1	.025	.090	.011	.738
	[公司位置：城郊]	0[c]	.	.	0	.	.	.	.
	[拥有一辆私家车]	−.912	1.405	.421	1	.516	.402	.026	6.311
	[拥有两辆私家车]	12.391	420.427	.001	1	.976	240628.207	.000	[b]
	[无私家车]	0[c]	.	.	0	.	.	.	.

可知，年龄、公司位置会影响受访者的选择。"一般"和"非常不重要"两个选项相比，年龄在41—50岁之间的受访人群更倾向认为无人车"与外部交通换乘信息展示"的服务功能非常不重要，41—50岁的人群选择"一般"的可能性是51岁以上人群的5.244E−11倍。而公司位置在城市核心区的人则更倾向于认为无人车"与外部交通转换信息展示"的服务功能非常不重要，其选择"一般"的可能性是在郊区上班人群的0.09倍。

表2 "比较重要"与"非常不重要"选项的参数检验结果

无人车内其他乘客的乘坐秩序[a]		B	标准 错误	瓦尔德	自由度	显著性	Exp(B)	Exp(B) 的 95% 置信区间	
								下限	上限
比较重要	截距	8.133	3338.629	.000	1	.998			
	[家庭结构：单身]	13.514	380.329	.001	1	.972	740020.042	.000	[b]
	[家庭结构：已婚]	14.578	380.323	.001	1	.969	2142717.745	.000	[b]
	[家庭结构：满巢1]	14.119	380.323	.001	1	.970	1355253.975	.000	[b]
	[家庭结构：满巢2]	27.847	510.889	.003	1	.957	1240837870661.275	.000	[b]
	[家庭结构：满巢3]	0[c]	.	.	0	.	.	.	.
	[居住结构：独居]	−.312	2.154	.021	1	.885	.732	.011	49.911
	[居住结构：与亲友同住]	0[c]	.	.	0	.	.	.	.
	[性别：男]	−.153	1.075	.020	1	.887	.858	.104	7.053
	[性别：女]	0[c]	.	.	0	.	.	.	.
	[年龄：25-30岁]	−15.730	3360.220	.000	1	.996	1.474E-7	.000	[b]
	[年龄：31-40岁]	−17.472	3360.220	.000	1	.996	2.582E-8	.000	[b]
	[年龄：41-50岁]	−5.069	3338.628	.000	1	.999	.006	.000	[b]
	[年龄：51岁以上]	0[c]	.	.	0	.	.	.	.
	[每日通勤上班/上学]	−.971	1.611	.363	1	.547	.379	.016	8.908
	[无须每日通勤但规律]	.926	1.998	.215	1	.643	2.524	.050	126.649
	[无须每日通勤或不规律]	0[c]	.	.	0	.	.	.	.

附录C
住区慢行无人车关键服务 Logistic 回归模型分析结果

续 表

无人车内其他乘客的乘坐秩序[a]		B	标准 错误	瓦尔德	自由度	显著性	Exp(B)	Exp(B) 的 95% 置信区间	
								下限	上限
比较重要	[公司位置：主城区内]	−2.918	1.133	6.633	1	.010	.054	.006	.498
	[公司位置：城郊]	0[c]	.	.	0	.	.	.	.
	[拥有一辆私家车]	−2.822	1.397	4.080	1	.043	.060	.004	.920
	[拥有两辆私家车]	10.207	420.427	.001	1	.981	27102.819	.000	[b]
	[无私家车]	0[c]	.	.	0	.	.	.	.

由表2可知，公司位置、是否拥有私家车这两个因素会影响受访者的选择。在"重要"和"非常不重要"的服务重要性选择中，公司位置在市区的人更倾向于认为住区无人车"与外部交通换乘信息展示"功能非常不重要，该人群选择"较为重要"选项的可能性是在郊区工作人群的0.054倍。而拥有一辆私家车的人更倾向于认为该功能非常不重要，其选择"重要"的可能性是没有私家车人群的0.054倍。

表3 "非常重要"与"非常不重要"选项的参数检验结果

无人车内其他乘客的乘坐秩序[a]		B	标准 错误	瓦尔德	自由度	显著性	Exp(B)	Exp(B) 的 95% 置信区间	
								下限	上限
非常重要	截距	20.433	2.422	71.179	1	.000			
	[家庭结构：单身]	13.991	380.328	.001	1	.971	1191901.553	.000	[b]
	[家庭结构：已婚]	14.580	380.323	.001	1	.969	2148163.446	.000	[b]
	[家庭结构：满巢1]	13.557	380.323	.001	1	.972	772340.861	.000	[b]
	[家庭结构：满巢2]	27.025	510.888	.003	1	.958	545753299973.209	.000	[b]
	[家庭结构：满巢3]	0[c]	.	.	0	.	.	.	.

续 表

无人车内其他乘客的乘坐秩序[a]		B	标准 错误	瓦尔德	自由度	显著性	Exp(B)	Exp(B) 的 95% 置信区间	
								下限	上限
非常重要	[居住结构：独居]	−1.077	2.153	.250	1	.617	.341	.005	23.141
	[居住结构：与亲友同住]	0[c]	.	.	0	.	.	.	.
	[性别：男]	.306	1.038	.087	1	.768	1.358	.177	10.393
	[性别：女]	0[c]	.	.	0	.	.	.	.
	[年龄：25-30岁]	−30.468	380.321	.006	1	.936	5.863E−14	.000	[b]
	[年龄：31-40岁]	−32.213	380.319	.007	1	.932	1.023E−14	.000	[b]
	[年龄：41-50岁]	−20.278	.000	.	1	.	1.561E−9	1.561E−9	1.561E−9
	[年龄：51岁以上]	0[c]	.	.	0	.	.	.	.
	[每日通勤上班/上学]	−.088	1.529	.003	1	.954	.915	.046	18.326
	[无须每日通勤但规律]	.801	1.958	.167	1	.682	2.228	.048	103.381
	[无须每日通勤或不规律]	0[c]	.	.	0	.	.	.	.
	[公司位置：主城区内]	−1.102	1.071	1.059	1	.304	.332	.041	2.710
	[公司位置：城郊]	0[c]	.	.	0	.	.	.	.
	[拥有一辆私家车]	−1.359	1.296	1.100	1	.294	.257	.020	3.256
	[拥有两辆及以上私家车]	10.030	420.428	.001	1	.981	22693.337	.000	[b]
	[无私家车]	0[c]	.	.	0	.	.	.	.

关于住区无人车"与外部交通换乘信息显示"的服务功能（表3），所有变量都不会影响受访者对"非常重要"与"非常不重要"这两个选项的评定选择。

附录C
住区慢行无人车关键服务Logistic回归模型分析结果

服务 2——"无人车车内用户乘坐秩序引导"

表4 "不太重要"与"非常不重要"两项的参数检验结果

无人车内其他乘客的乘坐秩序[a]		B	标准 错误	瓦尔德	自由度	显著性	Exp(B)	Exp(B) 的 95% 置信区间	
								下限	上限
不太重要	截距	−59.889	11443.396	.000	1	.996			
	[家庭结构：单身]	69.273	12728.184	.000	1	.996	1215847627999514800000000000000.000	.000	[b]
	[家庭结构：已婚]	61.488	9692.712	.000	1	.995	505738619949283760000000000.000	.000	[b]
	[家庭结构：满巢1]	48.866	10192.809	.000	1	.996	1667515710161660000000.000	.000	[b]
	[家庭结构：满巢2]	−7.848	10686.796	.000	1	.999	.000	.000	[b]
	[家庭结构：满巢3]	0[c]	.	.	0	.	.	.	.
	[居住结构：独居]	4.175	11692.660	.000	1	1.000	65.037	.000	[b]
	[居住结构：与亲友同住]	0[c]	.	.	0	.	.	.	.
	[性别：男]	−29.023	1216.658	.001	1	.981	2.486E−13	.000	[b]
	[性别：女]	0[c]	.	.	0	.	.	.	.
	[年龄：25−30岁]	−14.114	4023.587	.000	1	.997	7.421E−7	.000	[b]
	[年龄：31−40岁]	−54.993	4435.749	.000	1	.990	1.309E−24	.000	[b]
	[年龄：41−50岁]	45.725	6628.143	.000	1	.994	72123751228439044000.000	.000	[b]
	[年龄：51岁以上]	0[c]	.	.	0	.	.	.	.

续 表

无人车内其他乘客的乘坐秩序[a]		B	标准错误	瓦尔德	自由度	显著性	Exp(B)	Exp(B) 的 95% 置信区间	
								下限	上限
不太重要	[每日通勤上班/上学]	43.607	3901.707	.000	1	.991	8670969214207710200.000	.000	[b]
	[无须每日通勤但规律]	75.319	9202.941	.000	1	.993	51343956319155800000000000000000000.000	.000	[b]
	[无须每日通勤或不规律]	0[c]	.	.	0	.	.	.	.
	[公司位置：主城区内]	−29.524	1140.942	.001	1	.979	1.507E−13	.000	[b]
	[公司位置：城郊]	0[c]	.	.	0	.	.	.	.
	[拥有一辆私家车]	−14.828	794.970	.000	1	.985	3.631E−7	.000	[b]
	[拥有两辆及以上私家车]	−29.809	4127.835	.000	1	.994	1.132E−13	.000	[b]
	[无私家车]	0[c]	.	.	0	.	.	.	.

由以上结果可知，所有变量都不会影响受访者关于该功能"不太重要"与"非常不重要"选项的选择。

表5 "一般"与"非常不重要"两项的检验参数结果

无人车内其他乘客的乘坐秩序[a]		B	标准错误	瓦尔德	自由度	显著性	Exp(B)	Exp(B) 的 95% 置信区间	
								下限	上限
一般	截距	46.207	7520.131	.000	1	.995			
	[家庭结构：单身]	2.292	7069.964	.000	1	1.000	9.897	.000	[b]
	[家庭结构：已婚]	−12.744	6631.233	.000	1	.998	2.920E−6	.000	[b]
	[家庭结构：满巢1]	4.242	7112.619	.000	1	1.000	69.571	.000	[b]
	[家庭结构：满巢2]	5.037	7730.340	.000	1	.999	153.948	.000	[b]

附录 C
住区慢行无人车关键服务 Logistic 回归模型分析结果

续　表

无人车内其他乘客的乘坐秩序[a]		B	标准错误	瓦尔德	自由度	显著性	Exp(B)	Exp(B) 的 95% 置信区间	
								下限	上限
一般	[家庭结构：满巢3]	0[c]	.	.	0	.	.	.	.
	[居住结构：独居]	11.830	2549.631	.000	1	.996	137367.800	.000	[b]
	[居住结构：与亲友同住]	0[c]	.	.	0	.	.	.	.
	[性别：男]	.530	1.220	.189	1	.666	.589	.053	6.531
	[性别：女]	0[c]	.	.	0	.	.	.	.
	[年龄：25—30岁]	−16.852	2.075	65.986	1	.000	4.799E−8	8.228E−10	2.799E−6
	[年龄：31—40岁]	−16.529	1.730	91.243	1	.000	6.630E−8	2.232E−9	1.970E−6
	[年龄：41—50岁]	−14.413	5240.211	.000	1	.998	5.504E−7	.000	[b]
	[年龄：51岁以上]	0[c]	.	.	0	.	.	.	.
	[每日通勤上班/上学]	−15.004	2762.811	.000	1	.996	3.046E−7	.000	[b]
	[无须每日通勤但有规律]	.714	4387.473	.000	1	1.000	2.042	.000	[b]
	[无须每日通勤或无规律]	0[c]	.	.	0	.	.	.	.
	[公司位置：主城区内]	−1.828	1.385	1.742	1	.187	.161	.011	2.427
	[公司位置：城郊]	0[c]	.	.	0	.	.	.	.
	[拥有一辆私家车]	−.202	1.566	.017	1	.897	.817	.038	17.576
	[拥有两辆及以上私家车]	−.281	1.919	.021	1	.884	.755	.018	32.485
	[无私家车]	0[c]	.	.	0	.	.	.	.

年龄因素会影响受访者关于无人车内用户乘坐秩序引导服务的"一般"和"非常不重要"的重要性程度选择（表5）。年龄在25—30岁之间的人群更倾向于认为该服务

非常不重要,该人群选择"一般"的可能性是51岁以上人群的4.799E−8倍;而年龄在31—40岁之间的受访者更倾向于认为车内用户的乘坐秩序非常不重要,其选择"一般"的可能性是51岁以上受访人群的6.630E−8倍。

表6 "比较重要"与"非常不重要"两项的参数检验结果

无人车内其他乘客的乘坐秩序[a]		B	标准错误	瓦尔德	自由度	显著性	Exp(B)	Exp(B) 的 95% 置信区间	
								下限	上限
比较重要	截距	47.903	7520.131	.000	1	.995			
	[家庭结构:单身]	2.202	7069.964	.000	1	1.000	9.046	.000	.[b]
	[家庭结构:已婚]	−12.931	6631.233	.000	1	.998	2.422E−6	.000	.[b]
	[家庭结构:满巢1]	4.145	7112.619	.000	1	1.000	63.145	.000	.[b]
	[家庭结构:满巢2]	−11.807	8047.088	.000	1	.999	7.452E−6	.000	.[b]
	[家庭结构:满巢3]	0[c]	.	.	0	.	.	.	.
	[居住结构:独居]	12.053	2549.631	.000	1	.996	171585.437	.000	.[b]
	[居住结构:与亲友同住]	0[c]	.	.	0	.	.	.	.
	[性别:男]	−.069	1.202	.003	1	.954	.933	.088	9.852
	[性别:女]	0[c]	.	.	0	.	.	.	.
	[年龄:25−30岁]	−15.671	2.451	40.891	1	.000	1.564E−7	1.283E−9	1.907E−5
	[年龄:31−40岁]	−16.099	2.198	53.632	1	.000	1.019E−7	1.371E−9	7.575E−6
	[年龄:41−50岁]	−14.332	5240.211	.000	1	.998	5.966E−7	.000	.[b]
	[年龄:51岁以上]	0[c]	.	.	0	.	.	.	.
	[每日通勤上班/上学]	−15.912	2762.811	.000	1	.995	1.229E−7	.000	.[b]
	[无须每日通勤但有规律]	−.085	4387.473	.000	1	1.000	.919	.000	.[b]

附录C
住区慢行无人车关键服务Logistic回归模型分析结果

续 表

无人车内其他乘客的乘坐秩序[a]		B	标准 错误	瓦尔德	自由度	显著性	Exp(B)	Exp(B) 的 95% 置信区间	
								下限	上限
比较重要	[无须每日通勤或没规律]	0[c]	.	.	0	.	.	.	.
	[公司位置：主城区内]	−1.891	1.384	1.866	1	.172	.151	.010	2.276
	[公司位置：城郊]	0[c]	.	.	0	.	.	.	.
	[拥有一辆私家车]	−1.974	1.448	1.860	1	.173	.139	.008	2.371
	[拥有两辆及以上私家车]	−1.788	1.815	.970	1	.325	.167	.005	5.868
	[无私家车]	0[c]	.	.	0	.	.	.	.

年龄因素会影响受访者选择。年龄在25—30岁之间的受访人群更倾向认为无人车内用户的乘坐秩序非常不重要，其选择"不太重要"的可能性是51岁以上人群的1.564E−7倍；年龄在31—40岁之间的人群更倾向于认为乘坐秩序非常不重要，其选择"不太重要"的可能性是51岁以上受访者的1.019E−7倍。

表7 "非常重要"与"非常不重要"两项的参数检验结果

无人车内其他乘客的乘坐秩序[a]		B	标准 错误	瓦尔德	自由度	显著性	Exp(B)	Exp(B) 的 95% 置信区间	
								下限	上限
非常重要	截距	46.970	7520.131	.000	1	.995			
	[家庭结构：单身]	.978	7069.964	.000	1	1.000	2.659	.000	[b]
	[家庭结构：已婚]	−12.713	6631.233	.000	1	.998	3.013E−6	.000	[b]
	[家庭结构：满巢1]	3.960	7112.619	.000	1	1.000	52.436	.000	[b]
	[家庭结构：满巢2]	4.819	7730.340	.000	1	1.000	123.803	.000	[b]
	[家庭结构：满巢3]	0[c]	.	.	0	.	.	.	.

续 表

无人车内其他乘客的乘坐秩序[a]		B	标准 错误	瓦尔德	自由度	显著性	Exp(B)	Exp(B) 的 95% 置信区间	
								下限	上限
非常重要	[居住结构：独居]	14.009	2549.631	.000	1	.996	1213212.742	.000	[b]
	[居住结构：与亲友同住]	0[c]	.	.	0	.	.	.	.
	[性别：男]	−.548	1.200	.208	1	.648	.578	.055	6.075
	[性别：女]	0[c]	.	.	0	.	.	.	.
	[年龄：25—30岁]	−16.675	1.162	205.979	1	.000	5.730E−8	5.877E−9	5.586E−7
	[年龄：31—40岁]	−16.683	.000	.	1	.	5.685E−8	5.685E−8	5.685E−8
	[年龄：41—50岁]	−13.668	5240.210	.000	1	.998	1.159E−6	.000	[b]
	[年龄：51岁以上]	0[c]	.	.	0	.	.	.	.
	[每日通勤上班/上学]	−14.375	2762.811	.000	1	.996	5.715E−7	.000	[b]
	[无须每日通勤但有规律]	2.721	4387.473	.000	1	1.000	15.191	.000	[b]
	[无须每日通勤或无规律]	0[c]	.	.	0	.	.	.	.
	[公司位置：主城区内]	−2.008	1.369	2.152	1	.142	.134	.009	1.964
	[公司位置：城郊]	0[c]	.	.	0	.	.	.	.
	[拥有一辆私家车]	−1.119	1.428	.614	1	.433	.327	.020	5.370
	[拥有两辆及以上私家车]	−4.040	2.231	3.279	1	.070	.018	.000	1.394
	[无私家车]	0[c]	.	.	0	.	.	.	.

根据表7检验分析结果，年龄因素会影响受访者对于无人车服务功能重要性的选择。"非常重要"和"非常不重要"两项相比，年龄分布在25—30岁之间的受访人群更倾向于认为无人车内用户乘坐秩序引导的服务功能非常不重要，其选择"一般"的可能性是51岁以上受访者的5.730E−8倍。

附录C
住区慢行无人车关键服务Logistic回归模型分析结果

附录D "园区无人车慢行交通服务体系设计行动研究"参与者访谈大纲

1. 研究参与者的主要用户特征

1.1 行动研究参与者的年龄、职位、园区工龄等

1.2 工作日与周末的园区出行路线和时间安排

1.3 在园区工作/生活/参访的主要原因是什么?

1.4 是否打算长期在园区工作/生活?(或打算经常来此游玩/参观吗?)

2. 园区内的通勤/出行状况

2.1 平时通勤/出行的主要方式与时间安排

2.2 在园区内通勤/出行途中,通常会做什么?

2.3 对目前的园区内出行是否满意?感到最满意和最不满意的地方分别是哪里?

2.4 最关注园区通勤/出行的哪方面内容?

3. 对于无人车服务的态度与认知

3.1 是否听说过无人车?

3.2 是否愿意使用无人车出行服务?

3.3 想象中的无人车服务是怎么样的?

4. 对于设计研究方案的观点和反馈

4.1 是否能理解本次研究的设计方案?

4.2 实施后，是否会在园区出行时采用共享无人车慢行服务？

4.3 方案中是否有内容令你感到晦涩难懂？

4.4 能否简述一下该服务让您印象最深刻的地方？

4.5 请为设计方案进行简单评分（满分10分）

附录E "共享无人车慢行交通服务体系设计构建策略"专家访谈大纲

序号	访谈大纲类别	访谈大纲内容
1	无人车与慢行环境的关系	1.1 在校区、住区、园区(以下简称3区)3种慢行场景中,无人车内的乘客对外在环境的感知度如何?对比传统机动车,无人车与慢行环境之间的关系是否一样? 1.2 未来随着无人车的普及,3区是否会释放出大量交通空间?或创造出新的功能空间类型? 1.3 城市慢行交通未来发展趋势是什么?以3区为代表的城市新型慢行单元是否会在中国的大城市中不断涌现?3区内的出行问题是否会成为中国大城市慢行交通问题发展的重要内容之一? 1.4 慢行交通环境是否有必要进行无人驾驶化改造?有哪些环境设计策略?
2	乘客与无人车的交互关系	2.1 乘客与无人车(服务)的关系是怎样的? 2.2 乘客与无人车的交流方式与沟通深度如何? 2.3 面向"首次用户",如何确立无人车服务的交互模式和内容呈现深度?有哪些关键要素可作为人车交互模式的选取依据? 2.4 如何帮助乘客对无人车(服务)建立感知与信任? 2.5 用户应在何种情况下对无人车进行紧急管控?
3	无人车服务体系构建要素	3.1 针对3区慢行交通场景,无人车服务体系有哪些设计维度与主要构成要素? 3.2 无人车服务体系的主要服务类型与服务模式是什么? 3.3 无人车运行路线是否遵循一定的原则或机制? 3.4 如何优化服务流程? 3.5 在进行关键服务触点设计(实体站点、无人车专道、车内交互屏等)时,应重点关注哪些问题? 3.6 请评价园区无人车慢行交通服务体系设计研究实践用例(本书第六章)研究结论的有效性。 3.7 无人车站点设计的核心要素有哪些?请为本书得出的无人车站点设计内容体系进行指标权重打分。

后 记 Afterword

笔者萌生出进行前瞻出行设计研究的想法最早源自2017年春参与同济—麻省理工城市科学联合实验室共建时的项目合作经历。后来，逐步将零散想法整理、发展为研究问题，构思了基于无人车的服务体系设计研究计划，并于2018年春在（清华大学）高校设计研究博士论坛上进行汇报，还获得了最佳汇报奖，这进一步激发与鼓舞了笔者在此方向进行系统性研究的兴趣和决心。本书便是近几年来笔者在相关研究领域的一部分成果汇集。

本书主要关注我国超大型城市不断涌现出的新型慢行单元中的出行场景，从服务体系视角切入、以无人驾驶车为硬件工具，探索如何基于新方法和新视角来解决新对象的新问题，探究人工智能工具和新式慢行场景中的人与境会产生怎样的互动、构建怎样的关系、产生怎样的影响。

本书的完成，首先要感谢笔者的硕士生导师——同济大学殷正声教授。殷老师是最早引导笔者关注城市快速发展过程中人群慢行出行问题的人，同时也最早提醒笔者应关注并思考在新工具与新理念的演变下，与人群交互程度最密切的慢行出行将以哪种趋势与形态进行创新式发展。即使笔者已硕士毕业多年，但该议题在数智浪潮席卷全球的今天依然颇具研究价值。同时，也要感谢笔者的博士生导师孙效华教授在选题与框架方面给予笔者的诸多指导。孙老师一直秉持技术创新与前瞻探索的学术精神，正是孙老师带领笔者与麻省理工学院媒体实验室进行未来城市智慧出行方面的合作，开启了笔者系统探究无人驾驶领域的大门。此外，还要感谢笔者的海外导师克雷格·沃格（Craig Vogel）教授，他在笔者于美国学习期间帮助引荐智慧城市领域的专家并给予笔者写作上的指导。感谢同门出行体验设计专家周博，他从智能汽车行业和用户体验角度为笔者提供了诸多新思路。感谢驭势无人车设计总监周峰先生，通过对他进行专家访谈，笔者得到了诸多来自无人驾驶行业高度专业与深入的精准洞察。

  此外，本书研究的开展与写作还得到了张义文、王舒超、Ryan He、王鹏凯、姜晨菡等朋友的帮助，在此一并感谢。感谢上海大学"高地大"项目经费对于本书出版的资助，帮助身为青年教师的笔者进行学术起航，期待未来能为学校的学术发展与繁荣持续贡献自己的绵薄之力。

  最后，笔者想将此书献给家人——开明的父母、体贴的丈夫、无私的婆婆和可爱的女儿，他们让笔者的每一天都充满了爱与感动，每一天都充满了诸多欢喜，每一天都是美满的一天。

师锦添

2024年12月于上海